Nationalparks in Südafrika

RENÉ GORDON
Für meine Mutter Paddy Radinski

ANTHONY BANNISTER
Für Barbara, die zu Haus bei unseren Kindern blieb,
aber in Gedanken stets bei mir war.

Nationalparks in Südafrika

WENN DER MENSCH DIE NATUR ZERSTÖRT HAT, WIRD ER AN DER REIHE SEIN ZU GEHEN.
DIE AUSGEDÖRRTE ERDE WIRD IHN VERSCHLUCKEN. ALOYSIUS HORN

Fotografie: Anthony Bannister — Text: René Gordon
Beratung: W. Roy Siegfried

Landbuch-Verlag GmbH · Hannover

BERATER

Prof. George Branch schrieb das ausgezeichnete Kapitel über den Langebaan Nationalpark. Er ist Professor am Zoologischen Institut der Universität Kapstadt und einer der führenden Ökologen Südafrikas. Sein Spezialgebiet sind Felsküsten und Flußmündungen. Als derzeitiger Präsident der Conchological Society und Mitglied des Council of the Zoological Society of South Africa gehört Branch mehreren Umweltschutz-Ausschüssen der Regierung an und ist in dieser Funktion unmittelbar mit den Naturschutzplänen für die Lagune von Langebaan befaßt. Er veröffentlichte viele wissenschaftliche Arbeiten, und seine Forschungen auf dem Gebiet der Napfschnecken fanden internationale Beachtung.

Dr. Michael A. Cluver stellte Material für das Kapitel über den Karoo Nationalpark zur Verfügung. Er arbeitet zur Zeit als Assistant Director am South African Museum in Kapstadt, wo er seit 1966 als Wissenschaftler und Kurator tätig ist. Cluver ist Doktor der Zoologie und hat sich auf Forschungen über fossile säugetierartige Reptilien der Karoo, insbesondere den Pflanzenfresser *Dicynodontia* spezialisiert. Er verfaßte ein populärwissenschaftliches Buch und mehrere wissenschaftliche Artikel über fossile Reptilien Südafrikas.

Hans van Daalen stellte zusammen mit Dr. Geldenhuys das interessante Material über den Tsitsikamma Forest Nationalpark bereit. Er arbeitet an der Saasveld Research Station in George. Seine Untersuchungen führen seine Magisterarbeit über das ökologische Verhältnis zwischen Wald und Buschland im südlichen Kapgebiet fort und befassen sich außerdem mit der Wiederaufforstung einheimischer Wälder sowie mit dem Wachstum einheimischer Baumarten.

Dr. J. H. M. David war Berater für das Kapitel über den Bontebok Nationalpark. Zu seinem beruflichen Werdegang gehören eine Lehrtätigkeit in Nairobi und mehrjährige Erfahrungen auf dem Gebiet der Computertechnik. David arbeitete neun Jahre lang als Lektor am Zoologischen Institut der Universität Kapstadt. Augenblicklich ist er Berater für Robbenfragen am Institut für Seefischerei. In seiner Magisterarbeit beschäftigte er sich mit dem Verhalten des Buntbocks; seiner Dissertation lag die Populationsbiologie der Afrikanischen Striemen-Grasmaus *Rhabdomys pumilio* zugrunde.

Dr. Gerrit de Graaff bereitete das Material über den Golden Gate Highlands Nationalpark vor. Nach seinem beruflichen Werdegang als Lektor und später Dozent für Zoologie an der Universität von Pretoria trat er dem National Parks Board of Trustees als wissenschaftlicher Mitarbeiter bei. Seit 1974 koordiniert er die Zusammenarbeit dieser Behörde mit anderen Wissenschaftlern.

C. J. Geldenhuys stellte zusammen mit Hans van Daalen das hervorragende Material über den Tsitsikamma Forest National Park zur Verfügung. In der Vergangenheit plante er unter anderem die Mehrzwecknutzung der Waldgebiete von Kavango und Ost-Caprivi. Seit 1969 arbeitet er an der Saasveld Forestry Research Station in George. Er ist dort mit Forschung und Naturschutz betraut, insbesondere in bezug auf den einheimischen Wald, das Fynbos-Buschland und die dort lebenden Tiere. Verbreitung, Populationsbiologie und Lebensbedingungen der Outeniqua Gelbholzbäume waren die Themen seiner Magisterarbeit.

Dr. J. H. Grobler, der Berater für das Kapitel über den Mountain Zebra Nationalpark, arbeitet als leitender Wissenschaftler in den südlichen Parks für die Nationalpark-Behörde. Er verbrachte seine Jugend auf der Matopos Research Station, wo sein Interesse für die Natur geweckt wurde. Er promovierte über die Pferdeantilope. Bevor er das damalige Rhodesien verließ, arbeitete er neun Jahre lang für das dortige Department of National Parks and Wildlife Management. Seine vielen Veröffentlichungen erschienen in nationalen wie internationalen Zeitschriften. Grobler verfaßte auch zahlreiche populärwissenschaftliche Artikel sowie zwei Naturführer.

Andrew Gubb sorgte zusammen mit Dr. Liversidge für das Material über den Augrabies Falls Nationalpark. Bevor er einen akademischen Grad an der Kapstädter Universität erwarb, arbeitete er drei Jahre lang als Junior Ranger im Cape of Good Hope Nature Reserve. Er hat zur Zeit eine Anstellung als Ökologie-Botaniker und Herbarium-Kurator am McGregor Museum in Kimberley. Gubb schreibt gerade an einem Buch über Sträucher und Bäume des nördlichen Kaplandes und bereitet seine Dissertation über Vegetationsarten dieses Gebietes vor.

Von Dr. Anthony Hall-Martin stammt das ausgezeichnete Material zum Kapitel über den Addo Elephant Nationalpark. Hall-Martin ist zur Zeit leitender Wissenschaftler im Krüger-Nationalpark und vertritt Südafrika in einer Untergruppe des IUCN/SSC für Elefanten- und Nashornspezialisten. Hall-Martin hat in Malawi und Maputoland mit Elefanten gearbeitet und sich intensiv im Krüger Nationalpark und im Addo Elephant Nationalpark mit ihnen befaßt. Außerdem interessiert er sich für Spitzmaulnashörner. Seine reichhaltigen zoologischen Erfahrungen sammelte er in Malawi, England, Südafrika und in der Antarktis. Er ist Mitautor zahlreicher Bücher und Verfasser von fast 40 Artikeln in wissenschaftlichen und sonstigen Zeitschriften.

Dr. Richard Liversidge arbeitete gemeinsam mit Andrew Gubb an der Beschaffung außerordentlich nützlicher Hintergrundinformationen über den Augrabies Falls Nationalpark. Als Direktor des McGregor Museums in Kimberley gilt sein Hauptinteresse Langzeitbeobachtungen von Vögeln im Kalahari Nationalpark, den Springböcken und der Ökologie des nördlichen Kaplandes. Er ist Mitglied mehrerer nationaler und internationaler wissenschaftlicher Gremien. Liversidge veröffentlichte Artikel über Vögel, Springböcke sowie Weidegräser und Weidepflanzen und ist Mitautor mehrerer Bücher dieser Fachgebiete.

Dr. Gus Mills' Untersuchungen über die Hyäne und ihre ökologische Rolle sowie über die Kalahari liegen dem Kapitel über den Kalahari Gemsbok Nationalpark zugrunde. Mills arbeitet seit mehr als zehn Jahren als leitender Wissenschaftler für die Nationalpark-Behörde in diesem Park. Sein Hauptinteresse gilt der Beziehung zwischen der ökologischen Rolle der Braunen Hyäne und ihrem Sozialverhalten. Andere Interessengebiete sind Fleischfresser und große Pflanzenfresser. Mills ist Autor von zwölf wissenschaftlichen Arbeiten über Vögel, große Pflanzenfresser und Löwen. Er verfaßte auch zahlreiche populärwissenschaftliche Artikel.

Dr. U. de V. Pienaar, Berater für das Kapitel über den Krüger Nationalpark, ist diesem Park bereits seit 1955 verbunden, als er dort als Junior Ranger in Dienst trat. Er erwarb 1953 die Doktorwürde mit einer Dissertation über „*The Haematology of some South African Reptiles*". Augenblicklich ist er Chief Warden des Krüger Nationalparks und Mitglied des Nationalpark-Direktoriums. Er vertritt diese Behörde auf internationaler Ebene und hat über 75 wissenschaftliche Bücher und Artikel verfaßt.

Dr. G. A. Robinson, der Berater für das Kapitel über den Tsitsikamma Coastal Nationalpark, ist Leiter aller südlichen Nationalparks einschließlich des Tsitsikamma Coastal und des Tsitsikamma Forest Nationalparks. Durch seine berufliche Tätigkeit kommt er mit allen Fragen der Parkverwaltung vom Naturschutz bis zur Schaffung von Erholungsgebieten für Touristen in Berührung. Robinson hat Südafrika auch im Ausland vertreten und in vielen Ausschüssen mitgearbeitet. Artikel und Bücher, die er veröffentlichte, zeigen seine vielfältigen wissenschaftlichen Erfahrungen insbesondere auf dem Gebiet der Meeresökologie.

Prof. Roy Siegfried überwachte als wissenschaftlicher Ratgeber den gesamten Textteil und schrieb die Einleitung. Er ist Professor an der Naturwissenschaftlichen Fakultät der Kapstädter Universität und Direktor des Percy FitzPatrick Institute of African Ornithology. Während seiner wissenschaftlichen Laufbahn befaßte er sich mit Forschungen auf den Gebieten der Meeres-, Süßwasser- und Festlandsökologie. Er ist Mitglied einer Reihe wissenschaftlicher Forschungsgruppen für die Antarktis und die angrenzenden Meere. Siegfried arbeitete als Gastprofessor am Department of Ecology and Behavioural Biology der University of Minnesota und als Forscher in Kanada und Europa.

Dr. P. T. van der Walt prüfte das Manuskript. Seit 1972 arbeitet er als Wissenschaftler für das National Parks Board of Trustees. Ihm obliegt die Oberaufsicht über sämtliche Forschungsprojekte, die in südafrikanischen Nationalparks mit Ausnahme des Krüger Nationalparks durchgeführt werden. Er befaßte sich besonders mit Pflanzenökologie. Seine Dissertation schrieb er 1973 über die Pflanzenökologie des Boschberg-Gebietes unter besonderer Beachtung des Weidewertes.

P. van Wyk, Leiter der Forschungs- und Informationsabteilung der Nationalpark-Behörde, ist der Autor des zweibändigen Standardwerkes „*Trees of the Kruger National Park*". Vor seiner kürzlich erfolgten Beförderung war er Direktor für Naturschutz in diesem Park. Seine Mitarbeit an dem vorliegenden Buch lag in der Rolle eines Beraters im Auftrag der Nationalpark-Behörde. Seit Erwerb der Magisterwürde (M.Sc.) arbeitete er intensiv in der ökologischen Forschung. Von ihm stammen zahlreiche Artikel über Parkverwaltung und Naturschutz.

---

1. *(gegenüber der Titelseite)* Weibliche Nyalas im Waldgebiet von Pafuri/Krüger Nationalpark.
2. *(folgende Seiten)* Früher Morgen im Lowveld. Die aufgehende Sonne befreit den Affenbrotbaum von den Schatten der Nacht. **3.** *(Seite 8)* Das dichte Buschwerk von Addo gibt kaum den Blick auf einen Elefantenbullen frei. Das Bild macht deutlich, warum es Jägern zu Beginn unseres Jahrhunderts nicht gelang, die Reste dieser südafrikanischen Elefanten völlig auszurotten. **4.** *(Seite 10/11)* Streifengnus stürmen den Abhang des ausgetrockneten, „fossilen" Auob River im Kalahari Gemsbok Nationalpark hinauf.

INHALT

Berater 4

Vorwort 9

Besitzen und bewahren 12

Krüger Nationalpark 18

Tsitsikamma Coastal Nationalpark 56

Tsitsikamma Forest Nationalpark 73

Augrabies Falls Nationalpark 82

Bontebok Nationalpark 91

Karoo Nationalpark 98

Addo Elephant Nationalpark 110

Mountain Zebra Nationalpark 126

Golden Gate Highlands Nationalpark 135

Kalahari Gemsbok Nationalpark 144

Langebaan Nationalpark 172

Danksagung der Autorin 189

Danksagung des Bildautors 189

Informationen für Besucher 190

VORWORT

Auf dem Gebiet des Naturschutzes hat Südafrika eine lange und ruhmreiche Geschichte. Bereits 1897 wurden die Tierreservate von Hluhluwe und Umfolozi unter Naturschutz gestellt, um insbesondere die dort lebenden Tiere zu erhalten. Ein Jahr später entstand weitgehend auf Betreiben von Präsident Paul Krüger das Sabie Tierreservat. Die Umwandlung in einen Nationalpark war dem unermüdlichen Bemühen des leitenden Aufsehers Col. James Stevenson-Hamilton zu verdanken, der dieses Ziel schließlich 1926 erreichte. Am 31. Mai jenes Jahres verkündete der damalige Minister Piet Grobler im Parlament die Gründung des ersten südafrikanischen Nationalparks, der seither zu Ehren seines Mitbegründers den Namen Krüger Nationalpark trägt.

Heute, also fast 60 Jahre später, hat sich der Krüger Nationalpark von einem verhältnismäßig unbekannten Naturschutzgebiet zu einem international anerkannten Nationalpark entwickelt, der zu den zehn wichtigsten Nationalparks der Welt zählt.

Der National Park Act von 1926 schuf die Grundlage zur Einrichtung weiterer Nationalparks. Seitdem wurden neun weitere Parks proklamiert und mehrere andere geplant. Jeder von ihnen bewahrt ein Stück schönster südafrikanischer Landschaft, besondere Pflanzen oder Tiere und wird zum Monument für die Menschen, denen es gelungen ist, die eindrucksvollsten Teile des Landes zur Freude aller als Nationalpark zu erhalten.

Oft werden die Fragen gestellt: Warum gibt es Naturschutz? Warum haben wir Nationalparks? Die Antwort scheint mir einfach, denn ohne Nationalparks wäre unser Leben leer und wertlos. Die Natur bleibt die größte Wissensquelle und bleibende Anregung für den Menschen. Daß die Nationalparks und Naturreservate ein wirkliches Bedürfnis des Menschen befriedigen, zeigt sich in den ständig steigenden Besucherzahlen. Zweifellos wird die zunehmende Verstädterung den Drang des Menschen, dem Betondschungel, dem ständigen Lärm und der Luftverschmutzung zu entkommen, zu einer unausweichlichen Notwendigkeit werden lassen. Der Mensch wird stärker als jemals zuvor in der Natur den wahren Lebensinhalt und geistige Harmonie suchen. Dieses Bedürfnis hat bereits jetzt einen Stand erreicht, bei dem zeitweilig die Nachfrage nach Unterkunftsmöglichkeiten in unseren Nationalparks die vorhandenen Kapazitäten übersteigt. Und weil die Anzahl der Besucher von Nationalparks begrenzt bleiben muß, sollten wir mehr sehenswerte Gebiete unseres Landes zu Nationalparks erklären, und zwar nicht nur, um sie zu schützen, sondern auch als Erholungsräume.

Im heutigen Südafrika sind naturbelassene Gebiete rar geworden. Die gegenwärtige Wachstumsrate der Bevölkerung verlangt nach Nahrung und Rohstoffen, Häusern und Straßen, so daß bald der Punkt erreicht sein wird, an dem es kein Zurück mehr gibt. Aber solange noch der Sand durch das Stundenglas rinnt, sind wir es der Nachwelt schuldig, Südafrikas einzigartige Ökosysteme zu schützen, damit unsere Nachkommen jene Naturwunder ebenso unverfälscht erleben können wie wir. Und das bedeutet, jetzt zu handeln, bevor es endgültig zu spät ist.

Dr. Rocco Knobel, der frühere Leitende Direktor der Nationalparks, bemerkte zutreffend: „Wir müssen einsehen lernen, daß unsere Generation wahrscheinlich die letzte sein wird, die noch die Möglichkeit hat, Gebiete von außergewöhnlicher landschaftlicher Schönheit, geräumige Rückzugsmöglichkeiten für Wild oder Naturreservate von ausreichender Größe als Schutzgebiete zu erhalten."

Um unser Ziel erreichen zu können, wenigstens einen Teil von jedem der vielen südafrikanischen Ökosysteme zu schützen, bedarf es wachsenden öffentlichen Interesses und der Unterstützung eines jeden Südafrikaners für die Idee der Nationalparks. Solches Interesse wird durch das gesprochene und geschriebene Wort geweckt, am stärksten jedoch durch die persönliche Erfahrung der Natur in all ihrer Herrlichkeit. Jedem stehen unsere Nationalparks offen, und je mehr Menschen kommen und diese Parks schätzen lernen, desto besser wird es um die Zukunft der Parks bestellt sein.

Das vorliegende Buch porträtiert in Wort und Bild Schönheit und Großartigkeit der südafrikanischen Nationalparks. Weil nichts die Erfahrung aus erster Hand ersetzen kann, wird das Buch sein Ziel erreichen, wenn das Lesen nicht nur Vergnügen bereitet, sondern im Leser den Wunsch zu einem Parkbesuch weckt. Außerdem wird es zweifellos bei der Öffentlichkeit mehr Wertschätzung und Verständnis für die Nationalparks und ihre Ökosysteme erreichen.

Ich glaube, daß alle Naturfreunde ebenso viel Freude an dem Buch haben werden wie ich.

A. M. Brynard
CHIEF DIRECTOR OF NATIONAL PARKS

BESITZEN UND BEWAHREN

W. ROY SIEGFRIED

DIE SONNE, DER MOND UND DIE STERNE WÜRDEN SEIT LANGER ZEIT VERSCHWUNDEN SEIN, WÄREN SIE ZUFÄLLIG IN DIE REICHWEITE DER RÄUBERISCHEN MENSCHEN GELANGT.
HAVELOCK ELLIS

Südafrika besitz elf Nationalparks. In naher oder fernerer Zukunft mögen es mehr sein. Doch ihre Zahl könnte auch abnehmen, denn der fortlaufende Erfolg jeder Naturschutzbewegung ist weitgehend von öffentlicher Unterstützung abhängig. Es wäre denkbar, daß Naturschutzgebiete einschließlich der Nationalparks im Laufe der Zeit einem starken Wandel unterliegen und ihre Zielsetzungen sich von den heutigen ganz wesentlich unterscheiden, ja sogar, daß sie eines Tages ohne großes Bedauern aufgegeben werden.

Die Nationalparks locken alljährlich Hunderttausende von Besuchern an, die vorwiegend aus Südafrika stammen. Sie finden dort Erholung und Abwechslung, und die meisten stimmen darin überein, daß sie in den „Tierreservaten" — wie sie es nennen — schöne Ferien verbracht haben. Doch nur wenige von ihnen begreifen, was ein Nationalpark wirklich ist und worin er sich von einem Tierreservat unterscheidet. Im allgemeinen wissen weite Kreise der südafrikanischen Öffentlichkeit erstaunlich wenig über Nationalparks, ihre Verwaltung und Erhaltung und warum es sie überhaupt gibt.

Diese Unwissenheit könnte schwerwiegende Folgen haben, denn überall in der Welt existieren Naturschutzgebiete nur, weil die Gesellschaft das für richtig befunden hat. Die öffentliche Unterstützung der Grundideen führte zur gesetzlichen Festlegung der Parks und ermöglichte ihren Erhalt beziehungsweise ihre Einrichtung. In Südafrika erhielten etwa 3 Millionen Hektar Land — das sind etwas über 2 Prozent der Staatsfläche — den Status eines Nationalparks. Die Öffentlichkeit sollte wissen, warum diese Parks förderungswürdig sind. Eine solche Aufklärung ist geradezu unerläßlich, denn ohne das sichere Wissen um die Zusammenhänge gibt es keine Garantie für den Weiterbestand der südafrikanischen Nationalparks im nächsten Jahrhundert. Das ist keine übertriebene Schwarzmalerei, denn es gibt eine starke Lobby, die die Gesetzgebung ändern und damit die gesetzlichen Grundlagen der südafrikanischen Nationalparks schwächen will.

Die Naturschutzbewegung unterscheidet mindestens zehn international anerkannte Kategorien von Schutzgebieten, von denen Nationalparks an oberster Stelle stehen. Diese Parks sind Gebiete zu Wasser oder zu Lande, die einen besonderen landschaftlichen, historischen oder wissenschaftlichen Wert besitzen und deshalb aktiven Schutz genießen. Ihre Existenz ist unantastbar, und der ihnen gewährte Status wird durch die Legislative der Nation garantiert. Provinz-Reservate, Naturschutzgebiete, Tierparks und viele ähnliche Einrichtungen genießen nicht den gleichen unantastbaren Schutz. Einige solcher Tierparks entstanden unter sehr spezialisierten Zielsetzungen und fallen deshalb in gewisser Weise auch unter die Naturschutzgesetze. Von ihrem wissenschaftlichen und ästhetischen Wert her übertreffen einige dieser Gebiete sogar manchen südafrikanischen Nationalpark. Die meisten sind der Öffentlichkeit unter bestimmten Bedingungen zugänglich, doch steht dabei außer Frage, daß der Besucher sich dort nur als privilegierter Gast aufhält und sein Verhalten dieser Rolle anzupassen hat. Beim Betreten eines Parks wird er gewöhnlich mit den Bestimmungen bekannt gemacht, zum Beispiel nicht die Tiere zu füttern, nicht die vorgeschriebene Fahrgeschwindigkeit zu überschreiten und so weiter. Hält er sich nicht daran, dann droht ihm eine empfindliche Bestrafung. Der Besucher hat aber auch das Recht, daß ihm in verständlicher Weise erklärt wird, wie sehr die Einhaltung der Vorschriften zum Besten aller ist.

Das Recht der Öffentlichkeit, die Nationalparks (und die meisten anderen Schutzgebiete) zu besuchen, wird als Selbstverständlichkeit vorausgesetzt, denn es gehörte von Anfang an zum Grundkonzept der Nationalparks. Als 1872 in den USA der Yellowstone Nationalpark als erster Nationalpark der Welt eingerichtet wurde, tat der Kongreß diesen Schritt, um „einen öffentlichen Park oder ein Erholungsgebiet zum Nutzen und zur Freude der Menschen" zu schaffen. Diese Einstellung bestimmte 1926 auch die parlamentarische Gesetzgebung, die die Gründung der südafrikanischen Nationalparks ermöglichte. Das Gesetz sorgt für deren Einrichtung und für „den Schutz der Wildtiere, der Vegetation und der Objekte von ethnologischem, historischem oder sonstigem wissenschaftlichen Wert im Interesse, zum Wohle und zur Freude der Bewohner der Republik Südafrika". Obwohl das Gesetz einen Aufsichtsrat (Board of Trustees) zur Verwaltung und Kontrolle der Parks einsetzt, macht es auch deutlich, daß die Bürger durch ihre Regierung mitbestimmen, in welcher Weise die Nationalparks geführt werden sollen.

Während allgemein anerkannt wird, daß die Nationalparks den Menschen Freude bereiten, müssen wir auch nach der Bedeutung der Begriffe „Interesse" und „Wohl" im Gesetzestext fragen. Um darauf die Antwort zu finden und die Schutzbestimmungen der Nationalparks zu verstehen, sollte man das Grundprinzip näher untersuchen.

Diejenigen, die sich für den in Nationalparks und anderen Schutzgebieten praktizierten Naturschutz einsetzen, führen gewöhnlich vier Argumente ins Feld, die tatsächliche oder potentielle Vorteile für die Gesellschaft beinhalten. Aber bevor wir darüber sprechen, sollten wir uns über die Begriffe „Vorteil" und „Nachteil" Gedanken machen. Vor- und Nachteile für die Gesellschaft lassen sich auf recht unterschiedliche Weise messen. Wichtig ist, das gleiche Maß zu benutzen.

5. Dichter Galeriewald am Luvuvhu River bildet den üppiggrünen Hintergrund zu den Flußpferden, die sich gerade im Fluß Kühlung verschaffen wollen.

Man kann nicht Apfelsinen und Zitronen als etwas Gleichwertiges gegeneinander auswiegen. Ebenso wenig lassen sich moralische Argumente, finanzielle Erwägungen und wissenschaftliche Vorteile auf eine Ebene bringen. Wenn jemand starke gefühlsmäßige Vorbehalte gegen die Auslese durch den Menschen hat, kann man nicht als Argument dagegenstellen, wieviel Geld oder welche Fleischmengen dadurch verloren oder gewonnen werden. Außerdem bedeutet ein Gewinn in barem Geld nicht zugleich auch ökonomischen Vorteil, denn Wirtschaftlichkeit ist wesentlich mehr, als sich in Geld ausdrücken läßt.

Die vier Gründe, die für den Erhalt der Nationalparks sprechen, liefern Ethik, Ästhetik, Ökonomie und Ökologie. Keines dieser Gebiete kann isoliert betrachtet werden, denn sie überschneiden sich mehr oder weniger.

Die ethische Begründung ist leicht verständlich. Sie besagt, daß der Mensch die moralische Verpflichtung hat, die Tierwelt der Erde und besonders schöne Teile der Natur zu erhalten. Diesem Werturteil kann man zustimmen oder es ablehnen. Der ästhetische Gesichtspunkt gleicht im wesentlichen der Einstellung, mit der berühmte Kunstwerke für die Nachwelt erhalten werden. Auch dabei spielen Gefühle eine wesentliche Rolle. Der Wunsch wird deutlich, Gebiete in ihrer ursprünglichen Art zu erhalten, damit wir uns dorthin zurückziehen können, um frei von Alltagssorgen über unsere Herkunft und unsere geistigen Werte nachzudenken.

Sowohl die ästhetische wie die ethische Begründung zum Erhalt von Nationalparks wird von den führenden Staaten der Welt und von vielen Südafrikanern anerkannt, wird aber wohl angesichts des Nahrungsmangels, dem die Mehrheit der in Afrika lebenden Menschen ausgesetzt ist, wirkungslos.

Das ist besonders dann der Fall, wenn Naturschutzgebiete von einer wachsenden, aber verarmten Bevölkerung umgeben sind, die versucht, ihr Leben auf heruntergewirtschaftetem, kargem Boden zu fristen. Selbst wenn ethische und ästhetische Gründe zur Erhaltung von Nationalparks zukünftig nicht mehr zählen sollten, blieben sie dennoch weiterhin gültig.

Finanzielle Begründungen konzentrieren sich gewöhnlich auf den Tourismus. Die Nationalparks bringen durch den Reiseverkehr Einnahmen, die ihnen die Existenzberechtigung geben. Für sich betrachtet, ist dies ein gefährlicher Standpunkt, denn der Tourismus bietet keine zuverlässige Grundlage, um den Fortbestand eines Nationalparks auf Dauer zu gewährleisten. Man könnte annehmen, ein Park wäre nur so lange lebensberechtigt, wie er Gewinne abwirft. Man sollte vielmehr die ökologischen Vorteile, die er auf lange Zeit erbringt, gegen den sichtbaren Verlust an menschlicher Lebensqualität abwägen. Da ökonomischer Vorteil nicht allein aus Geldgewinn besteht, ergibt sich meiner Meinung nach eine besonders wirkungsvolle Verknüpfung von ökonomischen und ökologischen Argumenten.

Bezüglich der Ökologie gibt es vier Zielsetzungen, die für die Gesellschaft nutzbringend sind: Erhaltung des genetischen Potentials, Überwachung der Umweltqualität, Nutzung der Wildpflanzen und Tiere und Verstehen der Abläufe innerhalb der Ökosysteme.

An erster Stelle steht der mögliche Nutzen im genetischen Bereich. Die Nationalparks (und im weiteren Sinne alle Naturschutzgebiete) beherbergen Pflanzen, aus denen man eines Tages vielleicht Nahrungsmittel oder lebenswichtige Medikamente entwickeln könnte, und Tiere, die zu Haustieren werden könnten. Weniger als 40 Jahre sind vergangen, seit die modernen Antibiotika aus Substanzen gewonnen wurden, die von Mikroorganismen stammen. Darum ist es für uns ebenso wichtig, Mikroorganismen zu erhalten wie Elefanten.

Eine weitere wichtige Funktion von Nationalparks liegt in der Abschirmung von Kerngebieten vor der Umweltverschmutzung. So bleiben uns diese Gebiete als Vergleich gegenüber denen erhalten, in denen der Mensch seine Umwelt vergiftet.

Pflanzen und Tiere vermehren sich so schnell wie möglich, und ihre Nachkommen verteilen sich von Gebieten dichter zu solchen dünner Besiedlung. Überschüsse an Tieren können genutzt werden, um den Bedarf der Menschen an Fleisch, Leder und Dünger zu decken. Bei optimalen Zuständen könnte man in der beschriebenen Weise vorgehen, doch muß ich auch dazu eine Warnung äußern. Sollte zum Beispiel der Fleischbedarf der Maßstab dafür werden, wie viele und welche Tiere gehalten werden, widerspräche das eindeutig den Prinzipien des Naturschutzes. Es wäre denkbar, daß dann zu viele Tiere erlegt werden, womit man den Bestand der jeweiligen Tierart, aber auch anderer Tierarten gefährden würde, die in einem Ökosystem zusammenwirken. Deshalb müssen ökologische Prinzipien bei jeder Planung die erste Stelle einnehmen.

Für Ökosysteme besteht außerdem die Notwendigkeit, sich innerhalb bestimmter Schutzgebiete ungehindert entfalten zu können. Der Begriff Ökosystem wurde 1936 geprägt, um unser neu entstandenes Verständnis vom Wirken der Natur zu beschreiben. Die Grundlagen sind leicht verständlich, doch beim Erkennen der verwickelten Zusammenhänge stehen wir erst am Anfang. Pflanzen und Tiere – so groß ihre Anzahl und Vielfalt auf der Welt auch sein mag – leben nicht an jeder beliebigen Stelle, sondern in biologischen Gemeinschaften, in die

sie (wie auch der Mensch) durch die Nahrungskette und den Kreislauf von Chemikalien in Boden, Luft und Wasser eingepaßt sind. Diese Verknüpfung von organischem und anorganischem Material nennen wir Ökosystem. Da alle Teile eines Ökosystems durch bestimmte Beziehungen miteinander verbunden sind, hat eine Störung bei nur einem Teil Auswirkungen auf das Ganze. Der Grad des Schadens hängt von der Art der Störung und davon ab, welcher Teil betroffen ist. Oft scheint der eine Eingriff folgenschwerer als ein anderer zu sein, doch es zeigt sich immer wieder, daß wir die Wichtigkeit eines Teiles in einem Ökosystem erst entdecken, nachdem ein Schaden offenkundig geworden ist.

Beziehungen und ihre ökologischen Auswirkungen werden in dem vorliegenden Buch dargestellt. Neben einer Einführung in die Thematik stehen Darstellungen erst kürzlich entdeckter Beziehungen, die unser Verständnis von der Welt der Natur und unserer eigenen Stellung darin verändert haben. Natürlich ist es nicht nur der Mensch, der durch sein Wirken zu Veränderungen in den Ökosystemen führt. Es gibt keinen Entwicklungsstillstand, sondern ständigen Wandel. Doch der Einfluß des Menschen wirkt sich immer rapider und oft geradezu traumatisch aus. Alle „naturbelassenen" Gebiete einschließlich der Nationalparks tragen heute die unverkennbare Handschrift des Menschen. Sie werden umzäunt und geschützt. Allein die Tatsache, daß viele dieser Zäune natürliche Grenzen durchschneiden, Wanderrouten der Tiere versperren, Futtergewohnheiten ändern und in die Vielfalt der Tierpopulationen eingreifen, bedingt das weitere Eingreifen des Menschen als Planer und Verwalter. Ich erwähne das Verwalten an dieser Stelle, weil es den Begriff „naturbelassen" verwässert. Nationalparks und andere Naturschutzgebiete können nur im Vergleich zu dem sie umgebenden Land als ungestört bezeichnet werden, doch ermöglicht uns diese relative Unberührtheit, unschätzbares Wissen über das Zusammenspiel innerhalb von Ökosystemen zu sammeln.

Die traditionelle Art des Parkmanagements bestand hauptsächlich in heilsamer Vernachlässigung. Heute dagegen müssen wir das Können und Wissen von einem weitgestreuten Spektrum von Wissenschaftlern in unsere Arbeit einbeziehen. Dabei handelt es sich sowohl um Ökologen mit ihrem weiten Fachgebiet, Fachleute für Systemanalyse, die im Berechnen dynamischer Vorgänge versiert sind, als auch um Spezialisten mit einem sehr eng gefaßten Forschungsgebiet. Diese Tendenz wird sich in Zukunft zweifellos noch verstärken, und sie liegt durchaus in unserem eigenen Interesse und im Interesse der Parks.

Nun müssen wir uns der Frage zuwenden, wie Parks geschaffen und erhalten werden sollten. Seit 1962 hat die Parkbehörde es sich zur Aufgabe gemacht, typische Gebiete von jedem der zahlreichen südafrikanischen Ökosysteme zu Nationalparks zu erklären. Vorher wurden Südafrikas Nationalparks aus anderen Gründen eingerichtet, wobei an erster Stelle der Wunsch stand, das Großwild der afrikanischen Savanne zu erhalten. Deshalb sind Beispiele vieler anderer wichtiger Ökosysteme entweder nur unzureichend oder überhaupt nicht unter den Nationalparks vertreten. Die Ökosysteme der Küste und des Meeres blieben völlig unbeachtet.

Viele der ersten Parks besaßen Grenzen, die die Ökosysteme stärker zerschnitten als bewahrten. Die Bedeutung dieser Tatsache wurde uns erst vor kurzem bewußt, und es ist unumgänglich, die Fehler früherer Tage zu berichten. Noch ist es Zeit, die bestehenden Grenzen zu überprüfen und zu versuchen, sie mit den bestehenden Ökosystemen in Einklang zu bringen.

Die Gründung eines Nationalparks ist mit großen Schwierigkeiten verbunden, denn wie wir heute wissen, genügt es nicht, ein beliebiges Stück Land einzuzäunen. Südafrika hat eine auf 1 222 220 Quadratkilometer begrenzte Fläche, auf der heute etwa 26 Millionen Menschen leben. Bis zum Jahr 2000 wird diese Zahl auf schätzungsweise 50 Millionen Einwohner gestiegen sein, die Nahrung, Wohnung und Arbeit brauchen. Auch ihr Bedarf an Land und natürlichen Ressourcen wird entsprechend größer sein. So wird das Aussparen von Land für die Einrichtung von Nationalparks und Naturschutzgebieten eine Frage des Gleichgewichtes zwischen „Gewinn" und „Verlust" für die Gesellschaft, zwischen Land, das sofort viele Tonnen Mais oder Ballen Wolle hergibt, und Land, das dem unmittelbaren finanziellen Gewinn entzogen wird, um den nicht so recht kalkulierbaren Werten des Naturschutzes zu dienen. Diesen Zwiespalt zeigte F. Fraser Darling, ein für seine Zeit bemerkenswert vorausschauender Ökologe und pragmatischer Naturschützer, bereits vor 25 Jahren in seinem Buch „Wildlife in an African Territory" auf. Er schrieb: „... die Ökologie der Landnutzung steckt gegenwärtig noch in den Kinderschuhen und sollte nicht gleichgesetzt werden mit der opportunistischen, profitgierigen, sogenannten praktischen Art der Landzuteilung, wie sie noch immer betrieben wird..."

Das wachsende Verständnis für ökologische Zusammenhänge erhebt den Naturschutz zu einem ethischen Grundsatz, dessen Gebot darin besteht, das Ewige nicht dem Nützlichen zu opfern." Er forderte den „Schutz des Habitats um der Nachwelt willen" und warnte davor, „den jeweiligen politischen Trends nachzugeben, die nicht auf die ökologischen Prinzipien gestützt sind, die letztendlich unser Leben bestimmen."

Vor etwa 25 Jahren kam national wie international Bewegung in die Fragen nach dem gesetzmäßigen Status und der Leitung von Nationalparks. Seitdem gab es viele Konferenzen von Fachleuten, die sich zum Ziel gesetzt haben, eine allgemein annehmbare Definition und klare Richtlinien zur Leitung von „Nationalparks" zu erarbeiten. Das ist nicht nur eine schwierige, sondern eine nahezu unlösbare Aufgabe, denn unsere Bedürfnisse und Wertvorstellungen wandeln sich mit der Zeit. Ob die 50 Millionen Menschen, die im Jahr 2000 in Südafrika leben werden, unsere Auffassungen über Naturschutz teilen? Oder haben dann die Gebote des Überlebens Nationalparks zu einem Luxus werden lassen, den die Menschen sich nicht mehr leisten zu können glauben? Selbst heutzutage unterscheiden sich unsere Ansichten über Naturschutz je nachdem, wo wir leben und welcher Arbeit wir nachgehen. Ein Rinderzüchter sieht in einem Löwen eine Bedrohung, die er beseitigen möchte. Dagegen meint ein Stadtbewohner, der Löwe müsse geschützt werden. Darum lautet unsere Entscheidung, bestimmte Gebiete einzuzäunen, in denen die Löwen frei umherziehen können, ohne Haustiere anzufallen, und in denen wir die Möglichkeit haben, sie zu beobachten.

Internationale Kriterien zur Auswahl von Land für Nationalparks gründen auf drei Prinzipien. Erstens muß der Schutz des Gebietes der Zentralregierung übertragen sein. Zweitens sollte jeder Park eine lebensfähige Größe besitzen. Zwar kann ein Gezeitentüm-

6. (gegenüber) Löwen an einer Wasserstelle im Kalahari Gemsbok Nationalpark.
7. Zum Fliegen ist der Strauß zu schwer. So läuft er flink durch das Flußbett des Auob im Kalahari Gemsbok Nationalpark.

pel ebenso ein Ökosystem darstellen wie ein Kameldornbaum in der Kalahari, aber ein solches Ökosystem unterhält zu anderen Systemen Beziehungen, die sich wie exzentrische Kreise überschneiden. Wie der Schutz eines einzigen Gezeitentümpels nicht die gesamte Länge einer Felsküste vor Zerstörung bewahren kann, wird ein Park von Gartengröße nicht notwendigerweise ein Ökosystem schützen können. Das vorliegende Buch zeigt, wie die Frage der Parkgröße für manchen der Parks zu einem wirklichen Problem geworden ist. Der Kalahari Gemsbok Nationalpark und der Krüger-Nationalpark erfüllen die international anerkannten Kriterien durchaus. Sie ermöglichen durch ihre zufriedenstellende Größe, daß Ökosysteme voll wirksam werden können. Aber einige der kleineren Parks entsprechen dieser Forderung nicht.

Es genügt aber nicht, daß ein Nationalpark die ausreichende Größe hat und unter dem Schutz der höchsten staatlichen Instanz steht. Er muß auch öffentlich zugänglich sein. Diese drei Forderungen werden von den internationalen Gremien besonders herausgestellt. In der Praxis jedoch — und das ist sicherlich verständlich — gibt es nur über die Forderung nach dem Schutz durch den Staat keine Auslegungsfragen, die sonst den Unterschied zwischen Nationalparks und anderen Arten von Naturschutzgebieten verschwimmen lassen.

Südafrikas Nationalparks schneiden in bezug auf ihre Gesamtfläche im internationalen Vergleich nicht sehr günstig ab, denn sie nehmen nur etwa zwei Prozent der Landfläche ein. Einige Staaten, die wesentlich kleiner sind als Südafrika und an dessen wirtschaftliche Potenz in keiner Weise heranreichen, haben über 10 Prozent ihres Territoriums zu Nationalparks erklärt. Es ist eine Tatsache, daß in manchen nationalen wie internationalen Gremien von eifrigen, wortgewaltigen, allerdings nicht immer klar denkenden Naturschützern nichts annehmbar erscheint, was unter 10 Prozent der Landfläche liegt. Doch diese magische 10-Prozent-Marke sogenannter Achtbarkeit ist völlig willkürlich. Natürlich wäre es wünschenswert, 10 Prozent des Landes unter Naturschutz zu stellen, doch bei genauerer Untersuchung zeigt sich, daß das nicht nur eine Frage der Größe oder Anzahl der Nationalparks ist. Den Erfolg der Bemühungen um Naturschutz in einem Land muß man vielmehr daran messen, ob die angestrebten Ziele erreicht werden. Dabei müssen wir sowohl das Management eines Parks bewerten als auch die Frage, ob seine Größe ausreicht, um das Ökosystem voll zu schützen, das er beherbergt. Und hier kommen wir auf die alte Weisheit: Nicht allein Quantität, sondern Qualität zählt. Verglichen mit allen anderen Nationalparks in Afrika, kann Südafrika in bezug auf die Leitung seiner Nationalparks beachtliche Leistungen vorweisen.

Parkmanagement ist eine sehr schwierige Aufgabe und muß vom Gesamtkonzept der Nationalparks aus gesehen werden. Im wesentlichen sollte sich die Leitung eines Parks an den Zielen ausrichten, um derentwillen man den Park oder ein bestimmtes System von Parks gegründet hat. Der Umfang solcher Zielvorstellungen wird in diesem Buch deutlich. Da gibt es zum Beispiel den Schutz einer einzelnen Tierart wie im Bontebok Nationalpark. Ästhetische Erwägungen und der Erholungswert ließen den Golden Gate Nationalpark entstehen. Wesentlich breiter gestreut sind die Ziele im Krüger Nationalpark und Kalahari Gemsbok Nationalpark. Alle Parks entsprechen einigen dieser Zielvorstellungen, andere werden allerdings nicht erfüllt. Manches bedarf der Klärung, und die Öffentlichkeit muß lernen, diese Fragen bewußter zu erörtern. Eine Flut wissenschaftlicher Theorien hat neue Wege eröffnet, die den leitenden Parkbeamten Alternativen an die Hand geben, nach denen sie handeln können. Solche Anregungen werden nicht achtlos beiseite geschoben, sondern dankbar angenommen.

Entstehende Streitpunkte gehen allerdings nicht nur die Parkbehörde und die Regierung an, sondern sollten uns allen wichtig sein, denn auch wir tragen Verantwortung. Die Öffentlichkeit ist jedoch so gefährlich unwissend in allem, was Naturschutz betrifft, daß sie wehrlos auf lautstark vorgetragene, scheinbar begründete Argumente hereinfällt. Wir haben die Pflicht, uns zu informieren, so daß wir bei Streitfragen eine begründete Position beziehen können.

Der Mangel an Wissen wird nicht durch Schreiberlinge und Protestlergruppen behoben, die ständig an oberflächlichen Wunden kratzen, anstatt die wahren Gründe aufzudecken, die zum Abbremsen in der Entwicklung der Nationalparks führen.

Die Sorgen der Parkleitung haben ihren Ursprung in der Art der Nationalparks. Keiner von ihnen — und kein naturbelassenes Gebiet in ganz Afrika — ist groß oder ursprünglich genug, daß man ihn sich selbst überlassen könnte. Nach Ansicht der Öffentlichkeit sollten sich die Aufgaben der Parkverwaltung auf zwei Themen konzentrieren. Während der letzten 15 Jahre habe ich mehrere hundert Zeitungsartikel gesammelt, die sich mit Südafrikas Nationalparks befaßten. Abgesehen von der Frage, ob der Abbau von Kohlevorkommen im Krüger Nationalpark gestattet werden sollte, kehren zwei Themenbereiche immer wieder. Der erste betrifft den Tourismus, der zweite das Töten und Verkaufen scheinbar überschüssiger Tiere. Das also sind die Themen, mit denen sich die Öffentlichkeit beschäftigt. Die Tatsache aber, daß sie mit viel wichtigeren und weiterreichenden Problemen eng verknüpft sind, ist öffentlich noch nicht zur Kenntnis genommen worden.

Das Töten und der Verkauf von Tieren beschäftigt das Management natürlich, denn diese Lösungen wurden versucht, um eine Situation zu verbessern, die durch das Einzäunen der Nationalparks entstanden war. Das Einzäunen, das als erste unumgängliche Maßnahme erfolgt, bedingt viele Folgehandlungen, mit denen sich die Parkverwaltung heute herumschlagen muß. Wir sehen uns häufig in die Lage versetzt, natürliche Zustände unter unnatürlichen Umständen zu erhalten. Und wenn wir einen Teil eines Ökosystems verändern, wird es früher oder später nötig, an anderer Stelle einzugreifen. Management erzeugt wiederum Management, aber in der Welt, in der wir leben, gibt es keine Alternative. Darum versuchen wir, nur mit wohlüberlegten Maßnahmen einzugreifen, doch dabei sind wir häufig auf Mittel angewiesen, die bis dahin noch nicht erprobt worden sind. Das Kapitel über den Krüger Nationalpark stellt einige der Schwierigkeiten dar, wie zum Beispiel das Ausdünnen der Bestände, die dem Tourismus gesetzten unausweichlichen Grenzen und unseren Status als privilegierte Gäste. Management ist eine Kunst, die ihre ersten unsicheren Schritte dahin unternimmt, zu einer Wissenschaft zu werden. Dabei bleiben Fehler nicht aus, aber die Ziele, die wir beim Einrichten von Naturschutzgebieten vor Augen haben, werden uns wie Leuchtfeuer die Orientierung erhalten, sollten wir vom rechten Weg abkommen. Die Schaffung je eines Nationalparks für jedes der zahlreichen unterschiedlichen Ökosy-

steme von Südafrika bleibt unser Hauptziel. Doch seit der Proklamierung des Augrabies Falls Nationalparks im Jahre 1966 sind nur zwei Neuerwerbungen hinzugekommen. Der Karoo Nationalpark verdankt seine Existenz weitgehend dem Unternehmungsgeist von Naturschutzvereinigungen, die Schüler anregten, Geld für den Ankauf von Land zu sammeln. Vielerorts waren die Provinzialbehörden bei der Einrichtung von Naturreservaten zum Schutz besonderer Ökosysteme erfolgreicher als wir.

Diese Beispiele unterstreichen einen wichtigen Sachverhalt. Bei dem gegenwärtigen Trend zu raschem landwirtschaftlichen und industriellen Wachstum werden die bisher unberührten Teile des Landes so unwiederbringlich verändert wie nie zuvor. Zweifellos wird der Druck zunehmen, die Integrität geschützter Gebiete abzubauen und damit einen Teil von Südafrikas natürlichem Erbe zu opfern. Die jüngste Empörung der Öffentlichkeit über den Kohleabbau im Krüger Nationalpark bestätigt Fraser Darlings Worte. Wir waren der Stelle gefährlich nahe, an der „das Ewige dem Nützlichen geopfert" werden sollte. Wenn wir zulassen, daß das Gesetz geändert wird, könnte der Schutz, den unsere Nationalparks bisher genießen, völlig verlorengehen. Alle Schritte, die unternommen werden, um den gesetzlichen Status von Naturschutzgebieten zu verändern, dürfen nur zum Wohle des Naturschutzes erfolgen, und zwar auch dann, wenn der Nutzen nur zeitlich begrenzt ist.

Weil Südafrika mehr Nationalparks braucht, könnte es vorteilhaft sein, einige der provinzialen Naturreservate in ein erweitertes System von Naturparks aufzunehmen. Ein solcher Schritt brächte den Gebieten gesetzlichen Schutz, die in jeder Hinsicht wie Nationalparks geführt werden, denen bisher aber eben diese Sicherheit fehlt.

Es kann nicht oft genug wiederholt werden, daß die Nationalparks den Bürgern gehören, ihnen zum Wohl und zur Freude dienen. Die Bürger, das sind wir. Ein Teil unserer Steuern wird dazu benutzt, die Parks zu erhalten und neue zu erwerben. Es liegt in unserer Verantwortung zu erfahren, wie die Parks geführt werden und wohin unser Geld fließt. Es ist unser Recht, unsere Sorge um ihr fortwährendes Wohlergehen zu äußern, und sei es nur zum Nutzen unserer Kinder und Enkelkinder. Wir sollten uns daran erinnern, daß wir eher etwas von unseren Nachkommen ausgeliehen, als von unseren Vorfahren geerbt haben. Das wäre ein angemessener Schlußsatz, doch ich möchte noch einige Worte ergänzen.

Wenn Sie dieses Buch gekauft und bis hierher gelesen haben, gehören Sie sicherlich zu denjenigen, denen es weder an Nahrung noch an Geld mangelt. Was aber bedeuten Nationalparks den armen, hungrigen Menschen, besonders denen in Afrika, die von dem abgewirtschafteten Land rund um solche Parks leben? Ob sie wohl verstehen, warum man sie daran hindert, die Weiden für ihre Rinder zu nutzen und das Wild in ihre Kochtöpfe zu stecken? Ehe nicht auch sie die Bedeutung von Nationalparks einsehen, sind die Zukunftsaussichten für den Naturschutz in Afrika düster.

8. Die gerade aufgehende Sonne lockt die Surikaten aus ihrem Bau. Mitten im Winter nutzen sie jeden Sonnenstrahl, um sich aufzuwärmen. Anschließend beginnen sie mit der Jagd auf Insekten.

KRÜGER NATIONALPARK

... DIE EWIGKEIT DARF NICHT DEM PROFIT GEOPFERT WERDEN.
F. FRASER DARLING. DIE TIERWELT IN EINEM GEBIET AFRIKAS.

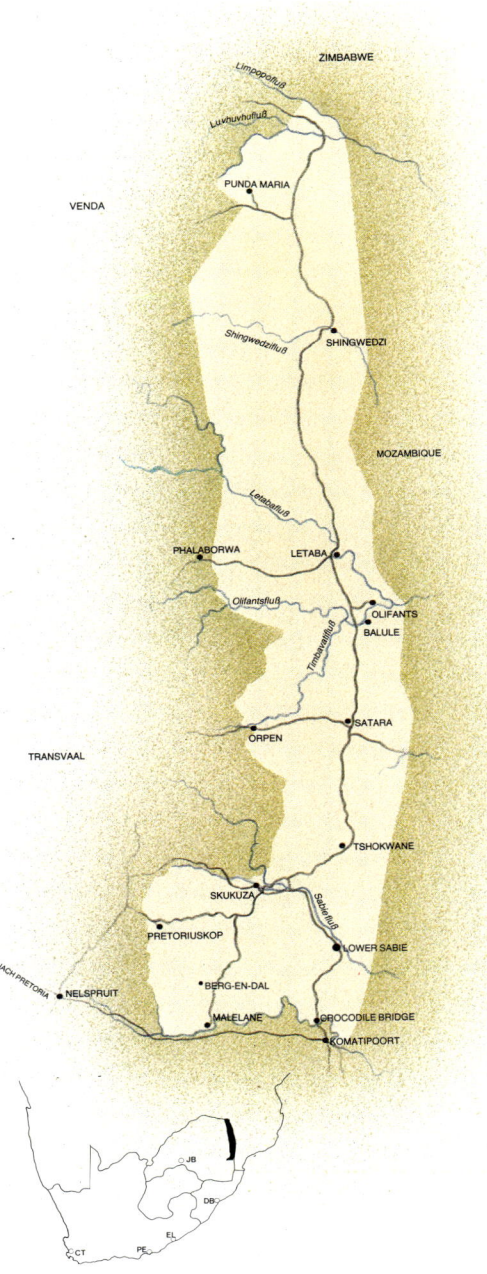

Die Geschichte des modernen Naturschutzes in Südafrika hängt eng mit einem Mann zusammen, der zu Lebzeiten viel eher als Symbolfigur des Konservatismus galt.
Stephanus Johannes Paulus Krüger, Jäger, Farmer, Soldat und Staatsmann, starb vor knapp 80 Jahren in seinem Schweizer Exil. Als Afrikaander der sechsten Generation reichte seine Ahnenreihe bis zu den Treckburen zurück. Bei seinen Gegnern galt er als unbeugsam und mürrisch, grobschlächtig und störrisch.
Die flotten jungen Engländer, die gegen Ende der viktorianischen Ära damit befaßt waren, das britische Weltreich zu vergrößern, sahen in Krüger nichts weiter als ein Hindernis für den Fortschritt, ein anachronistisches Relikt des Großen Trecks von 1836–38. Doch eine solche politische Einschätzung kann bestenfalls subjektiv richtig sein. Die Geschichtsschreibung zeigt, daß Krügers Lebenszeit eine Zeit der Kriege, des Goldrausches und des Konflikts zwischen britischem Imperialismus und afrikaansem Nationalismus war. Nur wenige Chronisten erwähnen Krügers hingebungsvolle Liebe zu Land und Natur, es sei denn, sie wollen damit seine politische Naivität unterstreichen. Dennoch war es eben dieser Mann, der „ewig gestrige" Präsident der Südafrikanischen Republik, der die Abgeordneten im Volksrat dazu drängte, ein Stück Land als Schutzgebiet für Wildtiere zur Verfügung zu stellen. Seine Willenserklärung ist ein Meilenstein in der Geschichte des südafrikanischen Naturschutzes, denn obwohl sie zunächst abgelehnt wurde, führte sie 1894 zur Gründung des Pongala-Reservats an der Grenze zwischen Transvaal und Swasiland.
Neue Ideen brauchen starke Fürsprecher. Nur ein Mann von Krügers Format, eine Persönlichkeit, deren Lauterkeit unbestritten

9. Im nördlichen Teil des Krüger Nationalparks läuft der Nyalaland Hiking Trail (Nyalaland-Wanderweg) durch ein Gebiet, in dem Affenbrotbäume zum gewohnten Anblick gehören.

war, konnte es wagen vorzuschlagen, bestes Jagdland allein für „die Natur" zu bewahren. Verstärkt durch die Treck-Ideologie, war den Afrikaandern Land schon immer besonders wichtig, denn als pragmatische Menschen, die vom Land lebten, zogen sie ihre Kraft daraus. Weidegras und Frischwasser bedeuteten dem Viehhalter das Paradies auf Erden, und ein Farmer sieht in einem guten Boden bereits reiche Ernten. Krügers Vorschläge liefen also den burischen Vorstellungen entgegen und blieben, wie erwartet, nicht unwidersprochen. Er mußte bis 1898 warten, bis sein Hauptziel und zugleich ein weiterer Meilenstein in der Geschichte des südafrikanischen Naturschutzes erreicht war, nämlich die Einrichtung eines Wildreservats im Lowveld von Transvaal. Am 26. März jenen Jahres unterzeichnete Krüger eine Proklamation über den „Gouvernement Wildtuin" (Regierungs-Wildgarten) zwischen den Flüssen Sabie und Crocodile, der später als Sabie Game Reserve bekannt wurde.

28 Jahre später, am 31. Mai 1926, beschloß das Parlament das National Parks Act genannte Gesetz. Obwohl Krüger längst gestorben war, blieb sein Traum lebendig, und seine Mitstreiter hatten den nächsten und bedeutendsten Schritt getan. Im Rahmen des National Parks Act gab man dem Sabie Game Reserve den Namen Kruger National Park und ehrte damit den Mann, dessen visionäre Kraft dieses einzigartige Erbe ermöglicht hatte. Noch bedeutungsvoller war, daß man dem Prinzip des Schutzes ausgewählter Gebiete als Nationalparks zugestimmt hatte.

Die öffentliche Unterstützung dieser Ideen war ein wesentlicher Erfolg der Nationalpark-Bewegung in Südafrika. Der „Mann auf der Straße" – das heißt zumindest der weiße Südafrikaner – hält die Bereitstellung von Land zum Einrichten von Nationalparks für „gut" und glaubt, daß die Vorteile die Kosten übertreffen. Das wurde erst kürzlich wieder deutlich, als eine starke öffentliche Opposition Pläne verhinderte, die beachtlichen Kohlevorkommen im Krüger Nationalpark abzubauen. Ohne den vehementen Einspruch der Bürger würden vielleicht schon Frontlader nach Kohle wühlen, wo heute Löwen friedlich in der Sonne dösen.

Die Vorstellung davon, was ein Nationalpark ist oder sein sollte, hat sich seit jenen frühen Tagen des Naturschutzes ganz wesentlich ge-

ändert. Damals hielten die meisten ein totales Jagdverbot innerhalb des Reservats für die Hauptsache. Aber ein Wildpark sollte auch noch andere Aufgaben haben. Als 1872 in den Vereinigten Staaten von Amerika der Yellowstone-Nationalpark zum ersten Nationalpark der Welt erklärt wurde, stand in der Proklamation unter anderem, der Park solle als „ein Stück Land zur Freude der Menschen" erhalten werden.

Paul Krüger drückte seine Wünsche in ähnlicher Weise aus: „Wenn es mir nicht gelingt, dieses kleine Stück des Lowveld unter Schutz zu stellen, werden unsere Enkelkinder nicht mehr wissen, wie ein Kudu, eine Elenantilope oder ein Löwe aussehen..." Damit bestärkte er die Vorstellungen, die wir heute fraglos übernommen haben, daß nämlich Land bereitgestellt wird, um Tiere und Pflanzen zu schützen, und daß jedermann das Recht besitzt, diese Gebiete zu besuchen.

Als Kind seiner Zeit ging es Krüger vor allem um das Großwild des südlichen Afrikas, nicht um Schlangen, Frösche, Insekten oder Nagetiere. Den Begriff Ökosystem gab es noch nicht. Das verzweigte Netz von Abhängigkeiten zwischen Pflanzen und Tieren war weder bemerkt, noch gar enträtselt worden, und für die meisten war Naturschutz gleichbedeutend mit Jagdverbot.

Nach dem Parc National Albert in Zaire ist der Krüger Nationalpark der zweitälteste Nationalpark Afrikas. Seine Geschichte zeigt deutlich die schrittweise Entwicklung des Naturschutzgedankens vom viktorianischen Konzept des Großwildschutzes zur heutigen ganzheitlichen Sicht, bei der man erkennt, daß das Ganze sich aus vielen Teilen zusammensetzt, von denen jedes ein lebenswichtiger Bestandteil des Gesamtsystems ist.

Die faszinierende Geschichte des Krüger Nationalparks enthält viele Berichte über Erfolge wie Mißerfolge, über kluge Entscheidungen wie Fehler. Doch sollte man über begangene Fehler nicht allzu hart urteilen, denn erst in der Gegenwart verfügen wir über die Ergebnisse einer hundertjährigen Forschung auf dem Gebiet des Wildschutzes. Der technische Fortschritt bietet uns heute Möglichkeiten, von denen die früheren „Parkaufseher" nicht einmal hätten träumen können. Und wir sollten auch die Frage stellen: „Was ist eigentlich ein Fehler?" Viele der begangenen „Fehler" erwiesen sich als nützliche Erfahrungen, andere gelten als solche, weil sie nicht mit der heutigen allgemeinen Auffassung über die Aufgaben des Krüger Nationalparks übereinstimmen.

Zweifellos werden uns auch in Zukunft Fehler unterlaufen. Eines müssen wir mit Bescheidenheit zugeben: Unser Wissen von den komplizierten Abläufen in Ökosystemen ist noch immer erschreckend gering.

In seinen Anfängen besaß das Sabie Game Reserve wenig, das es als Schutzgebiet für Wild oder als Erholungsgebiet für Menschen empfehlenswert gemacht hätte. Es bestand aus etwa 4 600 Quadratkilometer Lowveld und war weder eingezäunt noch bewacht. Das Land war von Stechmücken übersät, die Malaria übertrugen, von Bilharziose verseucht, die den Menschen völlig entkräftet, und von angriffslustigen Löwen bevölkert. Zwischen 1896 und 1897 wütete dort eine Rinderpest von furchterregenden Ausmaßen. Obwohl es seither keinen schwerwiegenden Ausbruch dieser Tierseuche mehr gegeben hat, trugen weder Rinderpest noch Tsetsefliege dazu bei, das Lowveld begehrenswert zu machen.

10. Eine Gepardin hält während der Mittagshitze mit ihren Jungen Rast. Das Fell der Welpen hat bei der Geburt eine graue Tarnfarbe, die erst nach vier Monaten dem bekannten Fleckenmuster weicht.

Sergeant Izak Holtzhausen und Constable Paul Bester von der Zuid-Afrikaansche Republiek Police, die in Komatipoort beziehungsweise Nelspruit stationiert waren, sollten gegen Wilderer und andere Verletzungen des neuen Gesetzes vorgehen. Aber selbst wenn man ihnen mehr Machtbefugnisse und eine bessere Vorbereitung auf ihre Aufgaben gegeben hätte, wären sie genauso von den politischen Ereignissen jener Tage überrollt worden. Zwei Jahre bevor der Wildpark zum Schutzgebiet erklärt worden war, hatte der als Jameson Raid bekannt gewordene britische Überfall auf Transvaal stattgefunden; eineinhalb Jahre nach Gründung des Parks brach der Burenkrieg aus.

Damit waren die Schönheiten von „Wildreservaten" vergessen. Sowohl Buren als auch Briten jagten dort, um ihre Rationen zu ergänzen oder um sich im Schießen zu üben. Gegenüber so schillernden und exzentrischen Gestalten wie Ludwig Steinacker mußten Holtzhausen und Bester aufgeben. Steinacker, ein ehemals preußischer Offizier, hatte von den Briten den Auftrag erhalten, eine Kavallerietruppe aufzustellen, die als Steinacker's Horse bekannt wurde, und die Grenze zwischen Transvaal und Moçambique zu überwachen. Die Aufgabe entsprach den Anlagen Steinackers, der bald zum Freibeuterkönig von Komatipoort, Malelane, Sabie Bridge und dem gesamten Lebombo-Distrikt südlich des Olifantsflusses wurde. Aber seine häufig genug verwünschte Anwesenheit brachte zumindest einen Vorteil, und zwar in der Person seines Adjutanten Major Greenhill-Gardyne. Als überzeugter Naturschützer übernahm er inoffiziell die Aufsicht über den Wildbestand des Gebiets und bestrafte jeden Wilderer, den er stellte, ungeachtet des Kriegs und des Fleischbedarfs für die Truppen. Wohl kaum jemand wird widersprechen, wenn man Greenhill-Gardyne den Titel des ersten ehrenamtlichen Wildpflegers gibt.

Als im Jahre 1902 der Burenkrieg beendet war, bestimmte die Übergangsregierung unter Lord Milner einen britischen Offizier, Major James Stevenson-Hamilton, dazu, die Aufsicht über das erneut proklamierte Sabie Game Reserve zu übernehmen. Wie Stevenson-Hamilton später zugab, erhielt er diesen Posten als „Oberaufseher", weil er die Jahre vor dem Krieg als Jäger nördlich des Sambesi im heutigen Sambia zugebracht hatte. Es sollte eine auf zwei Jahre befristete Ernennung und Beurlaubung von seinem Regiment sein, doch Stevenson-Hamilton blieb 44 Jahre lang und wurde zur Legende.

Sein Auftrag war ungewöhnlich vage. Als er seinen Vorgesetzten, Sir Godfrey Lagden, um genauere Anweisungen bat, bekam er die gutgemeinte Antwort: „Gehen Sie einfach dorthin und machen Sie sich bei jedermann nachhaltig unbeliebt!" Er kannte weder das Ausmaß seiner Vollmachten, noch wußte er, wie viele Helfer er einstellen oder was er ihnen bezahlen sollte. Nur eines stand zweifellos fest: Er sollte illegales Jagen innerhalb des Reservats unterbinden und den nachhaltig geschädigten Tierbestand wieder aufbauen.

Bereits bei der Ankunft zeigte sich in ersten Ansätzen die enorme Größe seiner Aufgabe. Sechs Tage lang mußte er durch das Lowveld ziehen, bevor er das erste Stück Wild zu sehen bekam. Die Zustände waren erschreckend. Die Tiere lebten weit verstreut und waren nervös, Wilderer holten sich ihren Anteil aus dem ohnehin dezimierten Bestand. Mit dem eingekehrten Frieden hatten die Menschen sich von den Schrecken der Kriegsereignisse abgewandt und ihr Interesse wieder auf den normalen Lebensunterhalt gerichtet. Und das Sabie Game Reserve war vielversprechendes Land. Eingeborene legten Buschbrände, um frisches Gras für ihre Rinder zu erhalten; weiße Farmer sahen mit begehrlichem Blick auf das potentielle Weide- und Ackerland. Von Anfang an stand Stevenson-Hamilton bei den Besitzern der an das Reservat angrenzenden Ländereien einer organisierten, geschlossenen Opposition gegen seine Naturschutzpläne gegenüber.

Aber Sir Godfrey Lagden hatte den Posten mit Bedacht besetzt. Stevenson-Hamilton war einerseits ein Idealist, andererseits ein Mann der Tat mit gutem Planungs- und Organisationstalent. Vielleicht war es während der Kinderjahre des Naturschutzes ebenso wichtig, daß er auch überragende diplomatische Fähigkeiten und ein ausgezeichnetes politisches Gespür besaß. Im ersten Jahr seiner Amtszeit entfernte er illegale Siedler, bestrafte Wilderer, erkundete das ihm unterstehende Land und befürwortete erfolgreich die Auflösung von Steinackers Truppe, so daß das Gebiet nicht länger unter doppelter Kontrolle stand.

Im Jahre 1903 gelang es ihm, das Sabie Reservat um ein großes Landstück von besonderem Reiz zu erweitern. Dieses Shingwedzi Reservat bestand aus ausgedehnten Mopanewäldern und Savanne und lag zwischen den Flüssen Letaba im Süden und Limpopo im Norden. Im folgenden Jahr verhandelte Stevenson-Hamilton mit den Bergwerksgesellschaften, die das Land nördlich des Sabieflusses besaßen, um die Wildschutzbestimmungen auf ein Gebiet von zusätzlich 10 000 Quadratkilometer ausdehnen zu können und damit das alte Sabie Game Reserve mit dem neuen Shingwedzi Reserve zu verbinden. Er brachte es auch fertig, die Westgrenze um gut 20 Kilometer nach außen zu verlegen und damit mehr Wasserstellen, bessere Weiden und – durch einen glücklichen Zufall – auch viele Felszeichnungen von Buschmännern in das Reservat zu integrieren.

In knapp über zwei Jahren hatte er die Schutzbestimmungen über ein Gebiet von 37 000 Quadratkilometer ausgedehnt. Das entspricht der achtfachen Größe des ursprünglichen Sabie Wildreservats. Mit Ausnahme eines Landstreifens zwischen den Flüssen Olifants und Letaba reichte das Schutzgebiet nun vom Limpopo im Norden bis zum Crocodile im Süden und von den Ausläufern der Drakensberge bis zum Lebombo-Gebirge.

Im Jahre 1905 erhielt die Naturschutzbewegung eine neue Richtung, denn Stevenson-Hamilton bekam nun nachhaltiges Interesse an dem Konzept eines Nationalparks. Sir Patrik Duncan war in jenen Tagen Colonial Secretary geworden, und schon bald nach seiner Ernennung trafen sich die beiden Männer zu einem Gespräch darüber, ob ein solches Vorhaben erstrebenswert sei. Aber die Vorschläge von Stevenson-Hamilton stießen auf wenig Gegenliebe. Er mußte feststellen, daß er sein Ziel nicht ohne die Unterstützung der Öffentlichkeit würde erreichen können. Der beste Weg dazu wäre, das Wildreservat für Besucher zu öffnen.

11. Obwohl Krokodile bei ihrem Sonnenbad unbeweglich und uninteressiert zu sein scheinen, besitzen sie doch ein ausgesprochen scharfes Gehör und können im Nu wieder im Wasser verschwinden.
12. Das furchterregende Gebiß eines Krokodils ist eine wirkungsvolle Waffe.

Das Nationalparkkonzept, das Stevenson-Hamilton vorschwebte, war nicht etwa eine bloße Verbesserung der in Sabie bereits erprobten Naturschutzarbeit, sondern etwas völlig Neues, Zukunftweisendes, das seiner Ansicht nach nur durch eine Statusänderung erreicht werden konnte. Er wollte den Schutz auf nationaler statt auf Provinzebene garantiert wissen.

Nachdem die Provinzen im Jahre 1910 zur Südafrikanischen Union zusammengeschlossen waren, erlebte das Land einen unerwarteten wirtschaftlichen Aufschwung. Stevenson-Hamilton, dem es gelungen war, den Wildpark vor der Landgier während der Nachkriegszeit zu schützen, sah sich nun wesentlich mächtigeren Gegnern gegenüber. Das Lowveld galt jetzt nicht mehr als entlegen und unbekannt, und die Bergwerksgesellschaften, die den Wildschutzvereinbarungen im Gebiet zwischen den Flüssen Olifants und Sabie zugestimmt hatten, wollten die Zugeständnisse nicht noch erweitern. Dieses Land, so glaubte man inzwischen, könne man wesentlich gewinnbringender nutzen. Außerdem stellte die Transvaal-Verwaltung kurz vor der Vereinigung der Provinzen fest, daß noch zuviel Geld in den Kassen lag, das besser im Transvaal ausgegeben werden sollte, als an die neue Zentralregierung zu fallen. Ein Teil des Geldes floß in den Ausbau der Selati-Bahn, die nach Norden hin verlängert werden sollte, um Sabie Bridge mit Zoekmekaar zu verbinden. Als der Bau der Bahnlinie und der Brücke über den Sabie begann, brachte das viel Unruhe in den Wildpark. Aber auch von anderer Seite wuchs der Druck. Die Schafzüchter an der Westgrenze des Reservats forderten größere Winterweiden im Gebiet von Pretoriuskop. Obwohl die Wildhüter sich sehr einsetzten, konnten sie nicht verhindern, daß um 1912 etwa 9000 Schafe zum Weiden in den Park getrieben wurden. Zu deren Nutzen brannten die Hirten das trockene Gras ab, denn das verstärkt das Nachwachsen des frischen Grases. Raubtiere wurden erlegt, wann immer man ihrer habhaft werden konnte. Die Lage verbesserte sich erst, als später für das Weiderecht eine Gebühr bezahlt werden mußte.

So entstand der typische Konflikt zwischen profithungrigen Unternehmern auf der einen und Naturschützern auf der anderen Seite, die auf Umweltschutz hinarbeiteten. Die Frage hieß: Schafe oder Elenantilopen? Rinder oder Löwen? Paviane oder Mais? Mitten in diesem Streit brach der Erste Weltkrieg aus, und der Mann, dem es gelungen wäre, die Öffentlichkeit für die Sache des Naturschutzes zu mobilisieren, kehrte zu seinem Regiment zurück. Ohne Stevenson-Hamilton und seinen Stellvertreter C. de Laporte an der Spitze wurde die Verwaltung nachlässig. Die Gegenseite bekam Aufwind und argumentierte sogar gegen ein weiteres Fortbestehen des Sabie Game Reserve.

Im Jahre 1916 – Stevenson-Hamilton war noch im Krieg – trat eine Sonderkommission zusammen, um eine Lösung der Probleme zu finden, die um den Wildpark entstanden waren. Ihr erster Bericht, der 1918 erschien, empfahl, die bestehenden Grenzen nicht zu bestätigen und den Schafzüchtern des Gebiets von Pretoriuskop im Winter Weiderechte einzuräumen. Das bedeutete, daß der 20 Kilometer breite Landstreifen westlich des Nsikaziflusses, den Stevenson-Hamilton im Jahre 1903 für das Reservat gewonnen hatte, nun verlorenging. Dieser Empfehlung folgte der Gesetzgeber 1923. Obwohl die Verluste die Naturschützer schwer trafen, freuten sie sich doch über einen anderen Vorschlag der Kommission. Man wollte Schritte unternehmen, um aus dem Sabie Game Reserve einen Nationalpark zu machen. Aber nichts dergleichen geschah. Im Gegenteil: 1921 bekundeten Bergwerksgesellschaften ihr Interesse am Abbau der bei Komatipoort entdeckten Kohlevorkommen. Die Selati-Bahn hatte sich als ein finanzieller Reinfall erwiesen, und die Gesellschaft forderte Farmrechte entlang der Bahnlinie, um ihre finanzielle Lage aufzubessern. Der Stand der Dinge hatte damit wohl seinen Tiefpunkt erreicht. Im Jahre 1923 erklärte der damalige Secretary of Lands, er beab-

sichtige, den der Krone gehörenden Teil des Sabie Game Reserve als Farmland aufzuteilen. Für Stevenson-Hamilton, der aus dem Krieg in Europa zurückgekehrt war, um wieder für den Naturschutz zu kämpfen, schien die Lage hoffnungslos.

Er brauchte unbedingt die Unterstützung sowohl der Öffentlichkeit wie der Politiker. Dem Minister of Lands, Colonel Denys Reitz, trug er den schon lange gehegten Plan vor, seinem geliebten Wildpark den Status eines Nationalparks zu geben. Reitz besuchte den Park und bekam Interesse daran. Mit der Eigenmächtigkeit der Besitzenden hatten die Siedlungsgesellschaften auf der Farm Toulon innerhalb des Schutzgebietes nördlich des Sabieflusses mit dem Weidebetrieb begonnen. Doch als ein Gnu erlegt wurde, weil es auf einer Rinderweide graste, kam der Fall vor Gericht. Nach langen Beratungen entschied das Gericht, daß die Siedlungsgesellschaften im Unrecht waren und bestätigte ausdrücklich den geschützten Status des Reservats.

Etwa zur gleichen Zeit unternahm die südafrikanische Eisenbahngesellschaft eine Sonderfahrt, die unter anderem zum Sabie Game Reserve führte und mithalf, das öffentliche Bewußtsein für die Wildtiere zu mobilisieren. Sehr schnell stellte sich heraus, daß das Sabie Game Reserve die eigentliche Attraktion der Fahrt war. Hunderte von Mitreisenden kehrten nach Hause zurück mit Erinnerungen an die Nächte unter afrikanischem Himmel, an das Gebrüll der Löwen und an die vielen geheimnisvollen Geräusche des Buschveld.

An einer anderen Front kämpfte die Wild Life Protection Society (Gesellschaft zum Schutz der Wildtiere) um den Nationalparkstatus für den Wildpark. Angeregt durch zahlreiche Zeitungsartikel, wuchs die öffentliche Unterstützung lawinenartig. Die Bevölkerung hatte sich die Idee der Gründung eines Nationalparks zu eigen gemacht. Stevenson-Hamilton, der inzwischen der Hilfe von Regierungsseite sicher sein konnte, erkannte, daß die Zeit zur Auseinandersetzung über den privaten Landbesitz zwischen Sabie und Olifants gekommen war. Bei dem schließlich ausgehandelten Kompromiß blieben einige Ländereien in Privatbesitz, während andere endgültig dem Reservat zugeschlagen werden konnten.

Die Enteignung betraf etwa 70 Farmer. Das Land zwischen den Nebenflüssen des Olifants, North Sand im Süden und Klaserie im Norden, wurde dagegen aus dem Reservat ausgegliedert. Leider gehörten dazu einige der besten Wohngebiete für Rappen- und Pferdeantilopen in diesem Teil des Lowveld. Doch der Verlust ließ sich teilweise durch den Vorteil ausgleichen, daß das verbliebene Gebiet nun aus einem Stück bestand. Heute gehören die meisten der damals ausgegliederten Farmen zu den privaten Wildparks Sabie-Sand, Timbavati und Klaserie. Ein weiterer Gewinn lag in der Tatsache, daß der geplante Nationalpark auch das in Staatsbesitz befindliche Land zwischen den Flüssen Olifants und Letaba einschloß.

In dieser kritischen Lage sorgte ein Regierungswechsel für weitere Unsicherheit. Wie würde die neue Regierung in der Nationalparkfrage entscheiden? Doch die Befürchtungen der Naturschutzlobby zerstreuten sich rasch, denn der neue Minister of Lands, Piet Grobler, war ein Großneffe von Paul Krüger und teilte dessen Sorge um den Wildbestand. Er versicherte Stevenson-Hamilton seiner vollen Unterstützung und versprach, sich für die notwendigen gesetzlichen Schritte einzusetzen.

Die Gründung des Krüger Nationalparks war keine leichte Aufgabe, und es bedurfte Groblers ganzen politischen Könnens und seines Mutes, um das angestrebte Ziel zu erreichen. Schafzüchter schickten eine Abordnung ins Parlament, weil sie die Abgeordneten gegen die Pläne aufbringen wollten. Potentielle Neusiedler, die auf Landvergabe hofften, machten ihren Einfluß geltend, und die zuständigen staatlichen Veterinäre zeigten sich kurzsichtig – oder zumindest erstaunlich uneinsichtig. Sie hielten es für besser, alles Wild zu erlegen, um der Tsetsefliege eine Rückkehr zu erschweren.

Dagegen erhob sich in Zeitungsartikeln und Reden eine wahre Flut von Protesten. Als der entscheidende Tag kam, traf sich Piet Grobler mit den Vertretern der Siedlungsgesellschaften. Seine geschickte Verhandlungsführung, die durch die Androhung der Enteignung besonderes Gewicht erhielt, verhalf den Naturschützern schließlich zum Durchbruch. Die Gesellschaften erklärten sich bereit, ihr Land innerhalb des geplanten Nationalparks gegen andere, außerhalb gelegene Landstücke einzutauschen. Bei diesem kurzen Treffen wechselten mehrere hunderttausend Hektar den Besitzer. Das Sabie Game Reserve hatte nun eine Fläche von etwa 1 900 000 Hektar und glich abgesehen von kleinen Veränderungen an der West- und Nordgrenze in Form und Größe dem heutigen Krüger Nationalpark.

Am 31. Mai 1926 brachte Grobler den National Parks Act im Parlament ein. In einer bewegenden Rede stellte er den Park als Vermächtnis Paul Krügers dar, als eine Fortführung von dessen Idealen. Darum, so führte er aus, solle das Sabie Game Reserve künftig den Namen Kruger National Park of South Africa tragen.

Diesmal war sich das Parlament einig. General Jan Smuts, der Oppositionsführer, unterstützte den Gesetzentwurf. Auch er sprach in beeindruckender Weise über die Schönheiten der Tierwelt Südafrikas und die Notwendigkeit, sie zu bewahren, wozu die Einrichtung von Nationalparks ein geeignetes Mittel wäre. Das Parlament sprach sich einstimmig für die Gesetzesvorlage aus. Dieser unerwartete Ausgang machte Schlagzeilen. Die Naturschützer hatten eine Schlacht gewonnen, und die öffentliche Meinung war auf ihrer Seite.

Viele verhalfen dem Naturschutz in Südafrika zum Durchbruch, doch drei Männer, Paul Krüger, James Stevenson-Hamilton und Piet Grobler, gelten als seine Väter. Sie vertreten drei Phasen in seiner Geschichte: Das Wort, die Tat und das Gesetz.

Das Gesetz bestimmte auch, wem die Nationalparks unterstehen sollten. Es sah die Einrichtung eines Aufsichtsrats (Executive Board of Trustees) vor, der unter dem Namen National Parks Board noch heute nicht nur für den Krüger Nationalpark, sondern auch für alle später eingerichteten wie zukünftigen Nationalparks verantwortlich ist. Welche Vorstellungen verbanden die Naturschützer damals wohl mit ihrer Aufgabe? Wie sahen Wildhüter, Ranger und Mitglieder des Aufsichtsrats die Naturschutzidee? Nach so langer Zeit läßt sich das nicht mehr zuverlässig belegen, aber wir können Vermutungen anstellen. Sicherlich waren ihre Auffassungen – gemessen an unseren Maßstäben – recht simpel, also gewissermaßen die Fortführung der mittelalterlichen Leidenschaft für Wild, besonders eßbares Wild, aber auch für Großwild wie Elefant und Nashorn, das sich so hervorragend für Jagdfotos eignete und ständigen Gesprächsstoff am Lagerfeuer bot. Die frühe Gesetzgebung unterstreicht diesen Aspekt, denn sie spricht von bestimmten Wildarten als „königliches Wild", eine Ausdrucksweise, die an Wilhelm den Eroberer, das zaristische Rußland oder das deutsche Kaiserreich erinnert. Obwohl Krüger sich gewünscht hatte, daß auch noch seine Enkel wissen sollten, wie ein Löwe aussieht, hielten die meisten den König der Tiere für etwas, das man lieber erlegte als beobachtete. Stevenson-Hamilton weist in seinem Buch „South African Eden" darauf hin, daß ein professioneller Jäger der alten Schule keinerlei Verwendung für den Löwen hatte. Das Fell war wertlos, und Löwen galten „nur als Ungeziefer, als Mörder von Tieren, die rechtmäßig zur Jagdbeute des Menschen gehörten. Wenn man einen Löwen erlegte, ließ man ihn im allgemeinen unbeachtet liegen."
Ohne Zweifel teilte Stevenson-Hamilton diese Ansichten zu Beginn seiner Laufbahn. Als er im Jahre 1902 das Sabie Reservat zum erstenmal in Augenschein nahm, war er derart enttäuscht über den geringen Bestand an Antilopen, daß er beschloß, die Raubtiere kurzzuhalten, damit das andere Jagdwild sich wieder erholen könne.

In seinem 1937 veröffentlichten Buch schreibt er, daß „anfangs die Regel galt, alle Raubtiere – Säugetiere ebenso wie Reptilien und in etwas geringerem Ausmaß auch Raubvögel – in vernünftigen Grenzen zu halten". Doch schränkt er dann ein, es sei „Sorge zu tragen, daß der zukünftige Bestand jeder dieser Tierarten gesichert bleiben müsse".

Im Anfangsstadium des Wildparks mag ein solches Begrenzen der Raubtierpopulation vielleicht gerechtfertigt gewesen sein. Im Jahre 1925, als das Konzept für einen Nationalpark allmählich Gestalt annahm, protestierten die Farmer in der Gegend um Malelane wegen des Schadens, den ihnen die Löwen zufügten. Stevenson-Hamilton fürchtete, das Wildreservat würde geopfert, um die lautstark vorgetragenen Interessen der Farmer zu befriedigen. Deshalb beauftragte er Harold Trollope, der ein erfahrener Jäger und Ranger in Malelane war, „die Bedrohung durch Löwen zu vermindern". Daraufhin erlegte Trollope im südlichen Gebiet des Reservats einen beträchtlichen Teil des Löwenbestands. Aber Stevenson-Hamilton war sich sehr wohl der Gefahren bewußt, die die drastische Reduzierung der Raubtiere mit sich bringen könnte. Bei zahlreichen Gelegenheiten und in mehreren Denkschriften an den Aufsichtsrat betonte er die lebenswichtige Rolle der Raubtiere innerhalb der natürlichen Ordnung.

An dieser Stelle erscheint es angebracht, die Formulierungen zu zitieren, die im Gesetzestext des National Parks Act die Zielvorstellungen umreißen. „Ziel der Einrichtung eines Wildparks ist es, die dort lebenden Land- wie Meerestiere und Pflanzen zu erhalten, ebenso Objekte von geologischem, archäologischem, historischem und ethnologischem, ozeanographischem, erzieherischem oder anderem wissenschaftlichen Interesse, ... und zwar in einer Weise, daß das Gebiet ... so weit wie möglich und zu Nutzen und Freude der Besucher in einem natürlichen Zustand belassen wird."

Anfangs war es nicht möglich, den Park in seinem „natürlichen Zustand" zu belassen, denn damals gab es dort nur so wenig Wild, daß die Besucher schwer enttäuscht worden wären. So entstand der Plan, nach dem man noch heute vorgeht. Man schafft und erhält ein Gebiet, das unseren Vorstellungen vom „ursprünglichen Afrika" entspricht, in dem so viele Großwildarten wie möglich überleben können und das wir ungehindert zu unserer Freude besuchen können.

Nach diesem Konzept wurde der Krüger Nationalpark zu einem großen Erfolg. Er gilt heute, gut 80 Jahre nach seinen Anfängen, als einer der zehn führenden Wildparks der Welt und innerhalb Afrikas als eines der besten Beispiele für gutes Parkmanagement. Dem Besucher bietet er unvergleichliche Möglichkeiten, die afrikanische Tierwelt zu beobachten.

Obwohl wir leicht der Annahme verfallen könnten, die Tiere in der unendlichen Wildnis des Krüger Nationalparks lebten vom Menschen und seiner Technik unberührt, ist das heute selbst dort nicht mehr möglich. Allein die Tatsache, daß ein Wildpark wie der Krüger Nationalpark oder jeder andere irgendwo in unserer übervölkerten Welt von menschlichen Siedlungsgebieten umgeben

13. Bärenpaviane trifft man in dem Wildpark häufig. Dieses Jungtier bleibt bis zum Alter von drei Jahren bei der Mutter. Danach muß es sich seinen Platz in der sozialen Rangordnung der Horde selbst erstreiten.

und deshalb aus Sicherheitsgründen eingezäunt ist, beweist in gewissem Sinn die Widernatürlichkeit.

Doch wegen seiner Größe von fast 2 Millionen Hektar afrikanischer Savanne, wegen seiner Vielfalt an Grasland und Dickicht, Wäldern und Flüssen bietet der Krüger Nationalpark einen derart überwältigenden Eindruck, daß man das Wort Management völlig vergißt und sich von der Faszination seiner Geschöpfe und ihrer Lebensweise einfangen läßt.

Der Park hat eine Nord-Süd-Ausdehnung von etwa 350 Kilometer und eine durchschnittliche Breite von 60 Kilometer. An drei Seiten besitzt er natürliche Grenzen: die Flüsse Luvuvhu und Limpopo im Norden, den Crocodilefluß im Süden und die Lebomboberge im Osten, wo der Park an Mocambique grenzt. Nur im Westen hatte das Einzäunen des Gebiets eine einschneidende Wirkung, denn der Zaun blockiert ehemalige Wildwechsel von wandernden Herdentieren wie Gnus und Zebras, die früher alljährlich vom Lowveld aus auf der Suche nach besseren Weiden nach Westen zogen.

Der Krüger Nationalpark hat viele Gesichter, viele Stimmungen. Im Sommer steigen die Temperaturen auf über 40 Grad Celsius und die Luftfeuchtigkeit nimmt zu, wenn ein Gewitter am Horizont aufzieht. Man hat den Eindruck, die Luft würde immer schwerer. Die Antilopen stehen wartend, mit vor Spannung geblähten Nüstern und aufgestellten Lauschern. Dann endlich stürzt der Regen hernieder. Bäche werden zu schlammigen Wildwassern, und der charakteristische durchdringende Geruch regenfeuchter afrikanischer Erde macht sich überall breit. Immer wieder wechseln die Eindrücke. Wenn das frische Gras und die zarten Triebe der Büsche sprießen, bekommen die Tiere glatte, glänzende Felle. Die Neugeborenen wagen unter Aufsicht ihrer Muttertiere die ersten Schritte, und im hohen Gras ruhen sich Löwen zwischen ihren Jagdgängen aus.

Viele Besucher ziehen es vor, den Krüger Nationalpark in den Wintermonaten Juni, Juli und August zu bereisen, wenn es nicht regnet und der klare, stahlblaue Himmel das Landschaftsbild prägt. Wegen der geringen Niederschläge während dieser Jahreszeit sind die Tiere nervös und sammeln sich an Flüssen und Wasserstellen. Ein trockener Wind läßt die Gräser verdorren und die armlangen Schoten der Kassien rasseln. Weil viele Bäume im Winter ihr Laub abwerfen und das Gras goldgelb schimmert, kann man die Tiere viel besser sehen.

So wie die Jahreszeiten den Park verwandeln, hat jede von ihnen ihre Besonderheiten. Der Krüger Nationalpark straft jene Lügen, die von der Eintönigkeit ebener afrikanischer Savannen mit Akazien, Trockenheit, Hitze und Staub sprechen. Die Wirklichkeit ist bei weitem vielfältiger und interessanter.

Der Krüger Nationalpark besteht – grob gesehen – aus vier Vegetationszonen, die mit bestimmten Einschränkungen einerseits die von Süden nach Norden abnehmenden Niederschläge, andererseits die geologische Teilung entlang einer Nord-Süd-Achse erkennen lassen. Die westliche Hälfte besteht aus Granit, der recht stark verwittert ist, die Osthälfte vor allem aus Basalt. Eine derart vereinfachte Übersicht läßt natürlich die Besonderheiten von Flußtälern und anderen Teillandschaften wie etwa dem Sandveld bei Punda Maria im Nordwesten und entlang der Ostgrenze bei Pafuri unerwähnt, wo man eine bemerkenswerte Gemeinschaft blühender Pflanzen findet. Die Vegetationskarte des Parks verzeichnet nicht weniger als 35 Vegetationstypen, die für ein geübtes Auge deutlich unterscheidbar sind.

Den Südwesten bestimmen vor allem sommergrüne, großblättrige Bäume und Büsche und hohe Gräser. Südlich des Olifantsflusses, der den Park in zwei Hälften teilt und bei der Beschreibung von Vegetationstypen einen geeigneten Orientierungspunkt bietet, besteht die Landschaft vorwiegend aus offener Savanne, die im Osten teilweise von Knobthorn- und Marula-Bäumen unterbrochen und entlang den Flüssen und Trockenflüssen von hochaufragenden, graugrünen Leadwoods bewachsen ist. Westlich davon herrscht gemischter Bewuchs mit Combretum vor. Nördlich des Olifants wird die Landschaft von Mopanewäldern geprägt, die bis zum Horizont reichen, während im Nordosten mächtige Affenbrotbäume wie Wächter über felsigen Hügeln und Höhenzügen aufragen.

Aber auch diese grobe Skizzierung von Vegetationstypen wird der Wirklichkeit kaum gerecht. Zwischen Malelane und den Lagern Pretoriuskop und Skukuza verdankt die Landschaft ihre besondere Schönheit den Granithügeln, die die Ebene beleben. Hier umklammern Felsfeigen mit ihren langen Wurzeln das Gestein und zwängen sich in jeden Riß. Für einen Augenblick erscheint ein Klippspringer, verharrt wie eine auf den Fleck gebannte Ballerina und ist mit einem Satz wieder verschwunden.

Die Hitze des Tages lockt auch die Eidechsen hervor, die sich zu Massen auf den Felsen sonnen. Sie besitzen zwar nicht die aufsehenerregende Kraft eines jagenden Geparden, doch sind sie in ihrem kleinen Lebensbereich ebenso wichtige Jäger, die die Zahl der Insekten nicht überhand nehmen lassen. Während die meisten Eidechsen gewandt sind und sich bei der Jagd wie der Gepard auf ihre Geschwindigkeit verlassen, hat eine Eidechsenart den entgegengesetzten Weg genommen. Das Chamäleon ist langsam und untersetzt und jagt hinterhältig. Das Ostafrikanische Chamäleon, die einzige Art, die man im Krüger Nationalpark findet, ist weit verbreitet und verdient unsere Aufmerksamkeit. Es nähert sich langsam seiner Beute, wobei jede Bewegung sehr genau kontrolliert ist. Dann schießt plötzlich die klebrige, zum Greifen geeignete Zunge hervor, und schon wird die unvorsichtige Heuschrecke oder Gottesanbeterin zwischen den robusten Reptilienkiefern zerdrückt.

Da das Chamäleon auf diese fast bewegungslose Art jagt, könnte es seinerseits leicht anderen Raubtieren oder Vögeln zum Opfer fallen, die ihre Beute mit den Augen erspähen. Doch dagegen besitzt das Chamäleon die erstaunliche Fähigkeit, seine Körperfarbe der jeweiligen Umgebung anzupassen. Von einem Feind gestellt, spielt es eine ganze Skala von Drohverhalten aus. Es bläst sich auf, daß es fast doppelt so groß wie zuvor aussieht, zischt bedrohlich und stellt das leuchtend rote Innere seines Mauls zur Schau. Selbst Menschen, die ja wissen, daß ein Chamäleon ihnen nichts tun kann, ziehen sich angesichts solch beeindruckender Gebärden zurück.

Wenn man in Richtung Olifants fährt, lichtet sich nördlich von Skukuza das Dickicht etwas und weicht besonders auf den östlichen Lebomboebenen grasbestandenen Flächen. Gras gehört in allen Gebieten des Wildparks zur Hauptvegetation, doch herrscht es hier vor und wird nur vereinzelt von Baumgruppen unterbrochen, besonders von Knobthorn mit seinem knorrigen, stacheligen Stamm. Dieser Baum kann nicht nur dem Feuer, son-

14. Der unansehnlich geschwollene Stengel und die dürftigen Blätter der Impala-Lilie lassen nicht erkennen, wie herrlich später die Blüte aussieht.

dern auch der Dürre erfolgreich widerstehen und besitzt damit zwei Eigenschaften, die wesentlich zur Entstehung der afrikanischen Savannenlandschaft beitrugen.
Selbst zur Zeit Stevenson-Hamiltons brannte man das Veld regelmäßig ab, um durch den danach verstärkt einsetzenden Graswuchs den Antilopen bessere Weidemöglichkeiten zu bieten. Buschbrände vor Beginn der Regenzeit stellten nicht nur eine neue Grasdecke für den Boden sicher, sondern schränkten zusammen mit den Laubfressern die Ausbreitung von Büschen und Bäumen auf Kosten des Graslandes ein. Darüber hinaus gehörten Buschbrände seit Jahrtausenden zur Geschichte der afrikanischen Grasländer, denn immer wieder entzündeten Blitzschläge das Gras. Seit sie dort lebten, hatten auch die schwarzen Hirtenvölker Feuer gelegt — aus den gleichen Gründen wie Stevenson-Hamilton. Als Ergebnis entwickelte sich eine Vegetation, die nicht nur regelmäßige Brände (und das Abgrasen) überleben konnte, sondern vielfach sogar darauf angewiesen war. Das zeigt sich besonders, wenn der erste Regen auf die ausgeglühte Erde fällt. Schon wenige Stunden danach beginnt sie wieder zu leben. Aus Blumenzwiebeln wachsen leuchtende Blüten, und frische grüne Triebe stoßen durch die geschwärzte Oberfläche. Das lockt die Herden der Gnus, Schwarzfersenantilopen und Zebras an, heute noch genauso wie zu Zeiten von Stevenson-Hamilton.
Man hat den Krüger Nationalpark in Sektoren geteilt, und in jedem Jahr werden in einigen von ihnen planmäßig Brände gelegt, und zwar zu einer Zeit, die den natürlichen Buschfeuern am nächsten kommt. Dieses straff organisierte Unternehmen wird von Parkbediensteten überwacht und durch Brandschneisen begrenzt. Um die Auswirkungen der kontrollierten Brände überwachen zu können, werden hochentwickelte Techniken eingesetzt. Einige Teile des Parks bleiben als sogenannte Wildnis vom Feuer unberührt. Zu Vergleichszwecken kann sich die Vegetation dort ungehindert ausbreiten. Das regelmäßige Abbrennen bestimmter Gebiete gehört jedoch unabdingbar zu einem guten Parkmanagement, denn es hilft, das richtige Verhältnis zwischen Gräsern einerseits und Büschen und Bäumen andererseits zu wahren und damit die Zahl der Antilopen auf ausreichend hohem Stand zu halten. Dadurch wird es den Besuchern weiterhin möglich sein, das Schauspiel einer Löwenfamilie auf Jagd oder eines Geparden beim Hetzen einer Schwarzfersenantilope zu beobachten.
Afrika ist die Heimat von etwa 85 Antilopenarten, von denen 20 im Krüger Nationalpark vorkommen. Diese Vielfalt erklärt sich durch die afrikanische Vegetation. Auch im Krüger Nationalpark kann man die unterschiedlichen Vegetationsarten erkennen, an die die Antilopen sich angepaßt, und Nischen, die sie durch Spezialisierung gefüllt haben.

15. Eine Schwarzfersenantilope und ihr Junges erkennen sich am Geruch.

Unter den 137 Säugetierarten des Krüger Nationalparks nehmen Antilopen und Raubtiere eine besondere Stellung ein. Einige, so zum Beispiel die auf 150 000 Stück geschätzte Schwarzfersenantilope, findet man fast überall, andere, wie die prächtige Pferdeantilope mit ihrem rauhen, rötlichbraunen Fell und den nach hinten gebogenen Hörnern, sind selten. Es gibt nur etwa 350 dieser hübschen Antilopen in dem Park, der ein recht begrenztes für Pferdeantilopen geeignetes Wohngebiet aufweist. Die Tiere stehen allerdings unter sorgfältiger Beobachtung und werden wegen ihrer Anfälligkeit gegen Milzbrand alljährlich von Rangern mit Hilfe von Spezialpfeilen geimpft.
Die Erhaltung des Antilopenbestands auf einem bestimmten Niveau hängt direkt mit der Frage zusammen, wie viele der großen Raubtiere überleben sollen. Damit verbinden sich zwei Zielvorstellungen. Zum ersten sollte der Park eine lebensfähige Population all jener Tierarten beherbergen, die dort zur Zeit des „dunkelsten Afrikas" lebten; zweitens müßte der Besucher die Gelegenheit haben, die Wildnis in ihrer ganzen Ursprünglichkeit zu erleben, und dazu gehört eben besonders das Beuteschlagen der Großkatzen.
Löwen bevorzugen es, in der Kühle der Nacht zu jagen. Doch wenn man im Morgengrauen aufsteht und in den Park hinausfährt, sobald die Lagertore geöffnet werden, trifft man vielleicht noch auf einige Weibchen, die sich im hohen Gras geduckt anschleichen und schließlich das erschreckte Opfer auf einen Löwen oder eine Löwin zutreiben, die im Hinterhalt liegen. Das wartende Tier springt dann hervor, drängt das Opfer geschickt von der Herde ab und tötet es mit einem raschen, gezielten Biß in den Nacken. Die bewundernswerte Zielstrebigkeit einer solchen Jagd besticht durch eine gewisse Würde auf seiten des Löwen wie des Opfers.
Auch Wildhunde jagen gemeinschaftlich. Das ganze Rudel konzentriert sich dabei auf ein bestimmtes Opfer, das abgedrängt und gehetzt wird. Doch wenn es zum Ende der Jagd kommt, fehlt den Wildhunden die Kraft des Löwen und die Stärke seiner Kiefer. Wildhunde töten langsam, und das ist kein erhebender Anblick, selbst wenn das Opfer durch den erlittenen Schock nicht mehr allzuviel davon spürt.
Einen jagenden Geparden kann man mit einem flinken Bogenschützen vergleichen. Geparden sind Parforcejäger, die ihr Opfer in einem großartigen Spurt einholen. Ihr Körperbau kennzeichnet sie als ausgezeichnete Läufer. Beim Sprinten ist die Sprungkraft so groß, daß die Füße kaum den Boden berühren. Die Hinterbeine setzen weit vor den Vorderbeinen auf, und der weit nach hinten gestreckte Schwanz dient als Steuer und Bremse. Jedes Teil des geschmeidigen Körpers ist in wohlgeordneter, gleitender Bewegung. Wie den Wildhunden fehlt dem Geparden die Kraft des Löwen, wenn es ans Reißen der Beute geht. Da Geparden gewöhnlich allein oder zu zweit jagen, gibt es manchen Mißerfolg. Außerdem hält der Sprinter sein hohes Tempo nicht über längere Zeit durch und gerät selbst bei der Hetzjagd auf kleine Antilopen oft an die Grenze der Erschöpfung. Dann gelingt es ihm nicht mehr, die zum Reißen geeignete Position zu erreichen, und er läßt sich durch ein letztes, verzweifeltes Ausweichen seiner Beute verwirren und bricht die Jagd schließlich hungrig ab. Aber selbst wenn er Erfolg hatte, kann es ihm passieren, daß ihm die mühevoll errungene Mahlzeit von größeren Raubkatzen wie Löwen, von Hyänen oder sogar von einem hartnäckigen Schabrackenschakal streitig gemacht wird. Darum neigt der Gepard dazu, seine Beute an eine geschützte Stelle zu zerren und dort sofort mit dem Fressen der fleischigen Keulen zu beginnen. Während sich der Löwe aus seiner unangefochtenen Position der Stärke heraus mit seinem Mahl genügend Zeit lassen kann, muß der Gepard hastig und heimlich fressen, denn nicht selten holen ihm andere den zweiten Gang vor der Nase weg.

Normalerweise gelingt es selten, Großkatzen bei der Jagd zu beobachten. Viele Besucher müssen sich damit begnügen, ihnen danach beim Fressen zuzusehen. In der Regel sind die Löwinnen die eigentlichen Jäger, doch erhalten sie für ihre Mühe keine Belohnung, bevor nicht die männlichen Tiere gesättigt sind. Dabei nehmen die größten Löwen eine Vorrangstellung ein, während die andern knurrend und drängelnd auf ihren Anteil warten. Nach dem Mahl liegen alle zufrieden beieinander, aber während des Fressens kämpft jeder nur für sich. Erst wenn alle männlichen Tiere sich sattgefressen haben, dürfen die Löwinnen an die Beute, und nur wenn noch genügend übrig bleibt, können die Jungtiere, die bereits entwöhnt sind, aber noch keine genügend hohe Stellung in der Rangordnung erreicht haben, ihren Hunger stillen. Welpen, die noch beim Muttertier trinken, sind gewöhnlich gut versorgt, doch in schlechten Zeiten müssen auch sie hungern, weil dann der Milchvorrat nur noch begrenzt ist.

Das Verhältnis zwischen der Verfügbarkeit angemessener Beutetiere wie Schwarzfersenantilopen, Gnus, Wasserböcken und Zebras und dem Wohlergehen der großen Raubtiere wie Gepard, Löwe, Wildhund und Hyäne ist anders, als man erwartet. Es hat sich gezeigt, daß die Anzahl der Beutetiere der Zahl der Raubtiere eine obere Grenze setzt, und nicht umgekehrt. Das heißt, daß in der Regel die Raubtiere nicht das Überleben der Beutetiere bedrohen, denn sie reißen gewöhnlich weder die kräftigsten Exemplare einer Herde, noch können sie an den Kern des Nachwuchses. Sie leben von den Kranken und Schwachen. Geschäftsmäßig ausgedrückt ernähren sie sich vom Überschuß, ohne das Betriebskapital zu schmälern. Wenn überhaupt, so hat das positive Auswirkungen, denn wenn die schwächsten Tiere, die kranken und unvorsichtigen ausgemerzt werden, verbessert das die Qualität der Herde. Nur die stärksten und lebensfähigsten Tiere können sich vermehren. Das Klima im Krüger Nationalpark unterliegt auffälligen Niederschlagsschwankungen. Trockenjahre und Jahre mit stärkerem Niederschlag wechseln sich in einem Rhythmus von etwa acht bis zehn Jahren ab. Dürrejahre, wie wir sie Anfang der sechziger Jahre erlebten, zeigen deutlich, wie die Zahl der Antilopen bestimmt, wie viele Löwen in dem Gebiet leben können. In jenen katastrophalen Trockenjahren setzten Futter- und Wassermangel den Antilopen schwer zu und machten sie schwach und anfällig für Krankheiten. Anfangs ging es deshalb den Löwen ausgezeichnet. Sie holten sich die alten, die jungen, die kranken und die schwachen Tiere. Die Beute war so reichlich, daß selbst Hyänen und Geier einen reich gedeckten Tisch vorfanden. Aber je länger die Dürre dauerte, desto schlechter hatten es die Löwen. Es gab jetzt nämlich erheblich weniger potentielle Opfer. Die Herden waren unruhiger und wachsamer. Eine kräftige Schwarzfersenantilope kann es durchaus schaffen, einem Löwen davonzulaufen. Auch für ein ausgewachsenes Zebra oder selbst für ein Gnu ist der Löwe, was das Lauftempo betrifft, kein angemessener Gegner. Hungrig und geschwächt fielen nun die Löwen Krankheiten zum Opfer. Viele Weibchen wurden unfruchtbar, und die Welpen, die noch geboren wurden, starben an Nahrungsmangel und Krankheiten. Den größeren Jungtieren erging es nicht besser, denn sie waren noch zu jung, um schon einen Anspruch auf Beute zu haben. Verzweifelt winselnd mußten sie zusehen und warten. Gelegentlich gelang es einem vom Hunger getriebenen Jungtier, sich einen Fleischbrocken zu schnappen, doch die ausgewachsenen Tiere schlugen erbarmungslos zu. Etliche Jungtiere erlagen solchen Verletzungen, noch mehr wurden krank und starben. Als die Macht der Dürre schließlich nachließ, war die Löwenpopulation beachtlich gefallen. Auch die Antilopen hatten gelitten, aber nach einigen regenreichen Jahren erholten sich die meisten Arten wieder.

In der Regenzeit werden besonders bei den Tieren der Ebenen wie den Schwarzfersenan-

16. *(vorhergehende Seiten)* In einer wirbelnden Staubwolke traben Elenantilopen, die von einem Großen Kudubullen begleitet werden, über das Sandveld im Norden des Parks. Versuche, die wuchtigen, bis zu 700 kg schweren Elenantilopen zu domestizieren, zeigen erste Teilerfolge.   **17.** Sowohl der Fieberbaum als auch die Anopheles-Fiebermücke, die die Malaria überträgt, bevorzugen zeitweilig überschwemmte Feuchtgebiete wie diese Senke, die sich mit Wasser füllt, sobald der nahegelegene Limpopo Hochwasser führt.

tilopen, den Zebras und den Gnus die Jungen geboren. Die Geburtszeiten ziehen sich über mehrere Wochen hin. Die tragenden Tiere beginnen dann recht plötzlich mit dem Werfen. Tag für Tag werden in der Herde Junge geboren. Obwohl ihre stelzigen Beine anfangs noch vom Fötalsack umschlungen sind, tun sie schon wenige Minuten später ihre ersten, unsicheren Schritte, zu denen die besorgten Muttertiere sie drängen. In diesem Moment sind Muttertier und Kalb stark gefährdet, denn sie befinden sich in der Regel etwas abseits der Herde und damit außerhalb des kollektiven Warnsystems aus Dutzenden wachsamer Augen und Ohren. Doch gerade während dieser kostbaren, wenngleich gefährlichen Augenblicke prägen sich beide Tiere gegenseitig ihren Geruch und ihre Stimme ein. Im Alter von etwa 10 Minuten stelzt das Kalb, das mit jedem Schritt sicherer läuft, zur Herde, die es aufnimmt und weiterzieht. Obwohl eine Herde möglicherweise aus 200 Tieren besteht, von denen etwa ein Drittel Neugeborene sind, kennt jedes Muttertier Stimme und Geruch des eigenen Kalbs, das ebenso selbstverständlich seine Mutter erkennt. Das Erkennungssystem stellt sicher, daß die Kuh nur ihr Junges säugt, das stets in der Nähe der Mutter und damit relativ geschützt bleibt.

Doch das Gefühl der Sicherheit täuscht, denn gerade die Geburtswochen der Herdentiere bescheren den Raubtieren einen reich gedeckten Tisch. Besucher, die im Sommer in den Krüger Nationalpark kommen, werden oft entsetzte Zeugen, wie Raubtiere neugeborene Antilopen oder Zebras reißen. Doch das Entsetzen weicht meist der Einsicht in die natürlichen Gegebenheiten. Ein Löwe kann nur eine bestimmte Menge Fleisch fressen. Auch dem Geparden wird der prall gefüllte Bauch schließlich unbequem, und die Wildhunde sind rundum gesättigt. Selbst die Hyäne erreicht einen Zustand, in dem sie einfach nicht mehr weiterfressen kann. Und so kehrt nach dem anfänglichen Blutbad endlich Ruhe bei den Herden ein. Die Gefahr ist zumindest eine Zeitlang gebannt. Zwar sind einige Tiere getötet worden, doch die Mehrzahl wird überleben.

Nördlich des Olifantsflusses verändert der Park sein Aussehen. Hier liegt – abgesehen von den westlichen und äußersten östlichen Teilen – die Südgrenze der Mopanewälder, die sich in undurchdringlichen Dickichten scheinbar unendlich weit ausdehnen. Land wie dieses hieß bei den weißen Jägern früherer Zeit kurz „MMBA" – „miles and miles of bloody Afrika" (Meilen um Meilen des verfluchten Afrikas). Von den grasbedeckten Stellen zwischen den Bäumen geht eine besondere Stille aus. Um die Mittagszeit drehen die schmetterlingsförmigen Blätter der Bäume ihre Ränder der Sonne zu und geben dadurch kaum Schatten. Im Sommer wohnen dort die Zikaden und erfüllen den Mopane-

18. In dem riesigen Schutzgebiet des Krüger Nationalparks haben sich etliche Tierarten stark vermehrt, so daß zum Beispiel die Population der Schwarzfersenantilope (im Bild), die auf 150 000 Exemplare geschätzt wird, von Zeit zu Zeit ausgedünnt werden muß.

wald mit ihrem grellen Ruf. Wenn sie innehalten, tritt eine bestürzende Ruhe ein, die aber bald vom heiseren Plappern des Nashornvogels, dem Schrei des Rotkehlfrankolins oder dem trockenen Kratzen einer Schar Helmperlhühner unterbrochen wird, die am Boden nach Futter stöbern. Plötzlich raschelt es vernehmlich, und der gewichtigste Bewohner des Mopanewaldes erscheint. Eine Elefantenherde zieht durch das Unterholz und reißt mit den Rüsseln die nahrhaften Mopaneblätter von den Bäumen.

Ein ausgewachsener Elefantenbulle wiegt 5 000 Kilogramm und braucht täglich 300 Kilogramm Nahrung. Die von einer dreißigköpfigen Elefantenherde benötigte Futtermenge ist also immens. Wenn man bedenkt, daß gegenwärtig über 7 000 Elefanten den Park bevölkern, überrascht es nicht, wie nachhaltig sie die Vegetation beeinflussen. So schreibt John Hanks in seinem Buch „The Elephant Problem" über die Herden in Kenia: „Elefanten sind in ihren Freßgewohnheiten unglaublich rücksichtslos und wählerisch und verdienen sehr wohl ihren Ruf als Bulldozer des afrikanischen Busches." Die Elefanten im Krüger Nationalpark sind ähnlich verschwenderisch. Außerdem gibt es in dem Wildpark für sie keine natürlichen Feinde, und die Population konnte entsprechend stark wachsen.

Früher stellten die Jäger den Elefanten des Elfenbeins wegen nach und rotteten sie fast aus. Als Stevenson-Hamilton die Aufsicht über das Gebiet übernahm, das später der Krüger Nationalpark wurde, war er entsetzt darüber, nicht mehr als eine Handvoll Elefanten vorzufinden. Viele hatten sich nach Mocambique gerettet, während die anderen den Jägern und Fallenstellern zum Opfer fielen, die in das Sabie Game Reserve gekommen waren, um ihren äußerst einträglichen Elfenbeinhandel fortzusetzen.

Stevenson-Hamilton griff gegenüber den Wilderern von Anfang an hart durch, doch in bezug auf die Elefanten schien jeder Schutz zu spät zu kommen. Zu den bewundernswerten Seiten der Natur gehört die Schnelligkeit, mit der sie einen Schaden wieder ausgleicht. Die wenigen verbliebenen Elefanten erhielten Verstärkung aus Mocambique, sobald die Gewehre schwiegen. Ihre Zahl hatte im Jahre 1946 schätzungsweise 500 Stück erreicht. 1959 wurde zum erstenmal eine Zählung vom Sportflugzeug aus durchgeführt. Das Ergebnis brachte die erfreuliche Nachricht, daß sich die Population auf 986 verdoppelt hatte. In dem selben Jahr begann man damit, den Park einzuzäunen. Damit wurde verhindert, daß Tiere in andere Gebiete außerhalb der Parkgrenzen auswichen, wenn die Population zu stark wuchs. Eine 1964 aus der Luft durchgeführte Zählung zeigt einen deutlichen Trend: Vor dem Menschen geschützt und auf das Parkgebiet beschränkt, wuchs die Zahl der Elefanten in alarmierender Geschwindigkeit. Sie hatte zu diesem Zeitpunkt 2 374 Stück erreicht. Nach mathematischen Hochrechnungen würde die Population heute über 20 000 betragen, wenn man ein ungehindertes Wachstum zugelassen hätte.

Die begrenzte Kapazität des Parks in bezug auf Elefanten läßt sich auch auf Menschen übertragen. Wie viele Besucher können in den Krüger Nationalpark kommen und in Lagern untergebracht werden, ohne daß die Umwelt Schaden nimmt? Es bestehen Pläne, die Zahl der Betten um weitere tausend zu erhöhen. Im Jahre 1981 besuchten fast eine halbe Million Menschen den Krüger Nationalpark. Ihnen das Notwendigste – also

19. Der aasfressende Marabu ist kahlköpfig. Dadurch verschmutzt er nicht so stark, wenn er sich mit seinem kräftigen Schnabel tief in einen Kadaver hineingräbt.

Wasser, Nahrung, Brennmaterial und sanitäre Einrichtungen – bieten zu können, verlangt immer größere Flächen, die den Tieren verlorengehen. Tagtäglich ergießt sich diese Masse von Touristen über 750 Kilometer Teerstraßen und 1200 Kilometer Schotterwege, um mit etwas Glück soviel wie möglich von dem Park zu sehen. Die Straßen beeinflussen zweifellos die Vegetation – und zwar nicht nur während sie gebaut werden. So läuft zum Beispiel das Regenwasser am Straßenrand zusammen. Durch die vermehrte Feuchtigkeit wachsen die Gräser kräftiger und höher, und die Büsche breiten sich stärker aus. Aber dieser üppige Randbewuchs verhindert, daß die Besucher einen freien Blick haben, und er muß deshalb regelmäßig von Hand zurückgeschnitten werden.
Ohne Zweifel wird in absehbarer Zukunft die Grenze der Zumutbarkeit erreicht sein. Vielleicht müssen dann viele Besucher in Unterkünften außerhalb des Parks übernachten und die Tore unter strenger Bewachung nur am Tage und in begrenzter Zahl passieren. Wie wird die Öffentlichkeit solche Einschränkungen hinnehmen? Werden in Zukunft im Krüger Nationalpark Grundsätze zur Erhaltung der Tierwelt gegenüber der Öffnung des Parks für die Allgemeinheit den Vorrang erhalten? Das ist eine problematische Frage. Sicherlich wird die Antwort darauf nicht auf allgemeine Zustimmung stoßen, doch Einschränkungen in dieser Richtung scheinen ebenso unumgänglich zu sein wie die Begrenzung der Elefantenpopulation. Die Freßgewohnheiten der Elefanten, zu denen es gehört, einen ausgewachsenen Baum umzustoßen, nur um einige Blätter in der Krone besser zu erreichen, und die Rinde lebender Bäume abzuziehen, die dadurch anfällig für Krankheiten werden, hätte zusammen mit ihrer ständig steigenden Zahl unweigerlich zu einer nachhaltigen Zerstörung des Lebensraumes nicht nur für Elefanten, sondern für viele andere dort heimische Tiere geführt. Unkontrolliert hätte es zu einem ähnlich schrecklichen Ende wie in Tsavo East (Kenia) kommen können, wo viele tausend Elefanten an Hunger eingingen und eine völlig kahlgefressene, zerstörte Landschaft hinterließen.
Nachdem deutlich war, daß die Elefanten sich selbst und ihrer Umwelt schadeten, beschloß man im Jahre 1965, ihre Anzahl zu verringern und dann auf einem Stand zu halten, der nach Ansicht der Fachleute auch von der Umgebung ohne Schaden getragen werden konnte. Zugleich sollten Besucher weiterhin ausreichende Möglichkeiten behalten, diese eindrucksvollen Tiere zu beobachten. 1966 begann das Erlegen von Elefanten und Büffeln. Die Büffel hatten sich ebenfalls enorm vermehrt (gegenwärtig gibt es im Krüger Nationalpark über 30000 Stück), nachdem fast alle der großen Rinderpest von 1896 zum Opfer gefallen waren.
Das Ausdünnen der Bestände führte zu einer viel stärkeren öffentlichen Empörung als jede andere im Zusammenhang mit Südafrikas Nationalparks getroffene Maßnahme. Befürworter wie Gegner der Pläne führten zugkräftige Argumente an, verknüpften jedoch meist subjektive Meinungen mit objektiven Voraussagen. Dabei müssen wir eingestehen, daß wir nicht wissen, welche schwerwiegenden Nebenwirkungen durch das Ausdünnen auf lange Sicht eintreten. Auf einige mögliche Gefahren ist bereits hingewiesen worden. Eine Vermutung lautet, daß sich dadurch ein neues Gleichgewicht zwischen Tieren und Pflanzen entwickeln könnte, denn mit dem Fortschaffen der Kadaver wird dem Lebensraum Biomasse entzogen. Das führt auf die Dauer zu einem niedrigeren Wachstumsniveau, wodurch dort immer weniger Tiere werden leben können. Schließlich erreichen Pflanzen und Tiere unter Umständen ein Gleichgewicht auf derart niedriger Basis, daß der Anlaß, der gegenwärtig das planmäßige Töten von Tieren auslöst, wegfallen wird.
Das von den Gegnern am häufigsten wiederholte Argument besagt, Töten sei moralisch verwerflich und verstoße gegen den Geist des Naturschutzgedankens, unter dem die Wildparks eingerichtet worden wären. Auf diese Beschuldigungen gibt es keine Antwort, denn sie sind emotional und nicht rational begründet. Andere fürchten, das Ausdünnen könnte die öffentliche Unterstützung für die Nationalparkbewegung untergraben und damit ihre Stellung gefährden. Dann gibt es jene, die glauben, man solle die Natur am besten „sich selbst überlassen". Da wir aber nicht genau wissen, wohin dieser Weg führen würde, und innerhalb eines räumlich begrenzten Nationalparks die „Natur" ohnehin um einiges von ihrem „natürlichen Weg" abgedrängt worden ist, scheint das doch ein ausgesprochen radikaler Vorschlag zu sein. Es gibt innerhalb Afrikas genügend Beweise, daß der „Weg der Natur" zu einer völlig anderen Art Krüger Nationalpark führen würde, die für uns möglicherweise unannehmbar ist. In der Frage der Angemessenheit liegt ohnehin der Schlüssel zu dem Streit. Es gibt dafür keine allein richtige Antwort.
Da einer der Gründe zur Einrichtung des Krüger Nationalparks war, eine lebensfähige Population all jener Tierarten zu erhalten, die dort während der letzten Jahrtausende lebten, und ebenso, die unterschiedlichen Pflanzengemeinschaften sowie den Charakter der Landschaft zu bewahren, scheint der Vorschlag, der Natur ihren Lauf zu lassen, eine ausgesprochen riskante Alternative zu sein.
Tatsächlich bietet das Ausdünnen der Bestände eine gemäßigte, wenngleich althergebrachte Lösung, vorausgesetzt, daß es planmäßig und an die jeweilige Lage angepaßt durchgeführt wird und jederzeit beendet werden kann, sollten die angestrebten Erfolge nicht eintreten. Man muß ergänzend erwähnen, daß Evolution an sich dynamisch verläuft und ständige Veränderungen beinhaltet, die in einem Wildpark unerwünscht oder gar unerträglich sind. Wenn wir aufrichtig anerkennen, daß wir uns den Krüger Nationalpark auch in Zukunft in seinem gegenwärtigen Zustand wünschen, sehen wir das planvolle Töten in anderem Licht.
Nachdem die Entscheidung zugunsten des Ausdünnens gefallen war, gab es nur noch technische Probleme. Wie sollten die Tiere getötet und die Kadaver beseitigt werden? In dieser Hinsicht kann die Verwaltung des Krüger Nationalparks ein beispielhaftes Verhalten vorweisen. Wegen der öffentlichen Empörung über das Töten von Wild lud man unter anderen die Wildlife Society of Southern Africa, die South African Veterinary Association und die South African Federation of Societies for the Prevention of Cruelty to Animals (Tierschutzbund) sowie dem internationalen Tierschutzbund angeschlossene Vereinigungen ein, den Wildpark zu besuchen und die Tötungen zu überwachen. Alle diese anerkannten Gremien veröffentlichen anschließend Berichte, in denen festgestellt wird, daß die angewendete Methode nach heutigen Erkenntnissen optimal und human sei.
Elefanten und Büffel werden mit Spezialpfeilen betäubt, die man im Krüger Nationalpark entwickelt hat und seither in vielen Teilen der Welt verwendet. Die mit Scoline, einem lähmenden Wirkstoff, gefüllten Pfeile werden vom Hubschrauber aus abgeschossen. Zuvor sucht man die zur Tötung bestimmten Tiere

sorgfältig aus. So sind zum Beispiel Elefantenherden matriarchalisch ausgerichtet, und es gäbe große Verwirrung in der Herde, wenn man die Leitkuh tötete. Also bemüht man sich, solche Fehler zu vermeiden. Alles Folgende läuft rasch ab. Der mit Scoline betäubte Elefant wird sofort durch einen Kopfschuß getötet, während Büffel auf der Stelle durch die Überdosis des Gifts sterben.

Die Elefanten- und Büffelkadaver werden auf Spezialtransporter verladen und zur Weiterverarbeitung gebracht, die im Park selbst erfolgt, Touristen jedoch nicht zugänglich ist. Der gesamte Vorgang verläuft absichtlich im Verborgenen, denn er würde viele Besucher beunruhigen, zeigt er doch eine der abstoßendsten Aufgaben des Parkmanagements. Die Produkte, die bei der Weiterverarbeitung entstehen, werden verkauft. Der Erlös kommt dem Park zugute. Bemerkenswerterweise haben die Wissenschaftler, die vorschlagen, wann und wo Ausdünnen notwendig ist und die die Anzahl und die Tierart bestimmen (denn manchmal betrifft das zum Beispiel auch Flußpferde oder Schwarzfersenantilopen), keinerlei Einfluß auf den Verkauf der Waren oder auf die Verwendung des Gewinns, damit ihre Entscheidung auf keinen Fall von finanziellen Erwägungen beeinträchtigt wird.

Da die Büffel im Park Überträger von Maul- und Klauenseuche sein können, müssen bei der Weiterverarbeitung besondere Vorsichtsmaßnahmen beachtet werden. Bisher ist kein Fall bekannt, bei dem ein Ausbruch der Seuche außerhalb des Parks durch das hier durchgeführte Tötungssystem ausgelöst worden wäre. Wenn man feststellt, daß getötete Tiere von der Seuche befallen sind, überläßt man sie der natürlichen Gesundheitspolizei, nämlich den Hyänen, Marabus und Geiern, die ihre Aufgabe schnell und gründlich verrichten.

Beim Ausdünnen wird auch auf die Schönheit Rücksicht genommen. Elefantenbullen mit großen Stoßzähnen wie der bekannte Mafunyane – der „Reizbare" – bleiben selbstverständlich verschont, denn die Besucher freuen sich über den Anblick eines solchen Prachtbullen. Mafunyane lebt weit im Norden des Parks, doch sein genauer Aufenthaltsort bleibt zu seiner eigenen Sicherheit geheim. Obwohl er inzwischen zur Fortpflanzung zu alt ist, wird er seiner prächtigen, 3 Meter langen Stoßzähne wegen nicht geschossen. Die Zähne sind so gebogen, daß Mafunyane den Kopf stets besonders aufrecht tragen muß. Sein Wert ist für Wilderer zweifellos sehr hoch, und von einem solchen Zusammentreffen behielt er eine deutliche Narbe am Kopf.

Gegenwärtig hält man die Elefanten auf einem Stand von etwa 7 500 Stück. Dabei ist interessant festzustellen, daß das Lowveld während der vergangenen 500 bis 1000 Jahre wohl kaum so viele Elefanten ernährt hat.

20. Ein Hengst besteigt eine Burchell-Zebrastute, während die anderen Tiere dichtgedrängt dabeistehen.

Für diese Behauptung dienen die hervorragend erhaltenen Affenbrotbäume im Norden des Parks als Beweis. Elefanten haben eine Vorliebe für diese Bäume. Sie reißen die Rinde ab, fressen Früchte und Blätter und hinterlassen die Bäume häufig derart beschädigt, daß sie schließlich in sich zusammenfallen. Es ist unwahrscheinlich, daß so viele große Affenbrotbäume bis heute unbeschädigt überlebt hätten, wären dort früher mehr Elefanten gewesen.

Affenbrotbäume prägen die Vegetation in den nördlichen Parkgebieten. Bevor der Luvuvhufluß die Gegend von Pafuri erreicht, schneidet er sich durch eine tiefe, felsige Schlucht mit dicht bewaldeten Hängen. Erst seit kurzem können Besucher diesen Teil des Parks erreichen, und zwar über den Nyalaland-Trail, einen Wanderweg, der wie zwei andere ähnliche Wege durch die Wildnis führt und den Touristen erlaubt, sich die besonderen Reize des Lowveld zu erwandern. Von einem dafür ausgebildeten Fachmann und Rangern begleitet, werden je acht Besucher in Gruppen geführt. Sie lernen aus erster Hand Pflanzen und Tiere kennen, die ihnen begegnen. Mit etwas Glück treffen sie sogar auf eine Nyala-Antilope, die oft mit dem Kudu verwechselt wird, sich aber in Wirklichkeit recht deutlich von ihm unterscheidet. Sie ist kleiner, hat ein an Kniestrümpfe erinnerndes gelboranges Muster an den Läufen, und die Böcke tragen ein lyraförmiges Gehörn mit weißen Spitzen. Im Galeriewald der Luvuvhuschlucht leben viele Nyalas. Andere, verhältnismäßig seltene Antilopen im Nordteil des Parks sind die Elenantilope, das Sassaby, die Pferdeantilope und die Rappenantilope, die neben der Oryx-Antilope zu den hübschesten der großen afrikanischen Antilopenarten zählt. Die Luvuvhuschlucht beheimatet auch das winzige, scheue Moschusböckchen und das ebenso seltene Sharpes Greisböckchen.

Seit Jahren bemüht sich die Parkverwaltung, all jene Arten wieder im Krüger Nationalpark einzuführen, die ursprünglich im Lowveld lebten, aber inzwischen ausgerottet wurden oder sich in andere Gebiete verzogen haben. Das letzte Spitzmaulnashorn wurde 1936 im Ost-Transvaal gesehen und fiel vermutlich Wilderern zum Opfer, die es besonders auf das „Horn" abgesehen haben. Dieses Horn ist weder ein echtes Horn (es besteht nämlich aus zusammengewachsenen Haaren) noch ein Aphrodisiakum, wie man landläufig annimmt. Im Jahre 1971 brachte man die ersten 20 dieser übellaunigen Geschöpfe von Natal in den Park. Später folgten weitere, die sich gut an die neue Umgebung gewöhnten. Sie vermehrten sich so erfolgreich, daß heute etwa 100 Spitzmaulnashörner im Krüger Nationalpark leben.

Das Breitmaulnashorn, das etwas größer ist und ein nicht ganz so cholerisches Temperament hat, wurde bereits 1961 ebenfalls aus Natal wiedereingeführt. Schon viele Jahre vor der Gründung des Krüger Nationalparks war es im Lowveld ausgerottet. Während das Spitzmaulnashorn seine schmal zulaufende Oberlippe dazu benutzt, Blätter und frische Triebe von Büschen und Bäumen zu rupfen, ist das Breitmaulnashorn ein Grasfresser. Etwa 700 Breitmaulnashörner leben zur Zeit im Krüger Nationalpark, vor allem im Süden zwischen Pretoriuskop, Malelane und Skukuza.

Wie man Nashörner und andere Tierarten, zum Beispiel Bleichböckchen, Rehantilope und Rotducker, wieder im Park heimisch machte, so werden Arten, die hier ausreichend vertreten sind, an andere Wildparks weitergegeben, wo Bedarf besteht. So wünschenswert diese Form des Ausdünnens auch erscheinen mag, ist sie jedoch nicht immer durchführbar. Büffel können zum Beispiel nicht weitergegeben werden, weil sie Überträger von Krankheiten sind, die Hausrinder gefährden. Von Elefanten bestehen in den meisten Gebieten der Erde Überschüsse, und zwar sowohl in zoologischen Gärten als auch in Wildparks. Allerdings macht die Parkbehörde soweit wie möglich von dieser Lösung Gebrauch, bevor man sich dazu entschließt, Scolinepfeile einzusetzen.

Flußpferde leben in allen Flüssen des Parks, die ganzjährig Wasser führen. Sie faulenzen am Tage und steigen erst nachts zum Grasen an die Ufer. Ähnlich wie die Elefanten haben sie außer dem Menschen kaum ernsthafte Feinde, und ihre Zahl ist derart angestiegen, daß auch ihre Bestände von Zeit zu Zeit reduziert werden müssen. Flußpferde teilen sich die Gewässer mit Krokodilen, ohne einander zu stören. Krokodile gelten als hinterhältig und gefährlich, haben sie doch bereits etliche Menschen, besonders an den Grenzflüssen des Parks, umgebracht.

Es gibt zahlreiche Berichte darüber, wie es Menschen gelang, den Krokodilen zu entkommen, aber zumindest ebenso vielen Opfern blieb keine Chance mehr, über ihr Zu-

21

21. Das Helmperlhuhn lebt in auffälligen Schwärmen von Hunderten lautstarker Einzeltiere, die scharrend und pickend nach Samen, Zwiebeln, Insekten und Würmern suchen.   **22.** Das Ausdünnen der Bestände, das in der Öffentlichkeit erregt diskutiert wird, betrifft inzwischen auch die Flußpferde. Sie haben kaum natürliche Feinde, und ihre Zahl nimmt ständig zu. Man findet Flußpferde massenweise in allen Gewässern, wo sie den Tag verdösen. Nachts begeben sie sich zum Äsen auf die grasbewachsenen Ufer. Abgeweidete Flächen sind bald wieder mit frischem Gras bedeckt, das verstärkt nachwächst, wenn es intensiv abgeweidet wird.   **23.** Das Kräuselhaubenperlhuhn ist viel seltener als sein Verwandter (21). Es lebt gewöhnlich am Waldrand, kommt aber kaum ins Freie hinaus.

24. Das Suniböckchen, die seltenste Antilope des Parks, lebt ausschließlich im Wald, wo es meist allein, manchmal aber auch paarweise oder in kleinen Gruppen Blattwerk frißt. **25.** Ein Schlangenhalsvogel läßt sich das Gefieder trocknen, nachdem er im Luvuvhu nach Fischen getaucht ist.
26. Nimmersatte im Luvuvhufluß. Man hat diese Vögel schon dabei beobachtet, wie sie Krokodilen Fische aus dem Maul weggeschnappt haben. Krokodile müssen sich ihren Fang nämlich erst zurechtlegen, ehe sie ihn schlucken können.
27. Leoparden leben als nachtaktive, gut getarnte Einzelgänger weitverstreut im Park, man begegnet ihnen wegen dieser Lebensweise nur selten.

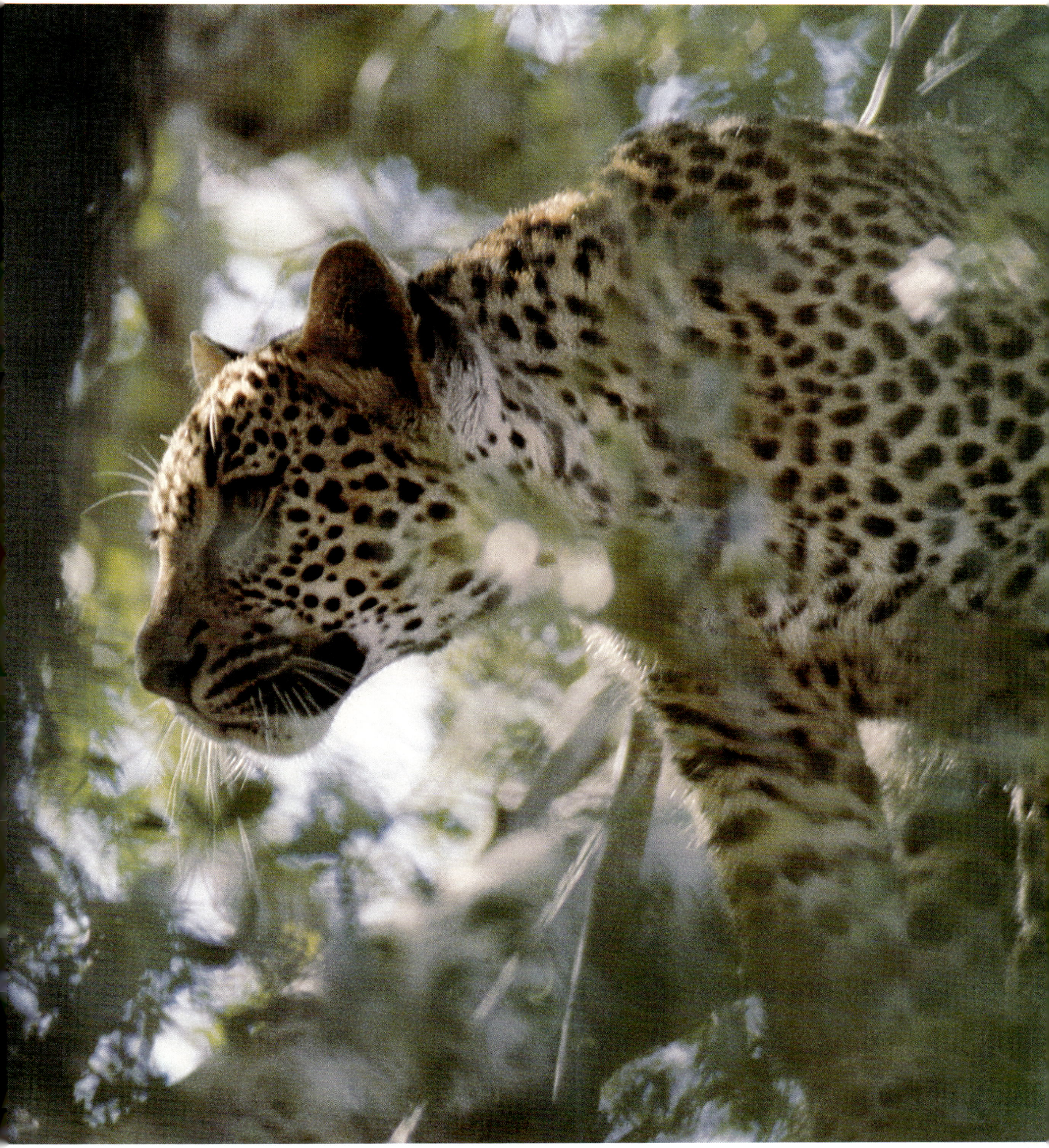

27

28

sammentreffen mit Krokodilen zu erzählen. Da das Angeln verboten ist, werden Besucher kaum auf den großmäuligen Brachsen stoßen, der zu Massen im Sabiefluß zu finden ist, oder auf etliche andere, ebenso interessante und einzigartige Fische wie den Lungenfisch oder den prächtigen Killifisch. Allerdings widmet die Parkbehörde den Fröschen, Fischen und Wasserschildkröten die gleiche Aufmerksamkeit wie den anderen, besser sichtbaren Tierarten. Der Bau von Staudämmen im Park dient unter anderem dieser Aufgabe.

Der Wasserversorgung im Krüger Nationalpark galt seit langem das öffentliche Interesse. Tiere, die früher in Trockenjahren aus dem Lowveld fortzogen, werden heute durch Zäune daran gehindert. Sie sind also auf die Flüsse angewiesen, die jedoch besonders in Dürrezeiten nur begrenzte Wasservorräte bieten. Zunächst beschloß man, Tiefbrunnen anzulegen, um Engpässe zu überbrücken. Sie waren von doppeltem Nutzen. Der ständig zunehmende Touristenstrom mußte mit sauberem Wasser versorgt werden, und die Brunnen speisten zusätzliche Wasserstellen für die durstigen Herden, die nicht mehr fortziehen konnten.

28. Ein Warzenschwein strebt durch ein Dickicht großer Sykomoren dem nahegelegenen Luvuvhufluß zu. **29.** Kurz bevor das Foto aufgenommen wurde, hatte dieser Kampfadler ein Perlhuhn geschlagen und gefressen. Darum erscheint sein Kropf jetzt so gedehnt. **30.** Die Nyala-Antilope lebt nur im nördlichen Teil des Parks, man findet sie dort verhältnismäßig häufig an Flußufern. Die Böcke fallen durch ihre gelborangen Unterschenkel und ihren feschen Rückenschopf auf, den sie spreizen, wenn sie anderen Böcken begegnen. Die weiblichen Tiere tragen gedecktere Farben und sind etwas kleiner.

31. Eine Herde von Muttertieren und Kälbern, die hier fast zwergenhaft zu sein scheinen. Die Leitkuh ist eine „Matrone", der durch Alter und Erfahrung die Führungsrolle zukommt. **32.** Grüne Meerkatzen gibt es überall im Park. **33.** Der legendäre „Mayfunyane" läßt seine berühmten 3 Meter langen Stoßzähne sehen, die die längsten aller lebenden Elefanten sind. Solche großen Stoßzähne sind natürlich ein begehrtes Objekt für Wilderer. Zwar ist der Aufenthalt dieses Elefanten inzwischen ein streng gehütetes Geheimnis, doch zeigt seine Schläfe eine deutliche Narbe, die die Kugel eines Wilderers früher einmal hinterlassen hat. **34.** „Big Haaktand" (Großer Hakenzahn), ein anderer auffälliger Bulle im Krüger Nationalpark, hatte wohl die längsten Stoßzähne überhaupt. Er starb erst kürzlich. Sein linker Stoßzahn maß 3,17 Meter und wog fast 53 Kilogramm. Der rechte war nur wenig kleiner. Derart auffällig ausgestattete Bullen werden bei den notwendigen Bestandsverkleinerungen natürlich verschont.

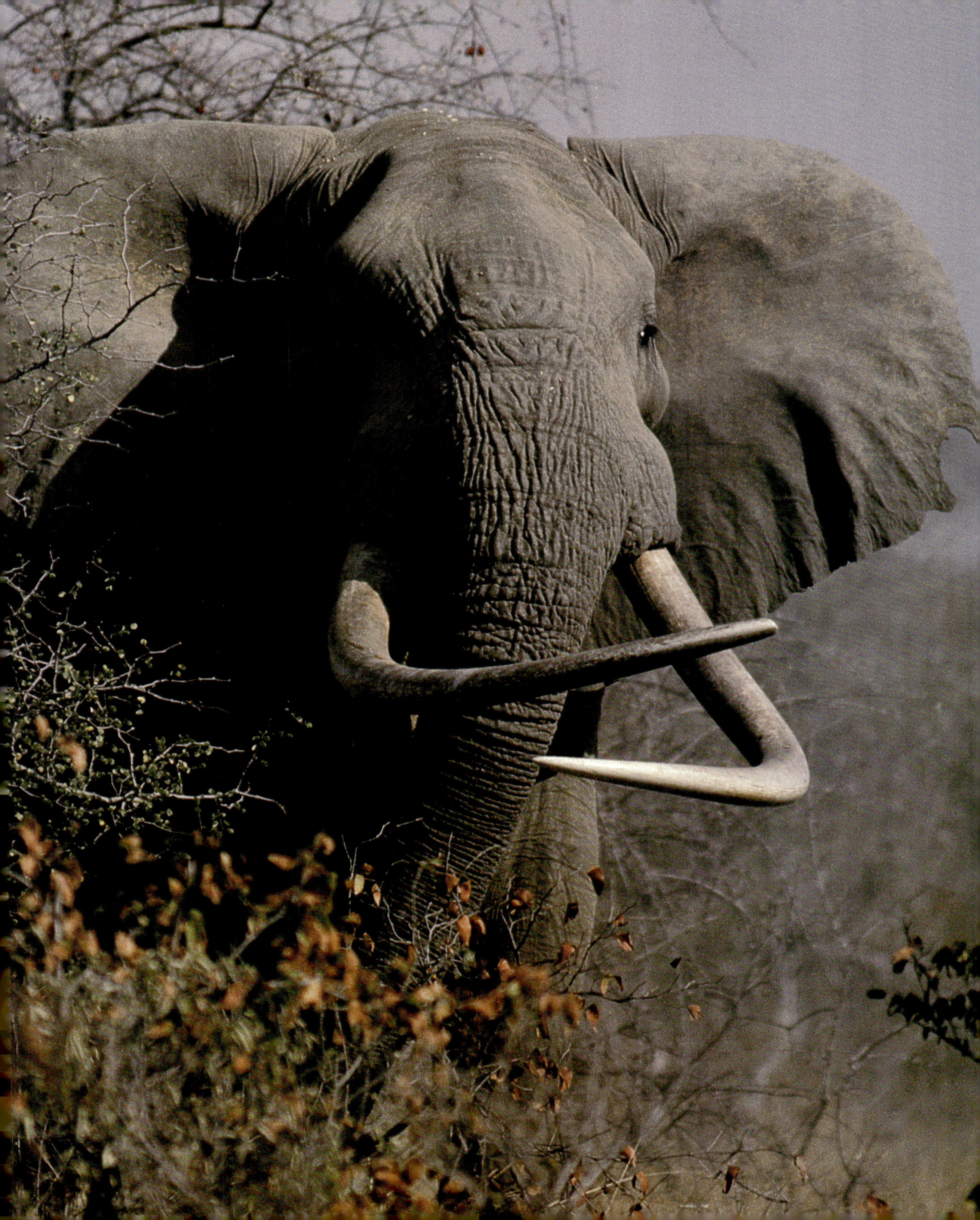

42 KRÜGER NATIONALPARK

35 38

35. Ein träger Kaffernbüffelbulle duldet, daß der Rotschnabel-Madenhacker sich auf seinen mächtigen Hörnern niederläßt, denn der Vogel sucht Zecken und Fliegen aus dem Fell seines Gastgebers. **36.** Die Zwergmanguste ist die kleinste aller afrikanischen Mangustenarten. Man trifft sie recht häufig im Krüger Nationalpark. **37.** Ein typischer Anblick, den viele Parkbesucher erleben: Ein Kudu setzt über den Weg. **38.** In den Savannengebieten des mittleren Krüger Nationalparks gehören Tiere in großer Zahl, wie diese Büffel, zum alltäglichen Bild. **39.** *(folgende Seite)* Am Sabiefluß an der Ostgrenze des Parks thront ein Euphorbiabaum wie ein Wächter über der typischen Lowveld-Landschaft.

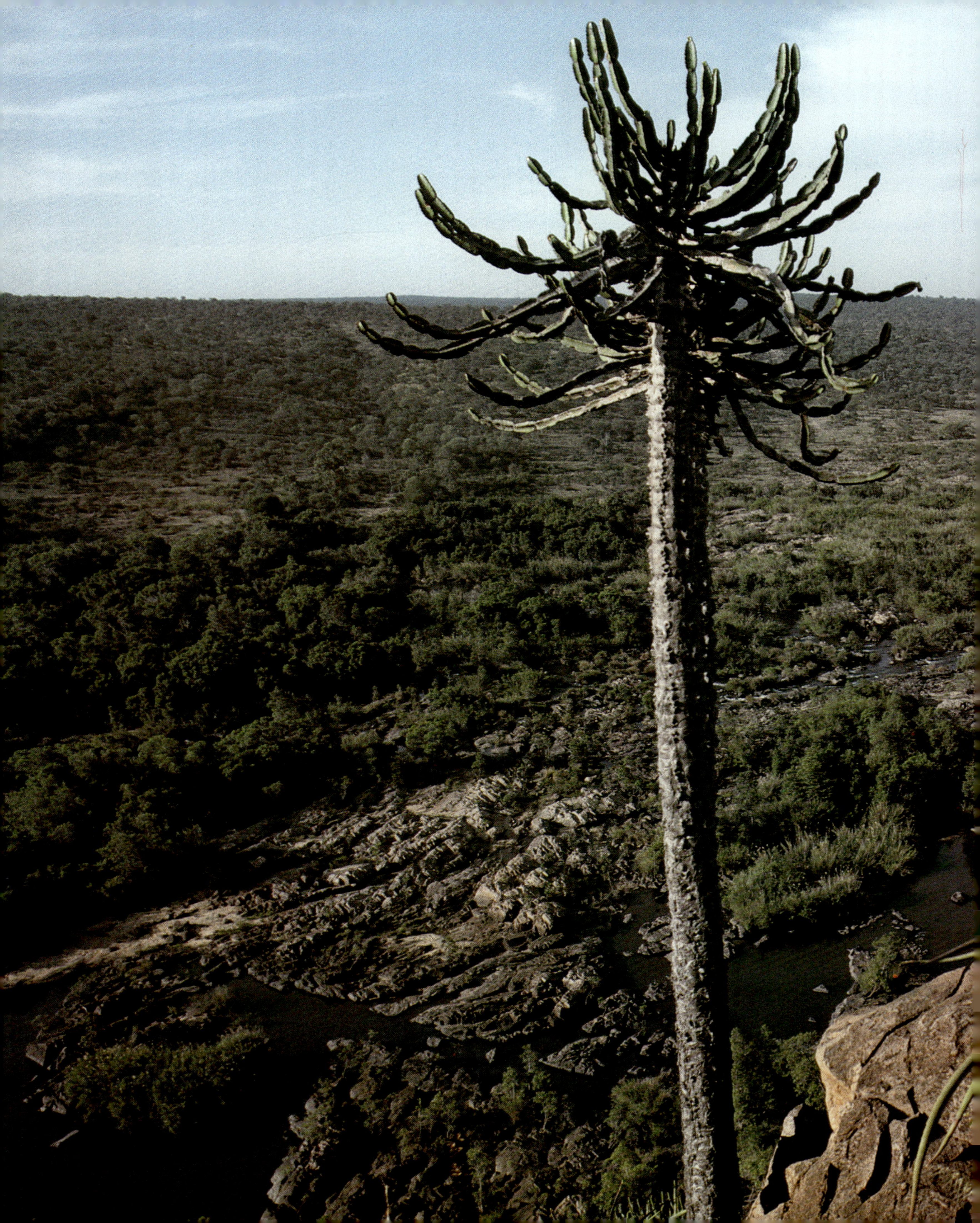

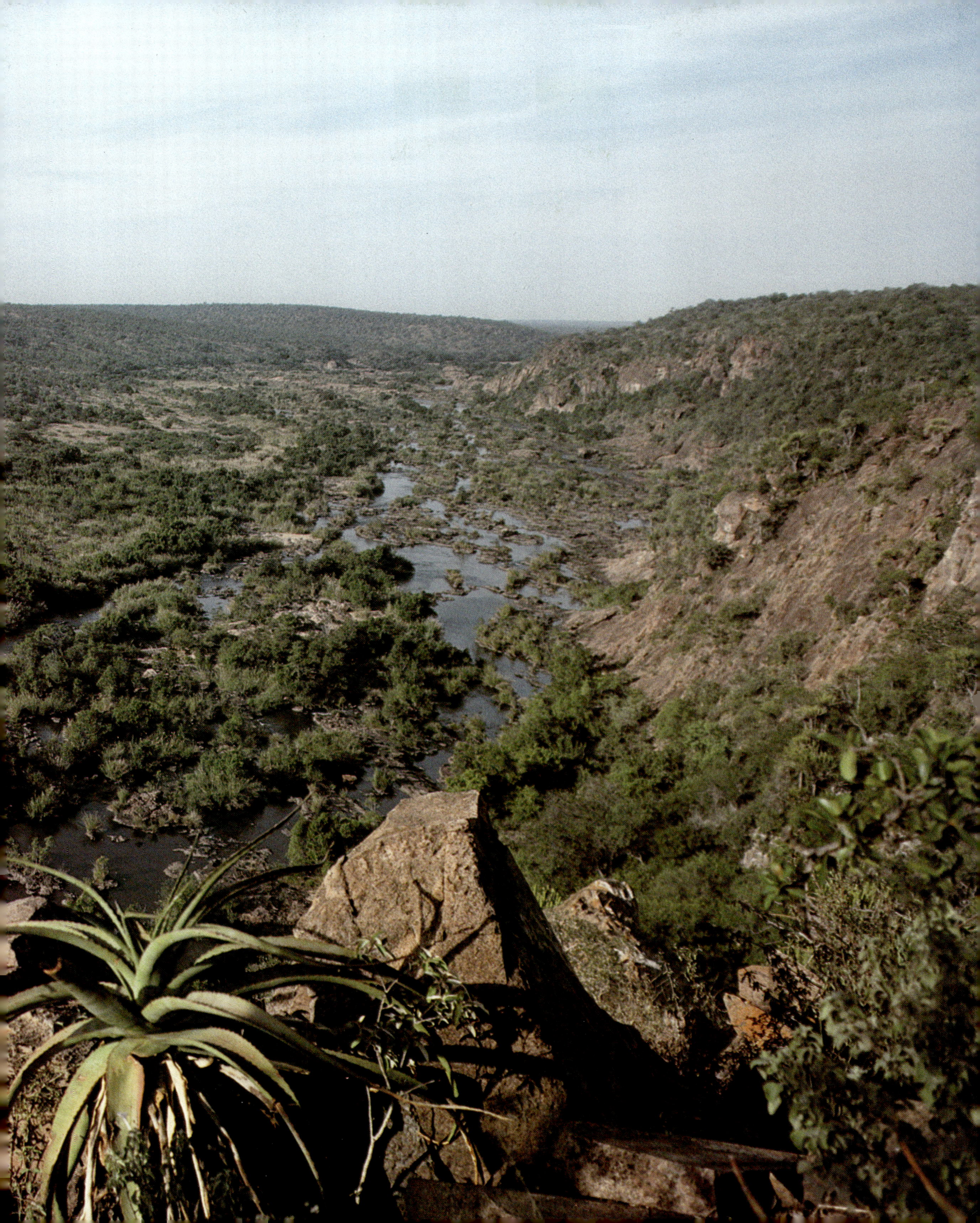

46 KRÜGER NATIONALPARK

40

41

KRÜGER NATIONALPARK 47

40. Die Lautlosigkeit am Lower Sabie wird vom harten Klack-klack-klack streitender Marabus unterbrochen. Diese Vögel fressen auch Aas, und sogar Geier machen ihnen Platz, wenn sie an einem Kadaver auftauchen. **41.** Während des Trinkens sind Antilopen besonders gefährdet. Diese Schwarzfersenantilopen haben sich der Wasserstelle mit äußerster Vorsicht genähert, und bereits das Geräusch des Kameraverschlusses reichte aus, um sie wieder von dort zu vertreiben. **42.** Die Strauchnatter ist auf Eidechsenjagd. Sie ist zwischen dem Laub des Kohlbaumes im Lowveld kaum zu erkennen. Die meisten Schlangen sind — wie diese — für den Menschen ungefährlich.

43. Der kleine Marmorierte Riedrosch beteiligt sich mit durchdringender Stimme am sommerlichen Nachtkonzert im Busch. **44.** Ein Schmetterling und eine soziale Faltenwespe nippen von demselben Lebenssaft. **45.** Eine winzige Feldheuschrecke läßt sich auf dem Rücken eines Chamäleons über eine Teerstraße tragen. Wegen der heißen Oberfläche ist das Chamäleon bemüht, möglichst hochbeinig und behutsam zu laufen.

46. Diese weibliche Giraffe ist in Hitze, was ein Bulle am Geruch erkennt. Giraffen findet man nur in Afrika. Ihr unglaublich langer Hals entwickelte sich, um die Giraffe im wahrsten Sinn des Wortes überlegen zu machen und sie aus dem Kampf um Futter in Erdbodennähe herauszuheben. Wie bei anderen Wirbeltieren besteht der Hals nur aus sieben Wirbelknochen, doch sind diese Wirbel sehr stark gestreckt. **47.** Als man den Krüger Nationalpark proklamierte, gab es dort nur einen verhältnismäßig kleinen Teil, dessen Lebensraum den hochspezialisierten Futterbedürfnissen der Pferdeantilope genügte. Heute leben etwa 350 Exemplare dieser Antilopenart, deren Gedeihen der Parkbehörde besonders am Herzen liegt, im Krüger Nationalpark. Pferdeantilopen sind anfällig gegenüber Milzbrand. Jahr für Jahr führen Ranger mit Hilfe von Spezialpfeilen vom Hubschrauber aus eine Schutzimpfung der Herden durch. **48.** Schwarzfersenantilopenböcke bei Revierkämpfen. **49.** Lautstark und fordernd erhebt ein Ohrengeier die Flügel, um seine Vorrechte am Kadaver einer Schwarzfersenantilope zu bekunden. Die anderen (Kap- und Weißrückengeier sind zu erkennen) weichen zurück, denn der Ohrengeier ist der größte und steht deshalb an oberster Stelle der Hackordnung.

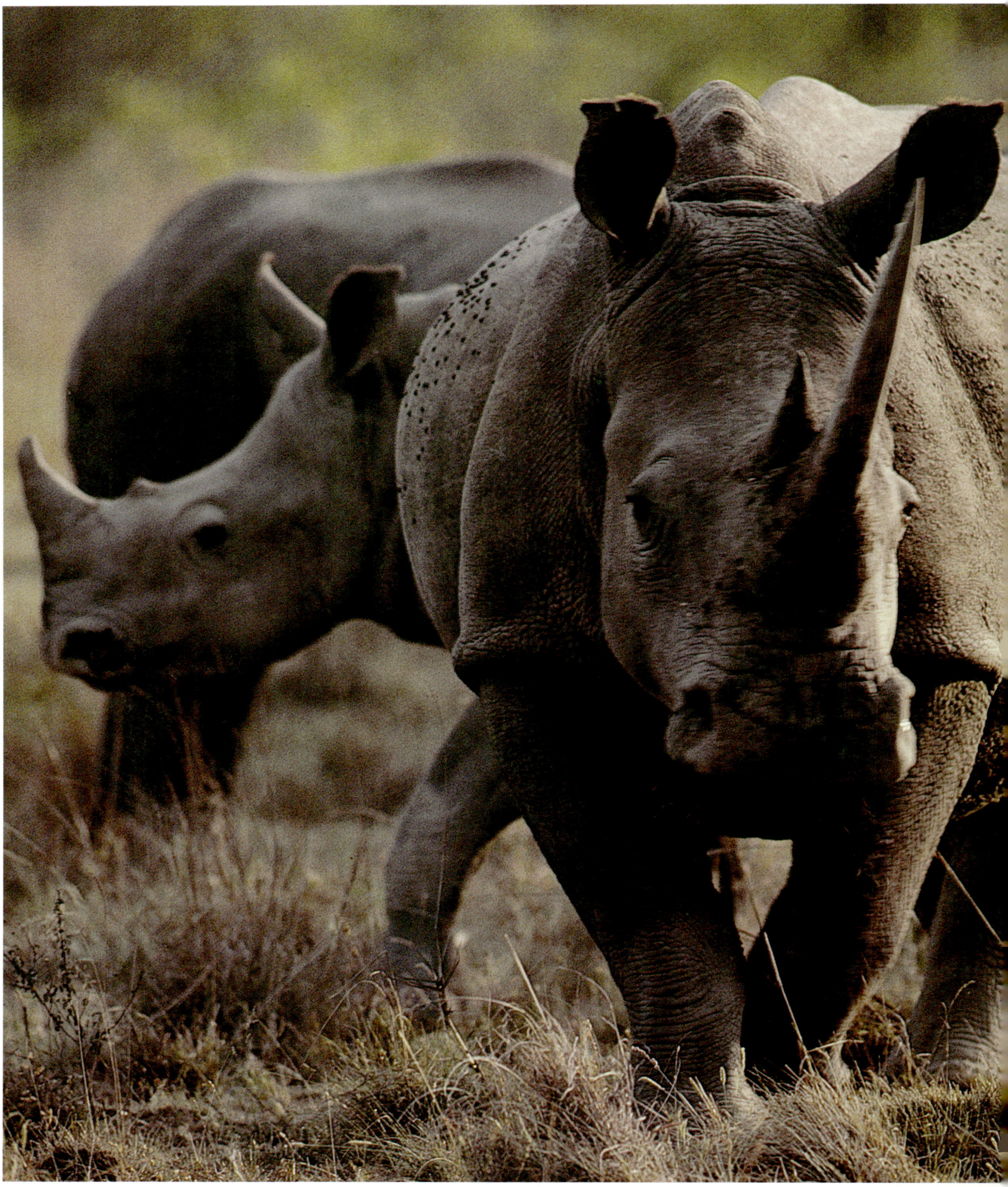

KRÜGER NATIONALPARK 51

Gegen Ende der zwanziger und Anfang der dreißiger Jahre dieses Jahrhunderts litt der Park unter schwerer Dürre. Die Lage der Tiere weckte große Anteilnahme in der Bevölkerung, und die Aktion „Wasser für das Wild" kam in Gang, nachdem ein Mann namens Cloete Geld für den Bau der ersten Windradpumpe gespendet hattte. Sowohl Firmen als auch Einzelpersonen beteiligten sich, und Ende 1933 arbeiteten zwei Bohrtürme mit voller Kraft auf der Suche nach Wasser.
Die Aktion „Wasser für das Wild" läuft noch immer und verschlingt besonders bei der Anlage von Staudämmen große Summen. Allerdings erregte das Programm auch den Widerspruch einiger Naturschützer, die darin einen unerwünschten Eingriff in den natürlichen Kreislauf von Mangel und Überfluß sahen. Gegenwärtig hat das Programm jedoch vor allem das Ziel, die ständig wachsende Wassermenge, die den Flüssen entzogen wird, bevor sie den Park erreichen, wieder auszugleichen und durch eine regelmäßige Wasserversorgung selbst in Dürrezeiten das Überleben des Wildbestands zu sichern.
Die Forschungsstation des Parks in Skukuza entdeckt immer wieder neue, erstaunliche Zusammenhänge zwischen Tier- und Pflanzenleben. Mit jeder Erkenntnis, jedem Meßergebnis erhalten wir ein genaueres Bild von der Wirklichkeit, das dem Parkmanagement erlaubt, die eigenen Pläne darauf abzustellen. Ziel ist, einen bestimmten Grad von Stabilität innerhalb eines an sich dynamischen Systems sicherzustellen, und das ist keine leichte Aufgabe. Der Erfolg der Forscher hängt weitgehend davon ab, wie wendig sie diese Arbeit angehen. In der Tierwelt hat von alters her die Anpassungsfähigkeit das Überleben bestimmt. Als erfolgreichste Tierart von allen sind wir Menschen von Natur aus anpassungsfähig. Wenn es uns gelingt, auf veränderte Gegebenheiten angemessen zu reagieren, wird in absehbarer Zukunft auch der Krüger Nationalpark mit seinem unschätzbaren Potential an Tier- und Pflanzenleben erhalten bleiben.

50. Schon Jahre bevor dieses Gebiet zum Nationalpark erklärt worden war, hatten Jäger die letzten Breitmaulnashörner darin abgeschossen, deren „Hörner" damals wie heute als begehrtes Aphrodisiakum galten, das nach orientalischer Überlieferung die Manneskraft stärkt. So ist es um die Zukunft dieser Großwildart außerhalb von Schutzgebieten schlecht bestellt. Im Jahre 1961 wurde das Breitmaulnashorn, das seinen Namen den breiten, zum Grasen besonders geeigneten Lippen verdankt, aus Natal wiedereingeführt. Einige hundert Tiere leben inzwischen in den südlichen Teilen des Parks. Auch das Spitzmaulnashorn, das mit seiner spitz zulaufenden Oberlippe auf das Fressen von Laub spezialisiert ist und wegen seines mürrischen, streitsüchtigen Wesens gefürchtet wird, wurde ebenfalls im Krüger Nationalpark ausgesetzt und hat sich auf über hundert Exemplare vermehrt.

KRÜGER NATIONALPARK

KRÜGER NATIONALPARK 53

51. Von einem erhöhten Aussichtspunkt aus beobachtet eine Löwin ihr nächstes potentielles Opfer, ein Gnu, das in der Nähe grast. **52.** Dürre ist eine Bedrohung, die im Krüger Nationalpark periodisch auftritt. Etwa acht bis zehn guten Regenjahren folgen gewöhnlich ebenso viele Jahre mit geringem oder völlig ausbleibendem Niederschlag. Dann leidet das Wild nachhaltig. Während der vergangenen 50 Jahre hat man viele Tiefbrunnen angelegt und Flüsse aufgestaut, um die Folgen der Dürre zu mildern. Solche Tränken locken die Tiere an, und Besucher, die geduldig und völlig ruhig im Wagen warten, können durchaus Zeugen einer Szene werden, wie sie dieses Foto zeigt. **53.** Das männliche Leittier des Rudels begattet eines der Weibchen. Nach gut 100 Tagen werden dann zwei bis vier Junge geworfen, die bei der Mutter bleiben, bis sie etwa 18 Monate alt sind, vorausgesetzt, sie überleben Krankheiten, Hunger und die Gefahren, die in der strikten Hierarchie des Rudels den Jungen und Hilflosen drohen. **54.** Ein ausgewachsener Löwe gähnt zufrieden nach einer ausgiebigen Mahlzeit. **55.** *(folgende Seiten)* Geflecktes und gestreiftes Wild an einer Wasserstelle im Krüger Nationalpark.

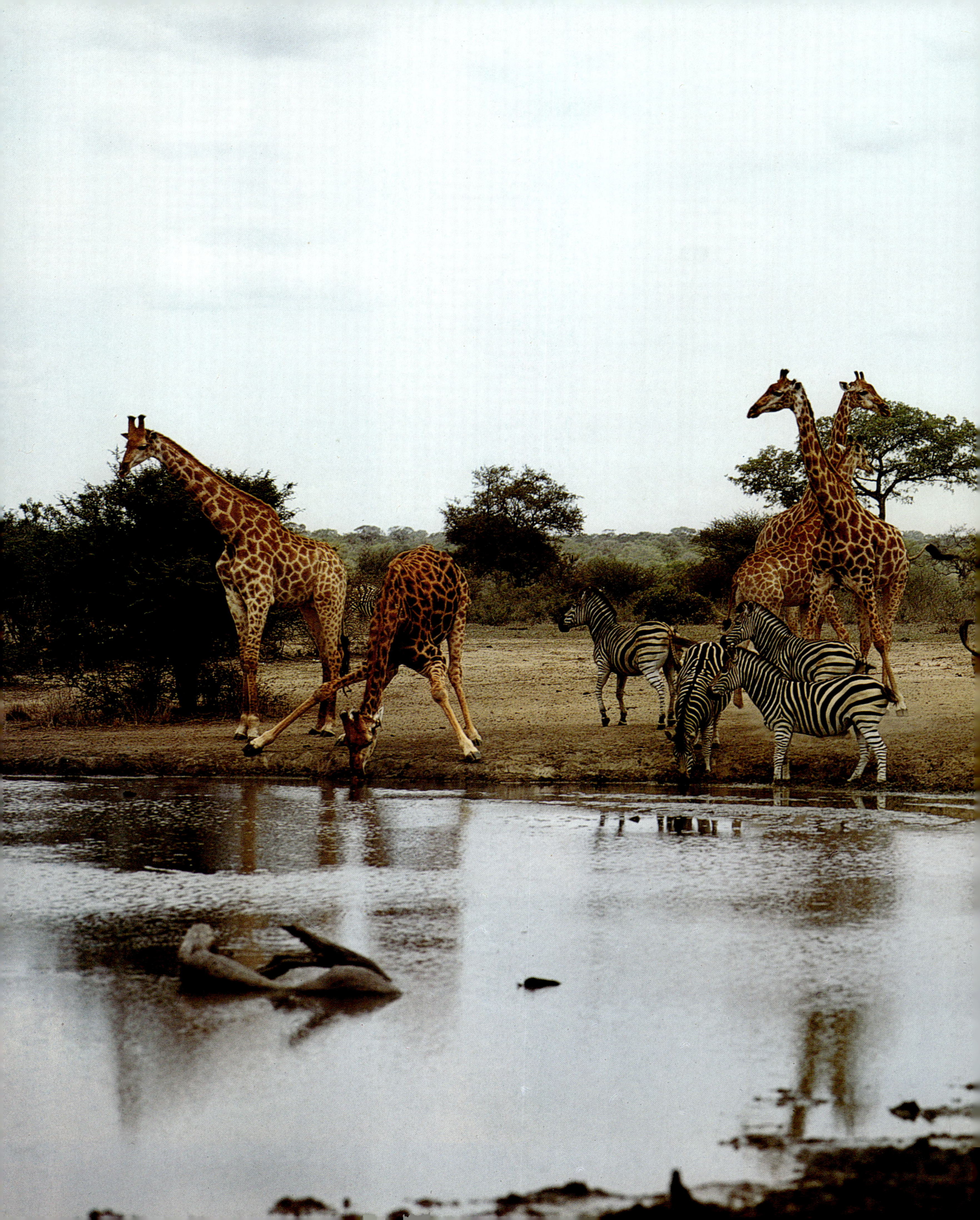

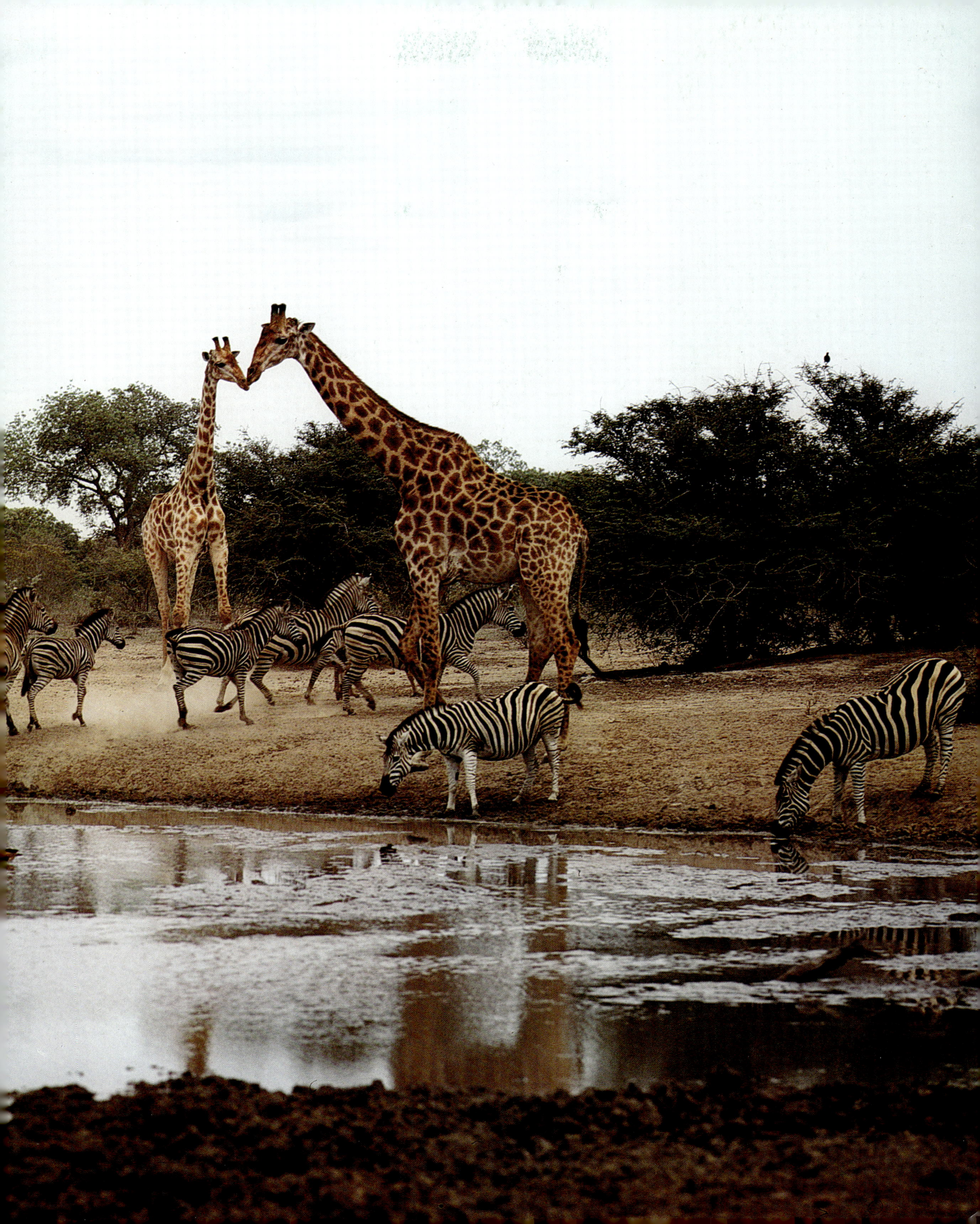

TSITSIKAMMA COASTAL NATIONALPARK

**BEI DER TIEFE DES MEERES UND DER MUSIK IN SEINER BRANDUNG;
ICH LIEBE DIE MENSCHEN NICHT WENIGER, ABER DIE NATUR MEHR.**
BYRON CHILDE HAROLD'S PILGRIMAGE IV CLXXVIII

Die Küste von Tsitsikamma bietet dem Besucher als einziger Nationalpark die Möglichkeit zum eigenen aktiven Erforschen. Hier kann man auf 67 Kilometer langen Pfaden an der eindrucksvollen Küste entlang wandern, die fremdartige Welt der Gezeitentümpel erkunden, in den prähistorischen Abfallhaufen der Strandloper-Kultur stöbern und nach Belieben durch immergrünes Buschland und Wälder schlendern. Und immer bleibt das Meer in Reichweite. An Südafrikas Südküste wendet sich der warme Agulhasstrom meerwärts, während im küstennahen Bereich kühleres Wasser aufsteigt und einen einzigartigen Lebensraum entstehen läßt, in dem man Lebewesen aus der Kaltwasserzone der Westküste neben tropischen Fischen und Wirbellosen findet, die häufig allerdings etwas kleiner und weniger stark vertreten sind als ihre Verwandten in wärmeren Gewässern. Außerdem gibt es an dieser Küste Tierarten, die sonst nirgends vorkommen.

Dem flüchtigen Besucher bleiben solche Erlebnisse allerdings verschlossen. Ihn beeindrucken zunächst die außerordentlich zerklüftete Küste, die mit immergrünem Hartlaubgebüsch – Fynbos – bewachsenen Berghänge und die steilen Felswände, die von bernsteinfarbenen Flüssen zerschnitten werden. In den entstandenen Schluchten wuchert jenseits der Fynbosvegetation dichter Galeriewald, der sich bis zu den Tsitsikamma-Bergen hinaufzieht.

An dieser zerklüfteten Küste ist das Meer kaum jemals ruhig. Die jährlich 6 500 Besucher, die den Park in seiner vollen Länge entlang dem Otter-Pfad auf einer Fünf-Tage-Wanderung erleben, werden aber wohl mehr vom Land als vom Meer sehen, obwohl man mit etwas Glück auch Delphine, Wale, viele Seevögel und den Weißwangenotter beobachten kann. Doch der Grund, diesen Küstenstreifen in einer Breite von 1 600 Meter landeinwärts und 800 Meter meerwärts zum Nationalpark zu erklären, lag vor allem im Interesse der Meerestiere, denn die eigentlichen Besonderheiten des Parks sind am und im Wasser zu finden.

An der Mündung des Storms River gibt es die Möglichkeit, unter erfahrener Führung Südafrikas ersten Unterwasserpfad zu erkunden, vorausgesetzt, man hat Schnorchel und Schwimmflossen dabei. Dann bekommt man einen Einblick in das Tier- und Pflanzenleben an dieser Küste, in den Lebenslauf der Tiere und in bewundernswerte Formen der Anpassung. Die meisten Besucher – seien es Tagesgäste oder solche, die für einen längeren Aufenthalt eine der hübschen Blockhütten gemietet haben – warten jedoch auf die Ebbe, die den Vorhang ein wenig lüftet, der die rätselhafte Unterwasserwelt verborgen hält.

Innerhalb von 25 Stunden wechseln die Gezeiten zweimal, es gibt also zwei Ebben und zwei Fluten. Einmal in zwei Wochen, nämlich jeweils am Tag nach Voll- und Neumond, entsteht durch die kombinierte Anziehungskraft, die Mond und Sonne auf die Meere ausüben, eine Springflut, bei der das Meer höher als gewöhnlich aufläuft. Die entsprechende Hohlebbe eignet sich besonders

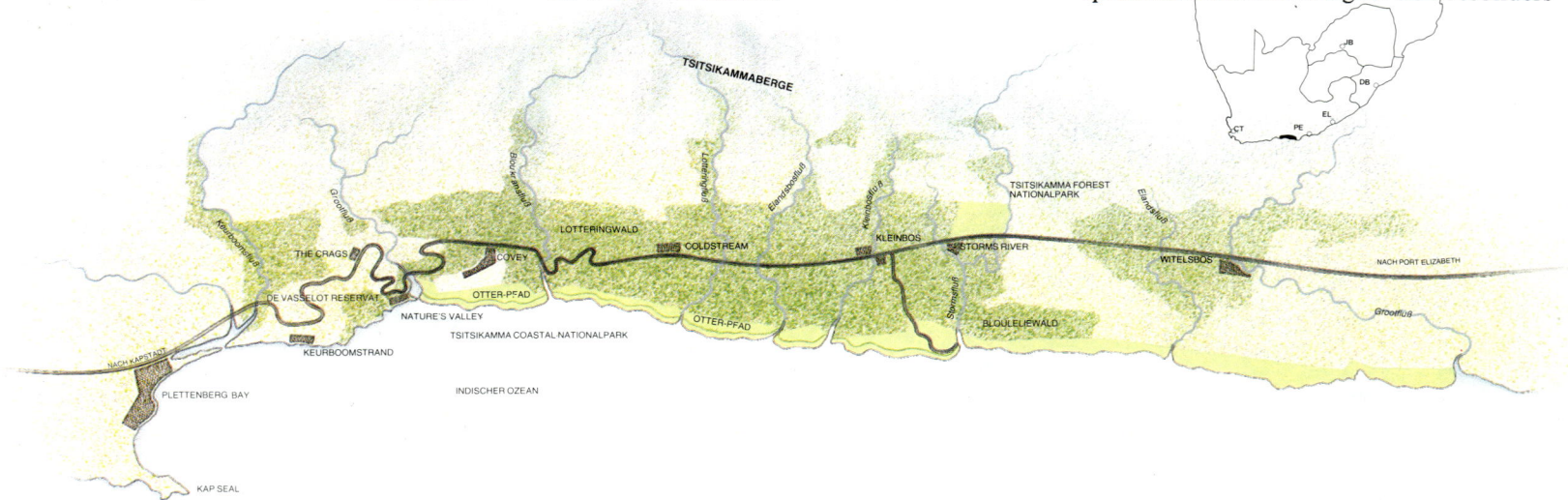

56. Die Ebbe legt die Gezeitenzone mit ihren von purpurroten, weichen Korallen und dunklen, lederartigen Seescheiden bedeckten Felsen frei. Bei zwei der Seescheiden (links und rechts von der Bildmitte) sieht man, wie sie Wasser verspritzen.

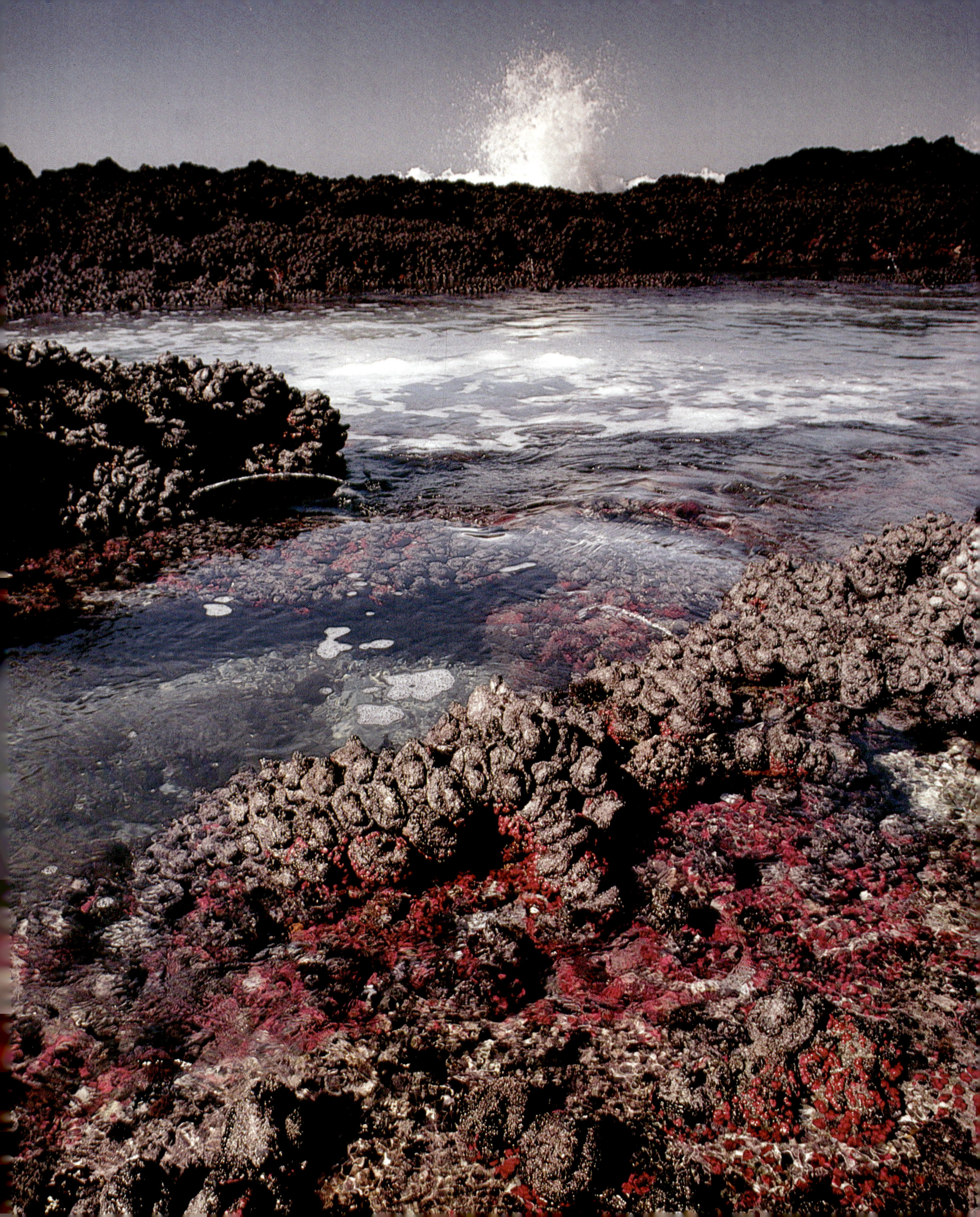

57. Vom Aasgeruch angelockt, sammeln sich Wellhornschnecken an einer gestrandeten Seeschlange. Diese Meeresreptile sind mit den ebenso giftigen Kobras verwandt. Sie leben in allen warmen Meeren und ernähren sich von kleinen Fischen.

zur Erkundung der felsigen Gezeitenzonen, denn sie legt die unterschiedlichen Lebensräume der Pflanzen und Tiere völlig offen. Neben der Höhe des Wasserstandes ist ein anderer Auslesefaktor an der Küste von Tsitsikamma für das Gedeihen von Lebewesen unübersehbar. Das ist die ungeheure Kraft der Wellen, die mit einem Anlauf von mehreren hundert Kilometern auf diese Küste prallen. Die Tsitsikamma-Küste fällt steil zur Tiefsee ab, besitzt also keinen sanft geneigten Kontinentalschelf, der die Wucht der Wellen abfangen könnte. Die typische Gliederung der Gezeitenzone weicht hier etwas von der sonst an der Südküste üblichen Art ab, weil nur Tiere und Pflanzen überleben können, die sich den Bedingungen ihrer rauhen Umwelt angepaßt haben.

Der oberste Streifen des Gezeitenbereichs ist die Spritzwasserzone, in der außer bestimmten Krabben kaum Meerestiere zu finden sind, deren größter Feind ja die Trockenheit ist.

Hochgelegen, aber von der Flut noch erreicht, finden wir die Littorina-Zone, in der die winzige Strandschnecke *Littorina africana* lebt. Eine solche Schneckenpopulation sieht aus, als wäre der Felsen, den sie besiedelt, von unzählig vielen kleinen Perlen bedeckt. Auch eine oder zwei Algenarten schaffen es, in der Littorina-Zone zu überleben, doch lohnt die Erkundung dieses Gezeitenstreifens gewöhnlich nicht sonderlich.

Wesentlich interessanter ist dagegen das Obere Balanoid, die Seepocken-Zone, die bei Flut regelmäßig unter Wasser gerät und deshalb ein etwas lebensfreundlicheres Wohngebiet bildet. Die Tiere, die hier leben, müssen zwar bei Ebbe die Hitze des Tages und den Wasserverlust überstehen, können aber andererseits darauf zählen, zumindest für die Hälfte ihres Lebens vom Wasser bedeckt zu sein. Zur Freude des Tauchers gibt es in dieser Zone etliche Mollusken (dem Laien vor allem als Muscheln und Schnecken bekannt) sowie eine große Vielfalt anderer Wirbelloser wie Seeigel, Seesterne und Seeanemonen.

Ein anderer bemerkenswerter Bewohner des Oberen Balanoid ist die Ufer-Asselspinne, von der es zwei Arten gibt. Sie ist kein ausgesprochenes Meerestier, doch stehen ihr Hilfsmittel zur Verfügung, um bis zu zwölf Stunden unter Wasser bleiben zu können.

Eines davon läßt sich leicht entdecken. Diese Tiere bauen in schmalen Felsritzen ein schlauchförmiges Nest aus Spinnfäden und verschließen den Eingang. In dem seidenen Schlauch befindet sich eine für die Spinne ausreichende Menge Atemluft. Außerdem werden darin die Spinneneier vor Seewasser geschützt. Bruno Lamoral, einer der führenden südafrikanischen Spinnenspezialisten, beobachtete, daß die Anpassung der Seespinne an ihre Umwelt noch wesentlich weiter reicht. Ein dichtes, feines Haarkleid, das wasserabstoßend ist, hüllt die ganze Spinne ein und umgibt sie mit einer Luftblase, wenn sie durch den Gezeitenwechsel unter Wasser gefangen ist. Doch wie schafft die Spinne es, mit Hilfe einer derart geringen Luftmenge so lange zu überleben? Lamoral fand heraus, daß die Luftblase wie eine Lunge wirkt. Dem Meerwasser wird Sauerstoff entzogen und gegen andere Gase ausgetauscht. Auf diese Weise ist zumindest für begrenzte Zeit die Sauerstoffversorgung sichergestellt.

Gezeitentümpel zu erkunden, kann zu einer faszinierenden Freizeitbeschäftigung werden. Ein felsiger Gezeitentümpel hat an Farben und Lebensvielfalt mehr zu bieten als jeder andere Lebensraum gleicher Größe. Im Gegensatz zur volkstümlichen Meinung ist es kein finsterer Ort, an dem bösartige Ungeheuer darauf warten, jeden Taucher zu überfallen. Man braucht nicht einmal die Stacheln der hiesigen Seeigel zu fürchten, denn bei behutsamer Handhabung gibt es durch sie keine Verletzungen wie bei den gefährlichen Seeigeln der Ostküste.

Die Lichtreflexe an der Wasseroberfläche blenden den Betrachter und verhüllen die wahre Pracht der Unterwasserwelt. Diese Feststellung wird jeder bestätigen, der einmal mit Schnorchel getaucht ist. Ein Schaukasten mit Glasboden oder – noch einfacher – eine Taucherbrille enthüllen eine neue Welt voller Farben und Formen. Auf den ersten Blick mag es schwerfallen, diese Formen und Farben zu entdecken, denn die Lebewesen sind uns in ihrer Andersartigkeit ungewohnt und sind außerdem zumeist ausgezeichnet getarnt. Aber bei näherem Hinsehen in Felsspalten, unter weiche Seetangwedel und Steine zeigt sich eine erstaunliche Anzahl und Vielfalt an Tieren.

Unter Steinen verbergen sich nachtaktive und lichtscheue Tiere wie einige unserer schönsten Mollusken, viele Weichtiere, die sich vor der Sonne schützen müssen, und eine Unmenge winziger Eigelege und Larven, die hier vor Elementen und Raubtieren Schutz finden. Darum ist es unerläßlich, jeden Stein wieder genauso hinzulegen, wie man ihn gefunden hat. Eine empfindliche Seescheide, die man an einem herumgedrehten Stein offen liegenläßt, kann sich nicht fortbewegen, um ein neues Versteck zu finden, und wird bald verenden.

Von allen Tierarten des Oberen Balanoid sind die Seepocken (ihr wissenschaftlicher Name *Balanus* gab der Zone den Namen) und die Napfschnecken am zahlreichsten vertreten. Von den Napfschnecken gibt es an diesem Küstenstreifen allein neun Arten, von der großen *Patella tabularis* bis zur hübschen *Patella miniata* mit ihren rosa Farbtupfern. Napfschnecken können durch die Gezeiten der Luft ausgesetzt sein, ohne Schaden zu nehmen, denn sie sind diesen Umweltbedingungen perfekt angepaßt. Sie können ihr randglattes Gehäuse luftdicht an die Felsoberfläche heften, doch geschieht das nicht durch Saugen, sondern durch Adhäsion. Wer schon einmal versucht hat, zwei nasse Glasscheiben voneinander zu trennen, weiß, wie stark Adhäsion wirkt. Napfschnecken kehren außerdem nach jedem „Weidegang", den sie über die Felsen unternehmen, an ihren Stammplatz zurück. Mit der Zeit wachsen die Gehäuse in einer Form, die genau den Umrissen des eigenen Platzes entspricht und damit einen besonders sicheren Abschluß gewährleistet.

Während der Dunkelheit kriechen Napfschnecken wie die gemeine *Patella granularis* zum Fressen von Algen über die Felsoberfläche. Dabei hinterläßt ihre Raspelzunge, die Radula, mikroskopisch kleine, aber eindeutige Markierungen auf dem Gestein. Man kann sich gut vorstellen, wie die Schnecken sich winzigen Rasenmähern gleich langsam von einer Seite zur anderen bewegen. Naht der Morgen, kriechen sie auf ihren eigenen Schleimspuren zu den Stammplätzen zurück. Wir wissen nicht genau, auf welche Weise Napfschnecken ihren Platz wiederfinden, denn selbst wenn man die Schleimspuren vom Gestein entfernt, kehren sie unbeirrt an die richtige Stelle zurück.

Auf das Obere Balanoid folgt das Untere Balanoid. Diese Gezeitenzone läuft nur bei Niedrigwasser trocken und beheimatet viele Tang- und Molluskenarten, zum Beispiel die Wellhornschnecke *Burnupena*, der an Felsküsten die gleichen Aufgaben zufallen wie der Hyäne in der Savanne, nämlich als Aasfresser tote oder sterbende Tiere zu beseitigen. Auch die Wellhornschnecke *Thais dubia* geht hier auf Jagd. Sie ist ein Fleischfresser und besitzt die Fähigkeit, die Gehäuse von Napfschnecken und anderen Mollusken zu durchbohren. Zu den Opfern gehören besonders Miesmuscheln, die fest am Fels verankert sind. Durch das Bohrloch steckt diese Wellhornschnecke ihre spezialisierte Radula und frißt das Fleisch ihrer unbeweglichen Beute. Eine andere Wellhornschnecke, die *Argobuccinum postulosum*, erstaunte Wissenschaftler, die entdeckten, daß die Schnecke konzentrierte Schwefelsäure absondert. Man war zunächst davon überzeugt, daß die Säure beim Bohren benutzt würde. Aber welche Mollusken man diesen Wellhornschnecken auch vorsetzte, sie fingen überhaupt nicht zu bohren an, wie man erwartet hatte. Weitergehende Forschungen ergaben schließlich, daß die Schwefelsäure wirklich nicht als Bohrflüssigkeit gedacht war, sondern als Verdauungshilfe beim Fressen von Röhrenwürmern. Die Wellhornschnecke steckt ihren Rüssel in die Röhre des Wurms, betäubt ihn mit Schwefelsäure und kann kurz danach ihre weitgehend vorverdaute Beute schlürfen. Aasfresser wie die Wellhornschnecken müssen im gesamten Strandbereich nach Nahrung suchen und sind darum sehr beweglich. Schon das kleinste Anzeichen eines toten oder sterbenden Tieres läßt sie direkt zur Beute streben. Am westlichen Rand des Nationalparks liegt der sehenswerte Strand von Nature's Valley, an dem man besonders gut beobachten kann, wie sich Wellhornschnecken von den Wellen herantreiben lassen, um alle wie von einem Magneten angezogen bei einem Stück Aas zusammenzukommen.

An der Tsitsikamma-Küste wirkt die Zone des Unteren Balanoid recht kahl, denn Wellhornschnecken begrenzen die Zahl der Seepocken, die dort siedeln, und Napfschnecken fressen den Seetang ab.

Aber die Felstümpel dieser Zone beherbergen die verschiedensten Tierarten, deren farbigste die Seeanemonen sind. Dabei handelt es sich nicht um Pflanzen, wie viele Laien meinen, sondern um Tiere, die mit Quallen und Portugiesischen Galeeren verwandt sind.

Doch während die Portugiesische Galeere mit stachelbewehrtem „Schweif" im Meer treibt, leben Seeanemonen festverankert. An ihre Nahrung gelangen sie auf unterschiedliche Art. An der Küste von Tsitsikamma trägt das wildbewegte Wasser ihnen genügend Beute zu, die sie einfach in ihre wartenden Fühlerarme spülen lassen. Wo Anemonen in stillem Wasser aktiv jagen müssen, schießen sie winzige Giftpfeile auf vorbeischwimmende Tiere. Die Anemonen von Tsitsikamma dagegen brauchen nur darauf zu warten, was das Wasser ihnen anliefert. Sie nutzen ihre Kraft, um sich am Untergrund festzuklammern und entwickeln einen besonders kräftigen Körper, mit dem sie dem Druck der Wellen widerstehen können.

Bekannte Bewohner der Felstümpel des Unteren Balanoid sind die Turbanschnecken, die im Nationalpark unter Schutz gestellt wurden, um sie vor dem gierigen Zugriff von Feinschmeckern und Strandgutjägern zu bewahren, denn das Fleisch dieser riesigen Meeresschnecke wird allgemein geschätzt. Überall sonst an den Küsten Südafrikas verdient die Schnecke kaum das Adjektiv „riesig", doch hier wächst sie bis zur Größe einer Männerfaust heran. In jedem Felstümpel kann man Exemplare finden, was sicherlich den Schutzmaßnahmen zu verdanken ist. Vermutlich würden diese Schnecken auch an anderen Stellen besser gedeihen, wenn man ihnen nicht so rücksichtslos nachstellte. Auf diese Weise entsteht mit dem Tsitsikamma Coastal Nationalpark ein Gebiet, an dessen Artenvielfalt man ermessen kann, wie negativ sich menschliche Eingriffe in anderen, ungeschützten Gebieten auswirken.

58. Das ewige Auf und Ab der Gezeiten legt Stück für Stück ganz unterschiedliche Lebensräume frei und bedeckt sie wieder. Das Foto zeigt die Blue Bay.

Der Tidebereich unterhalb des Balanoid wird nur bei besonders starker Ebbe freigelegt. Während sonst überall an der Südküste die Napfschnecke *Patella cochlear* diesen Bereich dominiert, sind es hier an Tsitsikammas stürmischer Küste die Muscheln. An geschützten Stellen kommt jedoch auch *Patella cochlear* zu ihrem Recht. Keine andere Schneckenart dieser Größe erreicht die Siedlungsdichte der *Patella cochlear*-Kolonien, bei denen man bis zu 2600 Stück auf einem Quadratmeter gezählt hat. Bei einer solchen Dichte bleibt kaum Platz für irgendwelche anderen Tiere, weshalb die Cochlear-Zone zwischen den algen- und tierreichen Zonen darüber und darunter recht kahl erscheint. Dieser Tidebereich ist derart eng mit *Patella cochlear* besetzt, daß Jungtiere sich auf dem Rücken von älteren festgesetzt haben, was sie zudem davor bewahrt, von den Erwachsenen gefressen zu werden. Dem Beobachter fällt außer der Siedlungsdichte der Napfschnecken noch eine andere Besonderheit dieser Zone auf, nämlich die absolute Regellosigkeit der Besiedlung von Felsen. Nähere Untersuchungen ergaben, daß jede *Patella cochlear* ihren eigenen passenden Sitzplatz hat, zu dem sie nach ihrem Weidegang zurückkehrt. Jungen Schnecken bereitet das Finden eines solchen Stammplatzes wegen der Raumnot Schwierigkeiten. Deshalb leben sie zu mehreren übereinander. Professor George Branch berichtet, daß er einmal einen „Wohnturm" von 35 Schnecken entdeckte. Während der Flut kriechen die Jungtiere hinunter und begeben sich zur Nahrungsaufnahme auf den Felsen. Dabei suchen sie auch nach verlassenen Wohnplätzen. Finden sie eine solche Stelle, und der vorherige Besitzer kommt nicht zurück, dann eignen sie sich den Sitzplatz ohne Zögern an. Doch wenn sie kein Glück haben, kehren sie in ihr „Hochhaus" zurück, uns zwar in genau der gleichen Reihenfolge wie zuvor. Wie sie das schaffen, ist uns unbekannt, doch weckt es die Vorstellung von mehr oder weniger höflichen Schneckenreihen, die darauf warten, daß ihre Platznummern aufgerufen werden, um die reservierten Plätze wieder einnehmen zu können.

Während die Napfschnecke alle in ihrer Reichweite wachsenden Algen abfrißt und eine scheinbar kahle Felsoberfläche hinterläßt, zeigen nähere Untersuchungen, daß jede *Patella cochlear* von einem eigenen Garten winziger Rotalgen umgeben ist, den sie nicht nur pflegt, sondern auch von anderen Algenarten freihält. Dafür liefert die Rotalge die Hauptnahrung für die Schnecke, die mit ihrem Garten wie ein Gärtner umgeht, der seinen Rasen von Unkraut säubert und regelmäßig mäht, um das Wachstum zu fördern. Indem sie von den Algen frißt, stimuliert sie deren Vermehrung in solchem Ausmaß, daß der kleine Garten ihr genügend Nahrung bietet. Damit ist eine Antwort auf die Frage gefunden, wie diese Napfschnecken bei solcher Dichte überleben können. Jungschnecken sind, solange sie auf dem Rücken anderer leben, nicht in der Lage, einen Garten anzulegen, und müssen von dem harten, weiß verkrusteten Seetang *Lithothammium* leben, bis sie einen eigenen Sitzplatz ergattern können und damit zum Grund- und Gartenbesitzer werden.

Miesmuscheln sind die auffälligsten Vertreter der unteren Gezeitenzone von Tsitsikamma. Sie bedecken die Felsen in so dichten Kolonien, daß nichts anderes zwischen ihnen Platz hat. Mit Hilfe ihrer starken Byssusfäden heftet sich die Miesmuschel an den Untergrund und widersteht den Wellen, die sie zugleich mit Nahrungsteilchen versorgen. Rauhe See begünstigt diese Filterer, und hier unterhalb der Tidemarke gedeihen die Muscheln so gut, daß es außer ihnen kaum noch andere Lebewesen gibt. Aber die Wellen können ihnen auch zur größten Gefahr werden, denn ist es erst einmal gelungen, die Muscheln zu lockern, dann sind sie hilflos dem Wellenschlag ausgeliefert und werden nicht einzeln, sondern großflächig von den Felsen gerissen. Innerhalb weniger Stunden wird die freigewordene Stelle von anderen Organismen besetzt. Aber die Muschelkolonien erholen sich rasch und erobern das verlorene Gebiet zurück, indem sie fremde Algen und Mollusken überwachsen, bis die Schadstelle verschwunden ist.

Die Tidezone unterhalb der Cochlear-Zone steht ständig unter Wasser und ist deshalb oft dem Druck der heranbrausenden Wellen ausgesetzt. Neben Seeigeln und vielen Arten von Seetang findet man hier red bait. Dichte Bänder dieser Seescheiden bedecken die Felsen. Ihr von Fischern als Köder geschätztes orangerotes Fleisch, das auch manche Feinschmecker zu den Delikatessen zählen, liegt unter einer schwarzen, lederartigen Außenhaut versteckt. Red bait sind reizlos aussehende Lebewesen, doch verdienen sie durchaus unsere Aufmerksamkeit, denn sie zeigen in ihrem frühen Larvenstadium Eigenarten, die sie entwicklungsgeschichtlich an eine wichtige Stelle setzen. Die Jungtiere sehen Kaulquappen ähnlich und haben wie die Wirbeltiere einen Schwanz, der über den Anus hinausreicht, ein röhrenartiges Nervenband am Rücken entlang, ein rutenähnliches Knorpelgerüst und Kiemenschlitze. Später, wenn sie sich auf dem Felsuntergrund festsetzen und sich zu dem uns vertrauten red bait entwickeln, verlieren sie die obengenannten Eigenarten und werden zu ortsgebundenen, niederen Lebewesen. Dennoch wecken sie in uns die frappierende Vorstellung, daß wir das fehlende Glied der Entwicklungskette zwischen wirbellosen Bewohnern prähistorischer Meere und den Reptilien, Säugetieren und Menschen von heute finden könnten, würden sich die Jungtiere von Seescheiden wie red bait auf irgendeine Weise fortpflanzen, bevor sie das Erwachsenen-Stadium erreichen.

Die hier aufgeführten Arten geben nur einen kleinen Einblick in die tausendfachen Formen des Lebens, das man an der Küste des Tsitsikamma Coastal Nationalparks findet. In diesem Park sind alle Tiere und Pflanzen so streng geschützt, daß man selbst Anglern den freien Zutritt nicht mehr erlaubt.

Die Felsenküste ist nur einer der vielen Lebensräume, die die südafrikanische Küste bietet. Besonders Flußmündungen haben sich für die Zukunft unserer Meeres-Ressourcen als lebenswichtig erwiesen, denn sie bieten den Jungtieren erstaunlich vieler Arten Schutz. Etliche Meerestiere verbringen zumindest einen Teil ihres Lebens in Mündungsgebieten. Darum ist es so wichtig, daß an der Westküste mit ihrem von Tsitsikamma so unterschiedlichen Ökosystem ebenfalls ein Naturschutzgebiet entsteht. Kürzlich wurde das Langebaan Coastal Marine Reserve geschaffen, aber bieten Küstennationalparks genügend Sicherheit für die Zukunft der Ressourcen?

Bis vor kurzem hielt man die Meere für so unermeßlich groß, daß sie allem menschlichen Tun trotzen würden. Heute wissen wir: Diese Vorstellung ist in vieler Hinsicht falsch. Der Mensch beutet die Meeres-Ressourcen nicht nur zu stark aus, sondern er verschmutzt das Meer auch noch in unverantwortlicher Weise. Diesen Bedrohungen kann man nicht allein auf nationaler Ebene begegnen. Insektizide, die viele tausend Kilometer entfernt in die See gelangen, können sehr wohl die Sardinen an Südafrikas Westküste vergiften – vorausgesetzt, die Sardinen erholen sich von der drastischen Überfischung der letzten Jahre. Der Naturschutz südafrikanischer Küstengebiete muß Hand in Hand gehen mit einem weltweiten Vorgehen zum Schutz der Meere und Küsten.

Außerdem gibt es die Gefahr von Wasserverschmutzung auch bei uns. Ähnlich wie bei den Meeren im großen kann man auch die Ursachen der Küstenverschmutzung schwer ausmachen und in den Griff bekommen. Kein noch so intensives Bemühen hätte Tsitsikammas Küste schützen können, als die verunglückten Tanker Ven Oil und Ven Pet ihre Rohölladungen ins Meer ergossen. Allein der glückliche Umstand, daß der Wind den gefährlichen Ölteppich seewärts trieb, bewahrte die Schönheit von Tsitsikammas Küstenpark vor der totalen Zerstörung.

Aber auch aus dem Hinterland droht Gefahr. Das Schicksal der Flußmündungen zeigt oft genug, wie nutzlos es ist, das Meer schützen zu wollen, ohne das Land einzubeziehen. Staut man einen Fluß am Oberlauf auf, dann verschlammt die Mündung völlig, und viele Meerestiere verlieren den Lebensraum, auf den sie angewiesen sind. Wenn eine Fabrik ihre Industrieabwässer in einen Fluß leitet, der sie ins Meer spült, reicht es weder 67 km von Tsitsikamma noch 1000 Kilometer andere Küste zum Nationalpark zu erklären.

59. Wie winzige schwarze Perlen haften Strandschnecken an den Felsen der obersten Gezeitenzone von Tsitsikamma, die von dem für sie typischen – und gefährlich schlüpfrigen – Seetang *Porphyra capensis* bedeckt sind. Dieser Seetang, der getrocknet wie zerknittertes Cellophan aussieht, wird in Japan gegessen. **60.** Braune Miesmuscheln bevölkern den vom Wellenschlag besonders heimgesuchten unteren Küstenbereich. **61.** Im Oberen Balanoid findet man bei Ebbe fest geschlossene Exemplare von *Chthamalus dentatus*. Wellhornschnecken fressen solche Seepocken, die stationär lebende Verwandte der Krabben sind, und halten ihre Anzahl in Grenzen. Napfschnecken weiden alle Seetangkeimlinge ab, die sich hier festsetzen wollen, und bewirken dadurch die für den gesamten Bereich so typische Kahlheit.

62
64

TSITSIKAMMA COASTAL NATIONALPARK 63

62. Der friedfertige Rockcod ist ein farbenfroher Bewohner der Felstümpel von Tsitsikamma.
63. Kraken, die in den Felstümpeln recht häufig vorkommen, sind wahre Meister der Verfärbung. Mit schwarzer, blauer oder — wie hier im Bild — grüner Tönung passen sie sich perfekt der Umgebung an. Sie sind mit der Gartenschnecke und der Napfschnecke verwandt und gehören zu den am höchsten entwickelten Mollusken. Kraken ernähren sich von Miesmuscheln und Krabben. Ihre Tentakel sind mit Saugnäpfen bestückt. **64.** Viele der schönsten Meerestiere von Tsitsikamma scheuen das direkte Tageslicht. Um sie zu finden, müssen die Besucher unter Felsüberhängen und Steinen suchen. Dabei sollte man allerdings streng darauf achten, alle Steine wieder in die genaue Ausgangslage zurückzulegen. Diese zarten Krustenanemonen, die nur etwa einen Zentimeter groß sind, wuchsen auf der Unterseite eines Steins.

64 TSITSIKAMMA COASTAL NATIONALPARK

65. Der in der Gezeitenzone von Tsitsikamma weit verbreitete Kap-Seeigel *Parechinus* ist ungefährlich — ganz im Gegensatz zu einigen tropischen Seeigeln, die tückische, manchmal sogar todbringende Stacheln tragen.

66. Dieser hübsche Eisseestern ist ein unersättliches Raubtier, das besonders von den an dieser Küste so zahlreichen Muscheln lebt. Sein Hauptproblem besteht darin, die fest zusammengepreßten Muschelhälften auseinanderzuziehen. Dazu hockt sich der Eisseestern auf sein Opfer und nutzt seine vielen Saugnäpfe, um einen ständigen Zug auszuüben, wobei seine Füße sich abwechseln. So ermüdet die Muschel schließlich. Wenn sich die Muschelschalen auch nur 1 Millimeter weit öffnen, stülpt der Seestern seinen Magen über die Muschel und läßt Verdauungssäfte durch den Spalt dringen, die das Fleisch vorverdauen, ehe der Seestern es frißt. **67.** Wenn das Wasser zurückweicht, ziehen die Seeanemonen, die ein Schmuck der Küste sind, ihre Tentakel ein. **68.** Nur erfahrene Taucher wagen sich in das Gebiet der zahlreichen felsigen Riffe, die weit vor der Küste liegen. Dort leben Unmengen von Lebewesen wie diese Rindenkorallen *red sea fan* und purpurfarbene Meerhand.

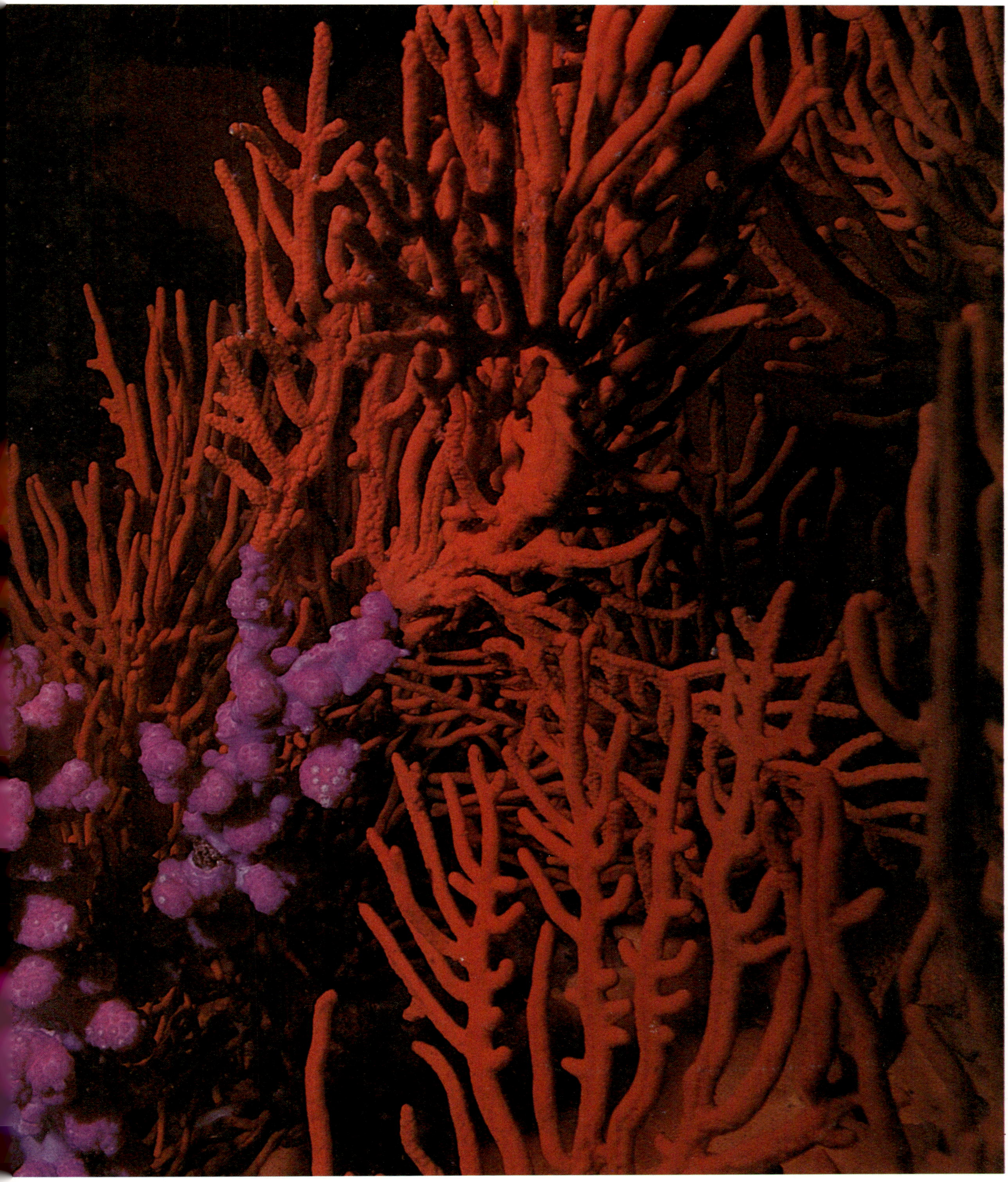

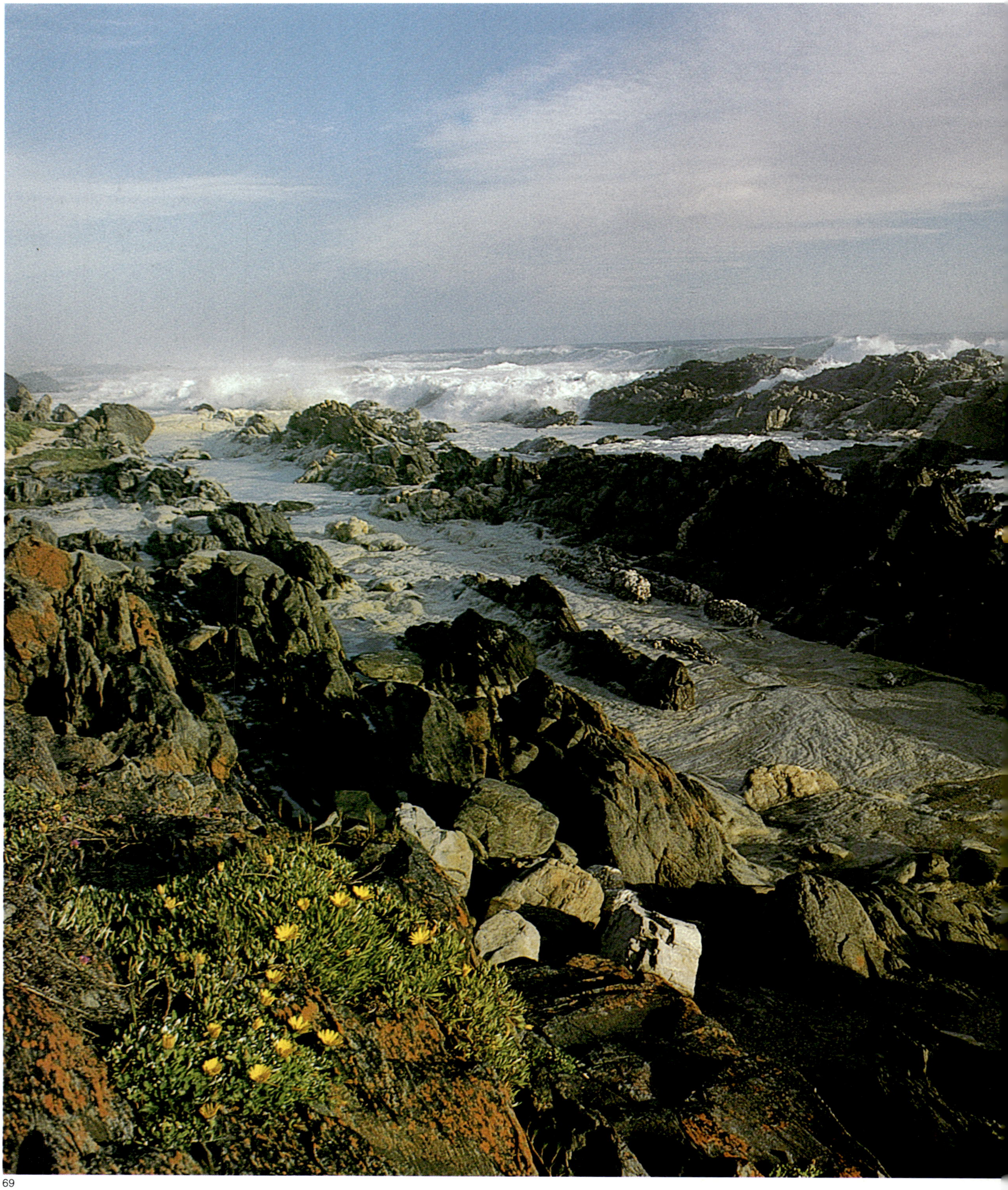

69

TSITSIKAMMA COASTAL NATIONALPARK 67

69. Die Küste von Tsitsikamma ist größtenteils felsig, die See selten ruhig. Das Land fällt ohne Kontinentalschelf steil zur Tiefsee ab und hat dadurch kaum Schutz vor den Wellen, die mit einem Anlauf von mehreren hundert Kilometern gegen die Küste prallen. **70.** Dominikanermöwen auf Futtersuche. **71.** Der bekannte Otter-Pfad im Tsitsikamma-Park wurde nach dem Weißwangenotter benannt, der hier häufig vorkommt, aber recht zurückgezogen lebt. Gelegentlich sieht man ihn auf der Jagd nach Krabben, Fischen oder Kraken.

TSITSIKAMMA COASTAL NATIONALPARK

72. Vor Millionen von Jahren hatten der Elefant und der Klippschliefer einen gemeinsamen Vorfahren, und noch heute teilen sie — abgesehen von dem frappanten Größenunterschied — etliche Eigenheiten wie die kräftigen dritten oberen Schneidezähne, die beim Klippschliefer kleine, beim Elefanten große Stoßzähne bilden, oder die dicken, gepolsterten Fußsohlen. Hier sonnen sich Jungtiere und Erwachsene an einem allseits beliebten Treffpunkt auf den Felshängen des Parks. **73.** In Jahrmillionen hat der Storms River eine tiefe, gewaltige Schlucht in das Gestein geschnitten, die sich viele Kilometer stromaufwärts hinzieht. **74.** Wer sich auf die Fünf-Tage-Wanderung entlang dem Otter-Pfad begibt, wird auf viele schöne Stellen treffen wie zum Beispiel auf diesen Wasserfall und Teich direkt am Meer. Dieser Wanderweg gehört zu den schönsten Naturpfaden Südafrikas und führt vom Storms River zum Groot River. Dabei kreuzt er Schluchten, läuft an Buchten entlang und schlängelt sich durch einheimischen Wald. Wo das möglich ist, führt der Pfad in Sichtweite der Brandung an der Küste entlang, doch ab und zu windet er sich auch auf die 200 Meter höher gelegene Hochfläche.

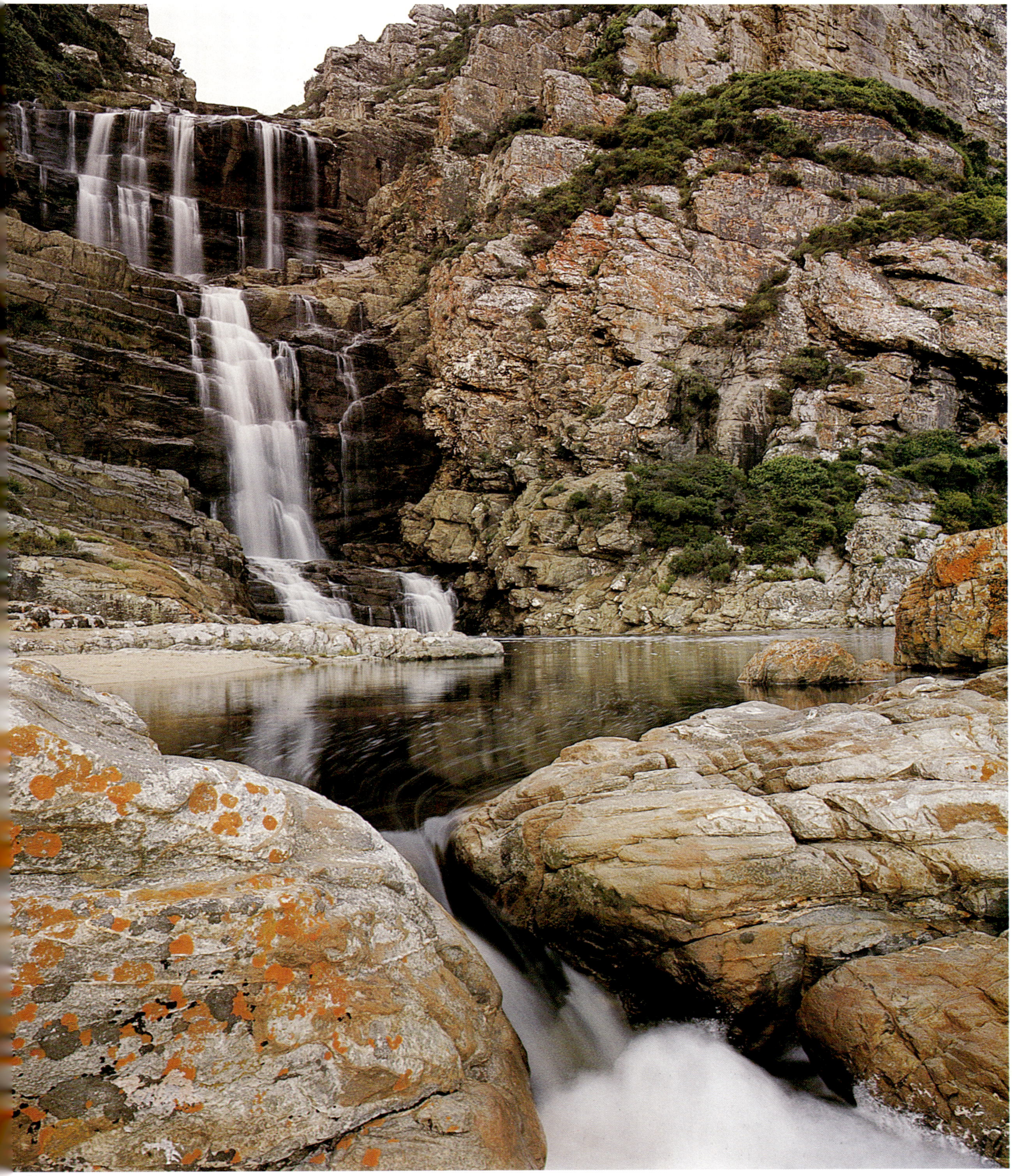

70 TSITSIKAMMA COASTAL NATIONALPARK

75. Diese „Nadelkissen" genannte Protea-Art ist allgemein bekannt, doch die Vegetation des Kaplandes hält noch Tausende anderer Blumenarten bereit, die nicht weniger schön, wenngleich häufig kleiner sind und am besten entdeckt werden können, wenn man zu Fuß geht. Die unter dem Namen Fynbos (oder Maquis) bekannte typische Buschvegetation des Kaplandes wächst auf kargem Boden und trotzt dem Feuer ebenso wie den heißen, trockenen Sommern. Der im allgemeinen graugrüne, widerstandsfähige und niedrige Bewuchs schließt aber auch viele hübsche Blumen wie Heidekraut, Serrurias, Proteen und Leucadendron ein. Botaniker begeistern sich schon seit langem an dem Pflanzenreichtum des Kaplandes, und Parkbesucher werden ebenfalls Freude daran haben. **76.** Gazanien, die oft nur wenige Zentimeter oberhalb der Hochwassergrenze wachsen, prägen das Bild der Tsitsikamma-Küste. **77.** Nicht weit von der Mündung des Storms River blüht eine Knysna-Lilie in voller Farbenpracht an einer Felswand. Im Hintergrund rauscht ein Wasserfall. **78.** Die sonst so eindrucksvolle, aber rauhe und zerklüftete Küste von Tsitsikamma wirkt in Nature's Valley durch die Bucht mit ihrem leuchtenden Sandstrand lieblicher. Die ruhige Lagune bildet den passenden Abschluß für den Otter-Pfad.

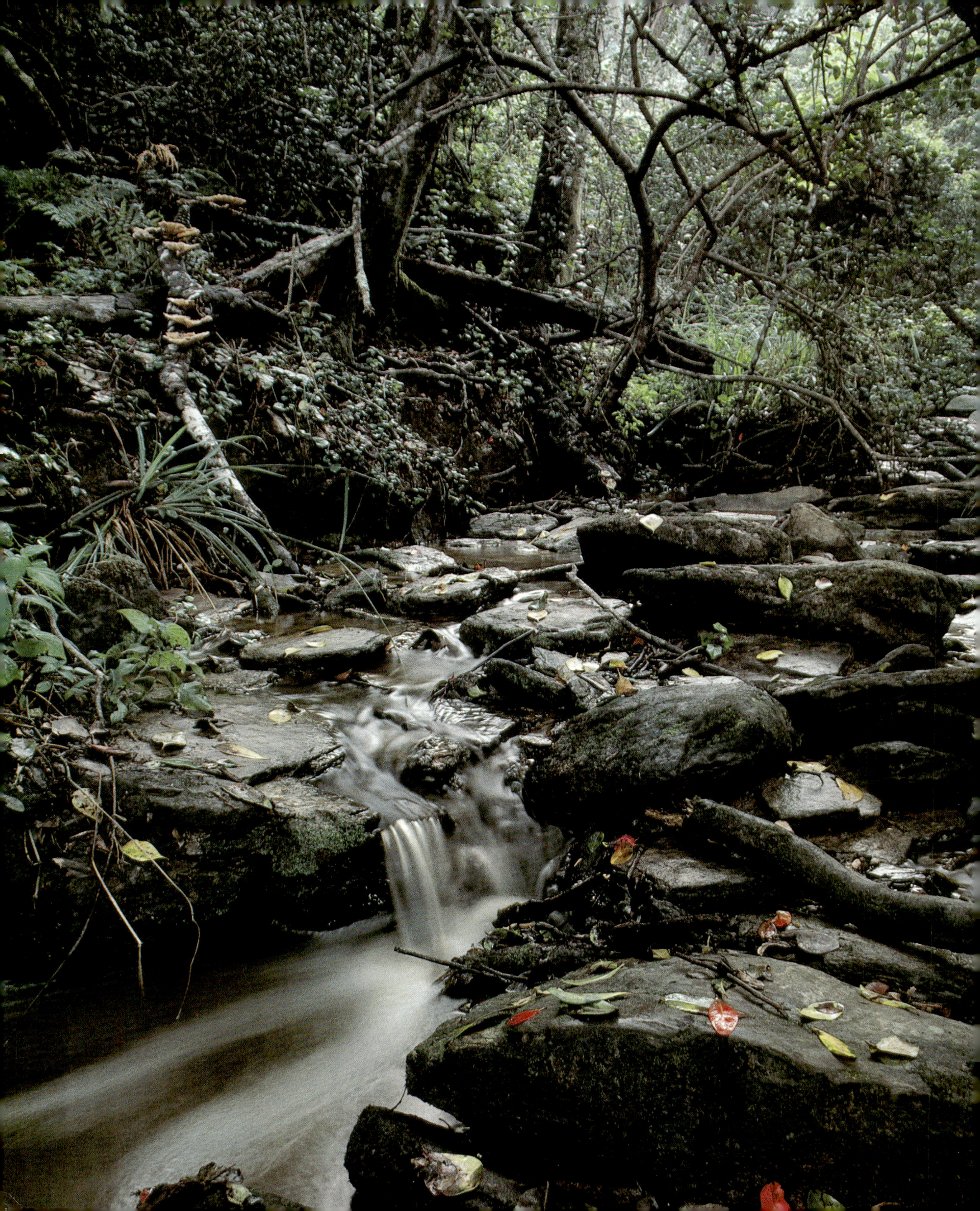

TSITSIKAMMA FOREST NATIONALPARK

UND DAS LAUB DES BAUMES WAR FÜR DIE HEILUNG DER VÖLKER.
OFFENBARUNGEN XXII. 2

In der Feuchtigkeit unter sich zersetzenden, morschen Baumstämmen lebt der Stummelfüßer *Peripatopsis onycophora*, von dem man wohl kaum Notiz nehmen würde, denn er ist ein absolut unscheinbares Kerlchen. Weder knurrt er, wenn er auf Jagd geht, noch trägt er große Hörner, er geht ganz eifach umher, wie auch sein Name verrät („Spaziergänger"). Aber wenn man bedenkt, daß es Stummelfüßer schon seit 500 Millionen Jahren gibt und daß sich ihre heutige Form nicht von der ihrer Vorfahren unterscheidet, verdienen sie unsere Aufmerksamkeit. Sie ähneln ihren Vorfahren, die vielleicht zu den ersten Lebewesen gehörten, nicht nur haargenau, sondern sie könnten auch ein interessantes Bindeglied zwischen den Würmern und der erfolgreichsten aller Tierklassen, den Insekten, sein.

Die Merkmale, die dieses 50 Millimeter lange Tier möglicherweise zum „missing link" werden lassen, kann man bei flüchtigem Hinsehen nicht erkennen. Äußerlich betrachtet wirkt der Stummelfüßer wie eine samtige, rötlichschwarze Raupe mit Stummelbeinen und Krallen. Sein innerer Körperbau ist wie bei Würmern angelegt: Nieren, paarweise an der Basis jedes Beinpaares angeordnet, ein Blutkreislauf und zwei einfache Linsenaugen, durch die die nahe Umgebung wahrgenommen wird. Stummelfüßer atmen jedoch wie Insekten. Ihr weicher, elastischer Körper ist von Tracheen durchzogen, die die Atmungswege mit Sauerstoff versorgen. In dieser Hinsicht gehören Stummelfüßer zu den Verwandten der Bienen, Termiten und Motten.

Diese eigenartige Kombination mag Wissenschaftler faszinieren, doch sind Stummelfüßer gerade wegen ihrer Zwitterstellung äußerst verletzlich. Wo das äußere Skelett den Insekten hilft, die Feuchtigkeit zu erhalten, wird der weiche Körper der Stummelfüßer leicht ausgetrocknet, das bedeutet, daß sie außerhalb der feuchten Wärme des Waldes nicht überleben können. Die anderen in Südafrika lebenden Stummelfüßerarten sind auf ähnlich feuchte Gebiete angewiesen, was beweist, daß sie seit 500 Millionen Jahren in einer entsprechenden Umgebung gelebt haben müssen. Fast noch größeres Aufsehen erregte die Entdeckung verwandter Arten in Australasien (Malaya) und Südamerika. Stummelfüßer bewegen sich so langsam und sind derartig abhängig von ihrer feuchten Umgebung, daß der Gedanke, sie könnten dorthin gebracht oder gar selbst dorthin gekommen sein, unvorstellbar erscheint.

79. Im Halbdunkel des Tsitsikamma-Waldes plätschert ein Bach dem Meer zu, das nur noch 30 Meter entfernt liegt. Der Name „Tsitsikamma" ist einem lautmalenden Wort der Hottentottensprache entlehnt und bedeutet „fließendes Wasser". Tatsächlich gibt es hier viele Bäche. **80.** Der mächtigste aller Bäume Südafrikas, der Outeniqua Gelbholzbaum, kann wie der „Große Baum" Ausmaße von 37 Meter Höhe erreichen. Seine Krone mißt 30 Meter im Durchmesser.

Das ist eine bedeutungsvolle Feststellung. Als Gondwanaland, die riesige südliche Landmasse, vor etwa 100 bis 140 Millionen Jahren in die uns heute als Afrika, Australien, Indien, Antarktis und Südamerika bekannten Teile zerfiel und diese Landstücke allmählich in ihre heutige Position drifteten, müssen sie wohl Stummelfüßer mit sich getragen haben – wie anders wäre ihre Existenz in diesen weit voneinander entfernten Erdteilen zu erklären? Auf diese Weise bestätigt der kleine Insektwurm die Theorie der Kontinentalverschiebung.

Der Tsitsikamma Forest Nationalpark ist die Heimat vieler Pflanzen und Tiere, Insekten und Mikroben. Etliche von ihnen sind ebenso interessant wie die Stummelfüßer, andere dagegen kaum bekannt. Im Besucher des Nationalparks werden wohl eher die emotionalen als die intellektuellen Seiten angesprochen, wobei die Urinstinkte wieder aufleben, die uns halfen zu überleben, bevor unsere Sinne durch den Gebrauch von Hilfsmitteln abstumpften und unsere ursprünglichen Reaktionen durch rationale Überlegung gehemmt wurden.

Jeder, der Südafrikas berühmte „Garden Route" bereist, wird dort eine bemerkenswerte Veränderung feststellen. Wenn man auf der Nationalstraße von Mossel Bay ostwärts nach Tsitsikamma fährt, sieht man den Buschbestand üppiger werden, und Felder und Bäume zeugen von stärkeren Regenfällen. Das südliche Kapland bekommt das ganze Jahr hindurch Regen und ist auch mit regelmäßigem Nebel gesegnet, der vom Meer her aufsteigt. Obwohl der Boden eigentlich nicht besonders fruchtbar ist, gewinnt ihm die Feuchtigkeit das Maximum ab. Unterwegs werfen dichte grüne Aufforstungsflächen Schatten über weite Streifen karger Landschaft, doch deutet noch immer nichts auf die volle Pracht des Waldes am südlichen Gestade des Kaplandes hin. Ganz plötzlich verschwindet die Buschvegetation und weicht massiven Bäumen. Ihre Zweige sind mit dichten Flechtentrauben behangen und bilden vor dem Hintergrund des Himmels ein grünes Filigran.

Der Tsitsikamma Forest Nationalpark umfaßt nur knapp 478 der 60 500 Hektar einheimischer Waldfläche im südlichen Kapland, die sich zwischen Mossel Bay im Westen und Humansdorp im Osten erstreckt. Der Tsitsikamma Coastal Nationalpark umschließt außerdem weitere 530 Hektar Buschland, die als „trocken" bis „sehr trocken" ausgewiesen sind.

Im Jahre 1964 wurde der Tsitsikamma Forest zum Nationalpark erklärt. Hier wachsen außer den bekannten Giganten des Waldes, den Outeniqua Gelbholzbäumen, die etwas bescheideneren, aber zahlreicheren aufrechtgewachsenen Gelbholzbäume, ironwood, Stinkholz, candlewood, white pear und Cape beech sowie eine Anzahl kleinerer Bäume und Pflanzen mit so bekannten Namen wie Rote Johannisbeere, Bergsafran, Baumfuchsie, Wilder Flieder und num-num. Neben den 122 Baum- und Buscharten, zahlreichen anderen Stauden und Zwiebelgewächsen sowie Flechten, Lianen und Farnen sind hier 14 Orchideenarten und dichte Moosteppiche zu finden.

Eine der eindrucksvollsten Besonderheiten des Tsitsikamma-Waldes ist seine Zusammensetzung. Obwohl manchmal fünf oder sechs Exemplare einer Art ziemlich nahe beieinander wachsen, entsteht doch der Eindruck einer außergewöhnlichen Vielfalt. Es geht ein Hauch von Ewigkeit von diesen Baumriesen aus; denn ein Baum, der tausend Jahre brauchte, um seine derzeitige Größe zu erreichen, macht gewöhnliche Sterbliche mit ihrer beschränkten Lebenserwartung nachdenklich. Und doch straft die Realität diesen Eindruck Lügen. Abgesehen von den Rodungen in der Vergangenheit droht dem Wald im südlichen Kapland noch eine andere Gefahr. Über die letzten 2500 Jahre hinweg wurde das gesamte Gebiet zunehmend trockener. Diese Tatsache bleibt einem verborgen, wenn man einem der Waldpfade folgt. Was man wahrnimmt, wird vielmehr das Mikroklima dieses Waldes sein, geprägt durch ein dichtes Blätterdach in der Höhe, frisches Unterholz an den Seiten und vermodernde Blätter am Boden. Die eigentlichen Auswirkungen werden erst am Rande des Waldes deutlicher; ganz besonders, wenn man die Wege betrachtet, die durch den Wald geschlagen worden sind, denn sie durchbrechen den biologischen Schutzgürtel und zerstückeln sein Mikroklima. Insbesondere das Sonnenlicht dringt verstärkt ein und begünstigt das Wachstum von Kräutern und Büschen zu Lasten von Schößlingen solcher Baumarten, die an die Dunkelheit des Waldes angepaßt sind. Bei diesem Kampf bleiben die Eindringlinge meist Sieger.

Natürlich beobachtet man diesen Vorgang nicht nur dort, wo Straßen und Wege den Wald zerstückeln. Er erstreckt sich auf einen weit größeren Bereich entlang den Waldrändern. Natürlicherweise schließt ein Ring von Unterholz den Wald zu dem ihn umgebenden Buschland hin ab. Die Wichtigkeit dieses Ringes wurde bis vor kurzem, als bereits große Teile durch Feuer vernichtet oder zu landwirtschaftlichen Zwecken gerodet waren, nicht in vollem Ausmaß erkannt. Heute stellt die Bedeutung dieser Pufferzone einen wichtigen Aspekt bei der Planung und Verwaltung des Naturschutzparks Tsitsikamma und auch des angrenzenden Staatsforstes dar. Wo die Pufferzone zerstört wird, tauchen Pflanzen auf, die in diesem Lebensraum fremd sind. Das Australische Schwarzholz, das zur Möbelherstellung gut geeignet ist, setzt sich zur Wehr, indem es sich zu einer Plage und einer potentiellen Bedrohung entwickelt. Ein anderes unkrautartiges Gewächs ist die Hakea. Zwar ist sie nicht im Wald selbst, sondern im benachbarten Buschland angesiedelt, doch gilt sie allgemein als Feind der Pflanzen im westlichen Kapland, wo sie bereits große Flächen überwuchert, die früher Buschland waren.

Die Hakea stammt aus Australien, von wo man sie nach Südafrika holte, weil sie sich als Heckenpflanze und zum Befestigen losen Sandbodens eignet. Innerhalb kurzer Zeit entwickelte sie sich zu einer Plage. Da die Hakea mit der südafrikanischen Protea verwandt ist, erwies sich die neue Umgebung für sie als entsprechend günstig. Ihre natürlichen Feinde waren jedoch in Australien zurückgeblieben.

Nachdem sich die mechanische und chemische Bekämpfung der Hakea als zu kostspielig und aufwendig erwiesen hatte, konzen-

81. Einigen Sonnenstrahlen gelingt es, das Blätterdach des Waldes zu durchbrechen. Sie beleben die Baumfarne, die hier das Unterholz bilden, durch Lichttupfer. **82.** Tod und Verwesung gehören mit in den Kreislauf, der sich am Waldboden abspielt. Diese Löcherschwammpilze helfen mit, totes Holz in Humus zu verwandeln, der für neue Pflanzen wieder Leben bedeutet.

trierte man die Forschungen auf die Tiere, die die Ausbreitung dieser Pflanze in Australien eingrenzen. Doch die enge Verwandtschaft zwischen der Hakea und den Proteaceen ließ Bedenken aufkommen. Würde ein Insekt, das von der Hakea lebt, nicht auch den Proteaceen schaden? In Australien zerstören die Larven einer Rüsselkäferart sieben von zehn Früchten der Hakea und 70 Prozent der verbleibenden Samen. Auch ein anderes Insekt ist möglicherweise zum Einsatz gegen die Hakea geeignet, denn es ist wie der Rüsselkäfer derart hoch spezialisiert, daß es nur auf der Hakea leben kann.

Die Aufdeckung von Beziehungen zwischen solchen Insekten und ihrer lästigen Wirtspflanze zeigt, wie die Forschung jenen entscheidende Kenntnisse vermittelt, denen die Erhaltung wichtiger Gebiete wie der Nationalparks anvertraut ist, und sie zu ökologisch sinnvollen Entscheidungen ermutigt.

Der weibliche Rüsselkäfer legt die Eier auf der Frucht der Hakea ab, eine Pflanze übrigens, die reichlich Früchte trägt. Der Käfer braucht jedoch zur Eiablage unbedingt eine Hakea-Frucht als Stimulans. Auch die aus dem Ei schlüpfende Larve ist ausschließlich auf Hakea-Früchte ausgerichtet, die zudem völlig gesund sein müssen. Andernfalls dringt die Larve gar nicht erst in die Frucht ein, sondern beginnt sofort mit dem nächsten Entwicklungsschritt, bei dem sie aber auch nur Hakea-Früchte annimmt. Außerdem gelangt das Weibchen nicht zur sexuellen Reife und Eiablage, wenn es neben Hakea-Früchten nicht auch Hakea-Blüten fressen kann. Diese Forschungsergebnisse scheinen zu bestätigen, daß weibliche Rüsselkäfer für andere südafrikanische Pflanzen keine Gefahr bedeuten und hier ohne Bedenken ausgesetzt werden können. Doch wie überall in der Natur ist auch in diesem Fall Vorsicht geboten, denn die Evolution könnte die Pläne des Menschen durchkreuzen. Es wäre immerhin denkbar, daß nur ein einziger Rüsselkäfer zum Beispiel auf der Frucht einer Bartprotea überlebt. Damit wäre eine Entwicklung eingeleitet, die neue, ungeahnte Probleme mit sich brächte.

Der Wald von Tsitsikamma wird durch die Anlage von Straßen und durch das Australische Schwarzholz bedroht. Wann erwächst ihm auch im Fynbos-Buschland ein Feind? Viele Jahre lang hielt man die Fynbosvegetation für ein bestimmtes Entwicklungsstadium des einheimischen Waldes, denn Buschland und Wald folgen einander wirklich in der Vegetationsentwicklung. Sie sind in der gleichen Umgebung zu finden, und Fynbos wächst auf Lichtungen wie an Waldrändern. Die Theorie von der Aufeinanderfolge scheint aus der Tatsache entstanden zu sein, daß die Büsche ähnlich zähe, lederartige Blätter haben wie etliche der Waldbäume. Wir wissen aber inzwischen, daß beide Vegetationsformen damit nur die gleiche Antwort auf Herausforderungen der Umwelt gefunden haben. Beide werden von Pflanzenfressern gemieden, denn sie haben stachelige Blätter. Die Fynbosbüsche sind außerdem durch ihren besonderen Blattbau vor dem Austrocknen geschützt.

Genau genommen stehen Fynbosvegetation und Wald im Wettbewerb miteinander. Wenn das Buschwerk dabei zur Zeit die Oberhand zu gewinnen scheint, liegt das an der Klimaentwicklung, die zuungunsten des Waldes verläuft. Wir verstehen heute zumindest in Teilbereichen, daß der Wald ein geschlossenes Ökosystem mit einem besonderen Mikroklima bildet. So lassen sich die Auswirkungen ermessen, die das Roden großer Waldflächen hatte, wodurch klaffende Lücken im schützenden Blätterdach entstanden, die das Mikroklima veränderten. Ähnlich negative Folgen bringt der Straßenbau in Waldgebieten mit sich. Die meisten der noch erhaltenen Waldgebiete im südlichen Kapland stehen unter der Kontrolle der Forst- und Umweltbehörde (Directorate of Forestry and Environment Affairs), aber bis jetzt ist nur der Tsitsikamma Forest Nationalpark durch Gesetz geschützt. Das allein gibt die Gewißheit, daß menschliche Eingriffe das empfindliche Ökosystem des Waldes nicht stören werden.

83. Ohne den geringsten Unterschied zu seinen Vorfahren, die vor 500 Millionen Jahren gelebt haben, gedeiht der Stummelfüßer *Peripatopsis* im Wald von Tsitsikamma. Er lebt von kleinen Tieren wie diesem Tausendfüßler, den er mit klebrigem Schleim besprüht.

Allerdings bieten 478 Hektar geschützten einheimischen Waldes keine Garantie für einen Erhalt des Bestandes auch in ferner Zukunft, wenn nicht zugleich der Wald rundum in gleicher Weise unter Schutz gestellt wird. Unter den gegenwärtigen Umständen kann diese Art von Wald sich nicht weiter ausdehnen, doch bei umsichtiger Pflege zumindest auf dem derzeitigen Stand erhalten werden. Gelingt das nicht, wird der Wald schließlich völlig verschwinden.

Wie empfindlich das Ökosystem des Waldes ist, zeigte sich in jüngster Zeit. Der scheinbare Überfluß an Pflanzen weckt den Eindruck, das Leben in dieser Umgebung sei leicht. Alles täuscht unglaubliche Fruchtbarkeit vor. Die wahren Verhältnisse werden am Beispiel zweier besonders eindrucksvoller Bäume deutlich, nämlich am Outeniqua Gelbholz und am Stinkholz. Während der ersten 50 Jahre ihres Wachstums sind diese Bäume außerordentlich empfindlich. Sie erreichen in dieser Zeit armstarke Stämme. Wenn ein weiblicher Outeniqua Gelbholzbaum durch Pollen eines männlichen Baumes befruchtet worden ist, dauert die Entwicklung der gelben, runden, im Durchmesser etwa 20 Millimeter großen Früchte fast ein Jahr. Der eigentliche Samen ist im Fruchtfleisch eingebettet, und die Keimung wird wesentlich erleichtert, wenn das Fruchtfleisch vom Samen gelöst worden ist. Dabei zeigt sich die Beziehung zwischen Pflanzen und Tieren des Waldes deutlich.

Im Frühsommer fressen die Nilflughunde gern und reichlich von den Gelbholzfrüchten. Sie nagen das Fruchtfleisch ab und lassen die Kerne fallen, die sich uner ihnen haufenweise sammeln. Die Samen stecken voller Nährstoffe, vor allem Öl und Stärke, und bilden eine willkommene Nahrung für viele Tiere, vom winzigen Waldbilch bis zum Buschschwein. Obwohl das Buschschwein die Samen frißt, wühlt es bei der Futtersuche auch den Boden auf und bereitet damit ein gutes Pflanzbeet für die Samen, die letztendlich übrigbleiben.

Entgeht ein Same dem Gefressenwerden, dann keimt er in der Nähe des älteren Baumes. Deshalb wachsen die Outeniqua Gelbholzbäume oft in Gruppen, die einen alten Baumriesen in ihrer Mitte haben.

Es gibt aber noch andere Arten der Samenverbreitung als durch Flughunde und Buschschweine. Vögel verteilen die Samen über ein wesentlich größeres Gebiet. Ein Beispiel dafür ist der Helmturako, der ebenfalls von den Früchten frißt und die unverdaulichen Samen weitab vom ursprünglichen Standort des Baumes wieder ausscheidet.

Allerdings bleibt die Größe geschützter Waldgebiete und Nationalparks ein kritischer Faktor in der Beziehung zwischen Vögeln und Bäumen. Die Grundstruktur dieser Beziehung ist einfach. Ein Vogel fliegt den Baum an, weil er ihm Nahrung bietet. Natürlich muß der Vogel Energie einsetzen, um den Baum zu erreichen, doch er wird durch die Mahlzeit reichlich dafür entschädigt. Wird aber der Wald, in dem der Vogel sein Revier hat, in mehrere kleine Teile zerstückelt, die wie kleine Inseln zwischen Feldern und Weiden, Straßen und Siedlungen liegen, dann lohnt sich für den Vogel der weite Flug von einem Waldstück zum nächsten nicht mehr. So wird es der Vogel schließlich aufgeben, sich weiterhin von den Früchten des Gelbholzbaumes zu ernähren, womit zugleich die Verbreitung des Samens entfällt. Sobald der Baumbestand unter eine bestimmte Anzahl sinkt, können die Vögel ohnehnin nicht mehr überleben, denn es gibt dann einfach nicht mehr genügend Bäume, die im Laufe eines Jahres Früchte bilden. In solchem Fall leiden nicht nur die Vögel, sondern die Zukunft des Waldes selbst ist in Gefahr.

Das Beispiel läßt sich mit gewissen Abwandlungen auf alle Nationalparks übertragen. Unter einer bestimmten Größe kann ein Ökosystem auf die Dauer nicht überleben. Stinkholzbäume besitzen eine besondere Regenerierungsfähigkeit. Wegen ihres wertvollen Holzes bei Holzfällern außerordentlich geschätzt, wurden sie vor einem Jahrhundert im großen Maßstab gefällt. Doch die damals eingeschlagenen Bäume sind inzwischen nachgewachsen, weil Stinkholz aus dem verbliebenen Stumpf neue Schößlinge treibt. Da in solchem Fall das Wurzelgeflecht bereits voll entwickelt war, wuchsen die neuen Triebe wesentlich schneller als Jungbäume im allgemeinen. Ebenso erstaunlich ist die Entdeckung, daß auch aus Samen mehrere Keime wachsen, wodurch die Überlebenschance steigt.

Wenn man heute einem der Waldpfade folgt, kann man die Baumstümpfe jener Tage erkennen. Ohne es zu wissen, praktizierten die Holzfäller damals eine Art Naturschutz. Die meisten Bäume wurden nämlich aus Bequemlichkeit in Brusthöhe gekappt, wodurch die nachwachsenden Triebe den Buschböcken unerreichbar blieben. Heute schützt man nach dem außerhalb des Tsitsikamma Forest Nationalpark betriebenen gewerblichen Fällen die Triebe durch Maschendraht.

In dem Park gibt es überraschend wenig große Tiere. Daß dort der scheue Blauducker vorkommt, erkennt man meist nur an seiner Losung. Das Buschschwein lebt nachtaktiv und wird deshalb so selten beobachtet. Mit etwas Glück kann man einen Pavian, eine Kleinfleck-Ginsterkatze, einen Mungo, einen Karakal oder gelegentlich sogar einen Leoparden sehen, doch die Boomslang ist im Laub derart gut getarnt, daß sie fast immer unbemerkt davongleitet. Diese Tierarmut steht wahrscheinlich in Zusammenhang mit der Art der Pflanzen, die wiederum Rückschlüsse auf die geringe Bodenqualität zuläßt. Der Wald kann sich kaum selbst, geschweige denn viele große Tiere ernähren. Forschungen beweisen, daß der Waldboden im südlichen Kapland ausgesprochen nährstoffarm ist und fast alle vorhandenen Nährstoffe in den Pflanzen aufbewahrt sind. Sie befinden sich innerhalb des Waldes in einem geschlossenen Nahrungskreislauf, aus dem kaum etwas entweicht, denn Laub und Holz verfaulen am Waldboden und schließen so den Kreis wieder. Bäume wie der Gelbholzbaum verlieren keine Zeit, den Nährwert des Abfalls zu nutzen und lassen kleine Wurzeln direkt zur Erdoberfläche wachsen, wo der Kompost liegt. Aus diesem Grund ist es unerläßlich, den Boden rund um den Stamm zu schützen. Parkbesucher denken oft, mit dem Zaun, der sie daran hindert, dem Baum zu nahe zu kommen, solle der Stamm eines solchen Baumriesen geschützt werden. Dabei gilt der Schutz zumindest ebenso dem Wurzelteppich.

Wegen des unergiebigen Bodens können es sich die Pflanzen nur schwerlich leisten, Triebe und Blätter an Pflanzenfresser zu verlieren, und sie haben deshalb erstaunliche Abwehrmittel entwickelt. So enthalten ihre Blätter zum Beispiel eine verhältnismäßig hohe Konzentration chemischer Geschmacksstoffe, die sie ungenießbar machen. Das ist sicherlich einer der Gründe für die vergleichsweise geringe Anzahl von Pflanzenfressern in diesen Wäldern. Natürlich gibt es dann auch nur wenige Raubtiere, die sich von den Pflanzenfressern ernähren.

Weitere Forschungen lassen den Schluß zu, daß alle Bäume ihre Samen etwa zur selben Zeit reifen lassen, so daß für viele Tiere vom Affen bis zum Buschschwein plötzlich Unmengen an Futter anfallen und damit wenigstens ein Teil der Samen die Möglichkeit hat, unbeschadet zu keimen.

Außerdem scheinen die Bäume in vielen Fällen nur in gewissen Intervallen Samen zu bilden. Diese Intervalle sind in der Regel länger als ein Jahr, können aber sogar bis zu sechs Jahren dauern, was für die Tiere, die von den Samen leben, schwerwiegende Folgen hat. Untersuchungen in dieser Richtung sind noch im Gange, doch läßt sich bereits jetzt vermuten, daß wir unsere Auffassung über den Wald als Summe einzelner Bäume gründlich werden revidieren müssen. Es scheint vielmehr, als bestünde hier eine Art von Baumgemeinschaft, die offensichtlich Gruppenverhalten zeigt, wie wir es sonst nur aus der Tierwelt kennen.

Noch vor 100 Jahren bedeckte der einheimische Wald wesentlich größere Gebiete des südlichen Kaplandes als heute. Hätte es für diesen Wald schon damals den Status eines Nationalparks gegeben, wären sowohl Raubbau als auch die dadurch bedingten Klimaveränderungen in erträglichem Rahmen geblieben. Doch vor einem Jahrhundert bestand der Naturschutzgedanke aus nicht mehr als einem nagenden Zweifel an der Richtigkeit der Abholzungen.

Jan van Riebeeck, der 1652 im Auftrag der Holländisch-Ostindischen Gesellschaft die Versorgungsstation Kapstadt gegründet hatte, verließ das Kapland bereits zehn Jahre später, um einen wichtigeren Posten in Batavia zu übernehmen. Doch schon in der relativ kurzen Zeit seiner Anwesenheit waren die Wälder zu Füßen des Tafelberges – in Rondebosch, Newlands und Kirstenbosch – abgeholzt. Die Siedler waren auf Holz angewiesen. Sie brauchten Bauholz für Häuser und Möbel und Brennholz für ihre Herde. Ihre Schiffe besserten sie mit Holz aus, und später, als sie weiter ins Landesinnere zogen, bauten sie ihre Wagen aus Holz, das natürlich alles aus der nahen Umgebung stammte. Zu Beginn des 18. Jahrhunderts war der Holzbedarf der kleinen Kapkolonie derart angewachsen, daß man weiter im Inland nach Holz suchte. 1711 erreichten Nachrichten über riesige Wälder im sogenannten Outeniqualand das Kap. Das führte dazu, daß dort zwei Jahre später die ersten weißen Siedler eintrafen. Sie machten sich daran, zuerst die größten und bestgewachsenen Bäume zu fällen. Am begehrtesten waren Gelbholz und Stinkholz. Letzteres bestach durch seine Widerstandsfähigkeit, feine Maserung und ansprechende Färbung und war dennoch verhältnismäßig leicht zu bearbeiten, während Gelbholz weicher ist und eine regelmäßige Maserung besitzt. Seine sattgoldene Farbe gab ihm den Namen. Bei einigen besonders schönen Möbelstücken jener Tage findet man eine gelungene Kombination dieser dunklen und hellen Holzarten. Übrigens fand man erst viel später heraus, daß Stinkholz von Termiten gemieden wird, was, wie wir heute wissen, an natürlichen chemischen Bestandteilen des Holzes liegt.

Heute stehen die Besucher des Tsitsikamma Forest Nationalparks staunend vor dem „Großen Baum", der mit 36,60 Meter Höhe einen Umfang von 8,5 Meter und eine Krone hat, die größer ist als ein Tennisplatz. Viele dieser riesigen Bäume waren den damaligen Baumfällern einfach zu groß, hätte es den Holzsäger doch Wochen gekostet, bis ein solcher Baum in Bretter zerteilt gewesen wäre, die dann wahrscheinlich nicht einmal einen Käufer gefunden hätten, weil sie – wie meist bei Baumriesen – rissig und gedreht gewesen wären. Darum fällte man lieber die mittelgroßen Exemplare. Die „Riesen" blieben bis auf den heutigen Tag unangetastet.

Nachdem die mittelgroßen Bäume gefällt waren, beseitigten die Siedler Unterholz und kleinere Bäume, um Weideland für ihre Herden zu schaffen. Das entsprach dem beim Siedeln üblichen Vorgehen.

Etwa 60 Jahre später richtete Gouverneur von Plettenberg eine gewisse Art von Kontrolle in Plettenberg Bay ein, das zu einem Holzhafen ausgebaut war. Wenn ihn Vorahnungen plagten, waren sie durchaus begründet, denn zweifellos hatte man bereits bemerkt, daß die Bäume in diesem Gebiet besonders langsam wuchsen und sich nicht selbst wieder auf entstandenen Lichtungen ausbreiteten. Heute kennen wir die Zusammenhänge.

J. F. Meeding, den von Plettenberg mit der Oberaufsicht über den Holzeinschlag betraute, gilt bei vielen als Südafrikas erster Förster. Im Rahmen des ihm verfügbaren Wissens und seines begrenzten Einflusses gelang es ihm, ein gewisses Gleichgewicht zwischen Ausbeutung und Naturschutz herzustellen. Ihm ist es wahrscheinlich zu verdanken, daß es die Wälder von Knysna und Tsitsikamma heute noch gibt.

Meeding konnte dem Trend seiner Zeit allerdings nur wenig entgegenstellen. In zunehmendem Maße wurde Land für Siedler ausgewiesen. Im Jahre 1847 begann die Regierung des Kaplandes, Rodungsflächen an Farmer zu verkaufen, womit sie für immer der Wiederaufforstung entzogen waren. Je weiter der Wald durchforstet wurde, desto stärker war die Waldbrandgefahr. Dem ursprünglichen Wald konnte Feuer kaum etwas anhaben, denn was hätte schon brennen sollen? Was nicht grün und voller Saft war, lag verrottend am Boden. Ein solcher Wald fing nur unter ganz außergewöhnlichen Bedingungen Feuer, die verarmten und durchforsteten Wälder späterer Zeit dagegen leicht. So blieben schwere Verluste nicht aus. Im Februar 1869 raste ein Feuersturm von Knysna aus ostwärts und kam erst kurz vor dem Tsitsikamma-Forst zum Stehen. Von trockenem Bergwind begünstigt, tobte ein zweiter Waldbrand aus Richtung der Langkloof-Berge heran und hinterließ wie der andere völlig verbranntes Land. In beiden Fällen entging der Wald von Tsitsikamma nur knapp der Vernichtung.

Als im Jahre 1876 am Witwatersrand Gold gefunden wurde, verstärkten die Holzfäller ihre Aktivitäten erheblich. Stollen und Schächte mußten mit Holz abgestützt wer-

84. Der Kap-Bilch ist einer der kleinen Bewohner von Tsitsikamma. In diesem Wald leben nur verhältnismäßig wenige Tiere. Das liegt teilweise daran, daß viele Pflanzen starke Beimischungen an übelschmeckender Karbolsäure enthalten.

den. Das verschlang Holz in großen Mengen. Auch in den Städten, die rund um die Bergwerke entstanden, brauchte man Holz für Häuser und Möbel.
Inzwischen hatte die Ausbeutung des einheimischen Waldes im südlichen Kapland derartige Formen angenommen, daß die Regierung sich 1880 entschloß, dem unkontrollierten Holzeinschlag Einhalt zu gebieten, und mit dieser Verordnung stieß sie in der Öffentlichkeit kaum auf Widerstand. Nicht allein das neue Gesetz, sondern besonders der allgemeine Gesinnungswandel bewirkte die Wende. Man begann mit einem groß angelegten Aufforstungsprogramm, wodurch mit der Zeit der Holzbedarf des ganzen Landes gedeckt werden sollte. Die zur Pflanzung vorgesehenen Bäume waren schnellwachsende ausländische Arten: Blaugummibaum, Schwarzholzakazie und Wattle aus Australien und Nadelbäume aus Europa und Amerika. Im Jahre 1939 konnte man in den ersten dieser Aufforstungsgebiete mit dem Einschlag beginnen. Der einheimische Wald hatte nun wieder eine Zukunft.

Teil dieser Politik war es auch, den Tsitsikamma Forest im Jahre 1964 zum Nationalpark zu erklären. Die Öffentlichkeit hat auf einigen Wegen und Rastplätzen beschränkten Zutritt zu dem Park. Autofahrer kommen an seinen südlichen Ausläufern vorbei, wenn sie der „Garden Route" folgen. Andere Teile des einheimischen Waldes in diesem Gebiet sind zugänglich. Sie erhielten zwar nicht den Status eines Nationalparks, werden aber mit der gleichen Sorgfalt betreut.
Und was ist aus dem Stummelfüßer geworden? Er ist nicht groß oder auffällig genug, um die besondere Aufmerksamkeit der Naturschützer zu wecken. Doch solange man sich darum kümmert, daß der Wald von Tsitsikamma erhalten bleibt, wird der Stummelfüßer für sich selbst sorgen.

85, 86, 88. Flechten und Pilze bestimmen das Bild im Wald von Tsitsikamma. Die Kronen der großen Gelbholzbäume tragen Strähnen von Waldrebe *(old man's beard,* Bild 85). Kleinere, hellere Flechten (86, 88) bedecken Äste und Zweige. Flechten sind deshalb bemerkenswert, weil sie nicht einen einzigen Organismus bilden, sondern eine Lebensgemeinschaft von Algen und Pilzen, die zu gegenseitigem Nutzen zusammenleben. Die Algen sorgen unter Ausnutzung des Sonnenlichts durch Photosynthese für Nahrung für den Gesamtorganismus, während die Pilze dem Partner Feuchtigkeit und Schatten bieten. **87.** Schmackhafte Becherpilze auf einem umgestürzten Baumriesen. Ihr Wurzelmyzel dringt tief in das Holz ein und beschleunigt damit cen Zerfall. **89.** Überall auf den zahlreichen Pfaden, die durch den feuchten, modrigen Wald führen, begegnet man dem Kreislauf des Lebens. Diese Pilze und Millionen unsichtbarer Bakterien verwandeln gestürzte Bäume und verwelktes Laub in Nährstoffe für Keimlinge, die bereits aus dem Abfall ans Licht drängen.

TSITSIKAMMA FOREST NATIONALPARK

90. Der Status als Nationalpark schützt den Wald von Tsitsikamma nachhaltig gegen den Expansionsdruck des Menschen. Dennoch bedroht zum Beispiel auch der Bau von Straßen den Wald, denn jede Schneise reißt eine Lücke in das schützende Blätterdach und gibt das Mikroklima stärkerem Sonneneinfluß preis. Der Wald ist viel empfindlicher, als das üppige Grün des Bildes vermuten läßt, denn er wurzelt in einer recht unergiebigen, dünnen Schicht Mutterboden. In einem „geschlossenen Nährstoffkreislauf" stecken fast alle verfügbaren Nährstoffe in den Pflanzen selbst. Kaum etwas davon bleibt für längere Zeit im Boden, denn es wird bald wieder in den Kreislauf einbezogen. **91.** Das Waldchamäleon verbringt den Tag mit der Jagd auf die in Tsitsikamma reichlich und vielfältig vertretenen Insekten. Im Gegensatz zu seiner Tarnfärbung bei Tage wird es während des Schlafes weiß. **92.** Unter den Wipfeln der Baumriesen wühlt und schnüffelt das Buschschwein im Unterholz nach abgefallenen Früchten und anderen saftigen Happen, die der Wald zu bieten hat. **93.** Den Helmturako kann man häufiger hören als sehen. Er ist hier weit verbreitet. Im Flug zeigt er seine auffallend roten Flügelfedern, die von den Mitgliedern der Swazi-Königsfamilie als Schmuck besonders geschätzt werden.

AUGRABIES FALLS NATIONALPARK

WO DIE KHAKIFARBENE SAVANNE GESPALTEN IN EINEN FARNGRÜNEN CANYON WASSERFESTSPIELE ABHIELT.
R. N. CURREY. ERINNERUNGEN AN DEN SCHNEE.

Ganz abseits im Nordwesten Südafrikas liegt staubig verträumt das Städtchen Kakamas am träge dahinfließenden Oranjestrom, der sich hier durch ein fast 3 Kilometer breites Tal windet und zwischen seinen Armen immer wieder neue flache Sandinseln entstehen läßt. Nicht weit hinter der Stadt braust der Fluß recht unerwartet mit einem Gefälle von 25 Meter über die Augrabies-Schwelle, um danach in beeindruckendem freien Fall so tief zu stürzen wie sonst nirgendwo in seinem Lauf: 66 Meter tiefer nimmt eine Schlucht ihn auf, in deren brodelnder Tiefe ein Wasserungeheuer lauern soll.

Niemand hat dieses Ungeheuer je zu Gesicht bekommen. Zoologen schreiben den in der Gegend verbreiteten Mythos über ein Wasserungeheuer den riesigen Schlammbarben zu, die nachweislich oberhalb der Fälle leben und ebensogut in der Schlucht hinter dem Wasserfall vorkommen könnten. Das sind furchterregende Fische mit grotesken Barteln und einem gräßlichen breiten schwarzen Gesicht. Sportanglern gelang der Fang von bis zu zwei Meter langen Exemplaren dieser Art. Schon seit frühester Zeit rankt sich die abergläubische Furcht der Menschen um die Augrabies-Fälle. Die Koranna und Buschmänner, die dort lebten, als die ersten Europäer eintrafen, sprachen nur mit größtem Respekt von den Fällen. George Thompson, den man irrtümlich für den ersten Weißen hielt, der die Fälle sah, ließ sich 1824 von einigen Hottentotten an die Schlucht führen, obwohl „der Anblick und das Getöse des stürzenden Wassers so mächtig waren, daß meine Begleiter die Gegend fürchteten und sich nur ganz selten dorthin wagten."

Die Ehre der Erstentdeckung gebührt allerdings einem jungen, in Schweden geborenen Soldaten namens Hendrik Wikar. Er desertierte wegen hoher Spielschulden im Jahre 1775 aus der Truppe der Holländisch-Ostindischen Gesellschaft am Kap und verbrachte vier Jahre unsteter Wanderschaft an den Ufern des Oranje. Obwohl die mitgebrachten Neuigkeiten ihm bei seiner Rückkehr ans Kap einen gnädigen Empfang sicherten, erkannte man in ihm den Entdecker der Augrabies-Fälle erst, als 1916, also mehr als hundert Jahre nach seinem Tod, sein Tagebuch veröffentlicht wurde. Dort findet man folgende Beschreibung der Fälle: „Es schien mir, als stürze sich der ganze Fluß über einen Felsabhang doppelt so hoch wie eine Burg." Thompson fand den Anblick ebenso erregend. In seinem hervorragenden Buch „Reisen und Abenteuer im südlichen Afrika" *(Travels and Adventures in Southern Africa)* tauft er die Fälle zu Ehren des regierenden britischen Monarchen King George's Cataract und beschreibt sie so: „Der Fluß, der zuvor in knapp 100 Fuß Breite dahinfließt, stürzt plötzlich in einem großartigen Fall gut 400 Fuß in die Tiefe. Ich stand auf einem Felsen in Höhe der Wasserfalloberkante und

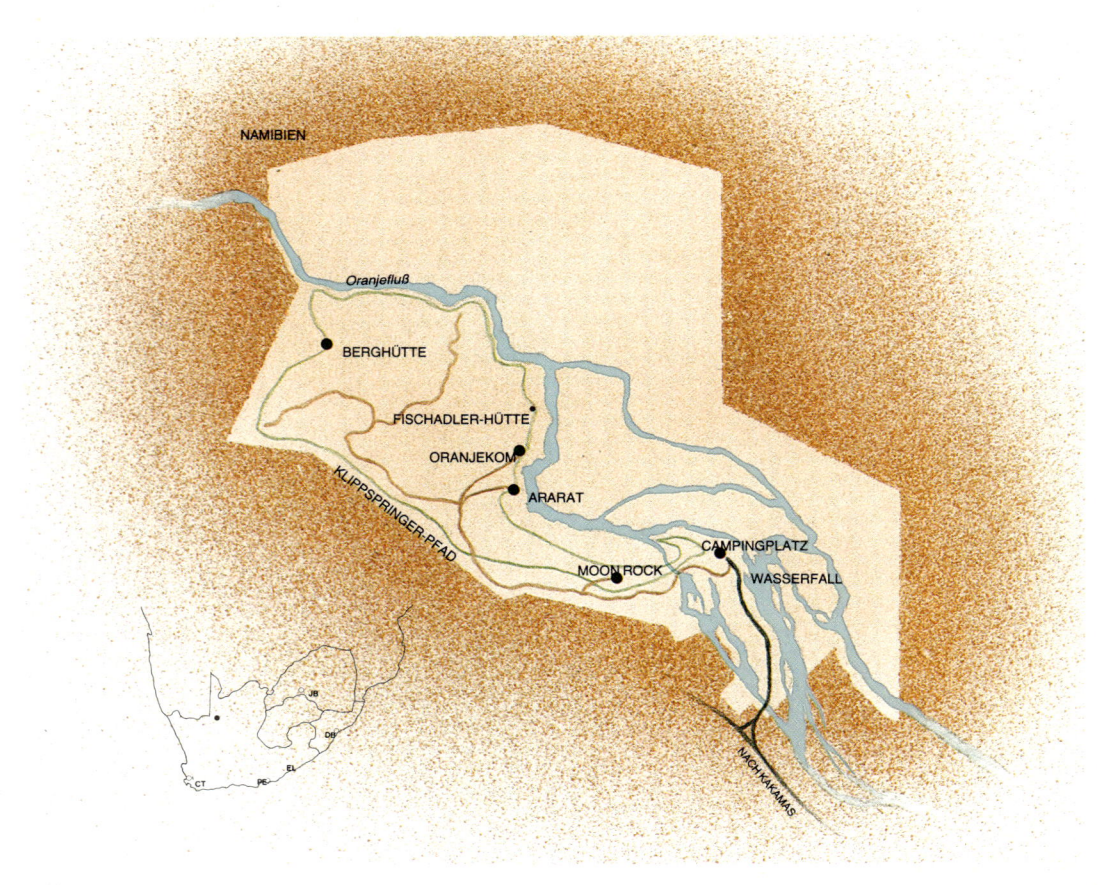

94. Umgeben von einer ausgedörrten, mondähnlichen Landschaft, stürzen die Wassermassen über die Augrabies-Fälle in eine Schlucht, die sich der Oranje in zahllosen Jahrmillionen selbst gegraben hat.

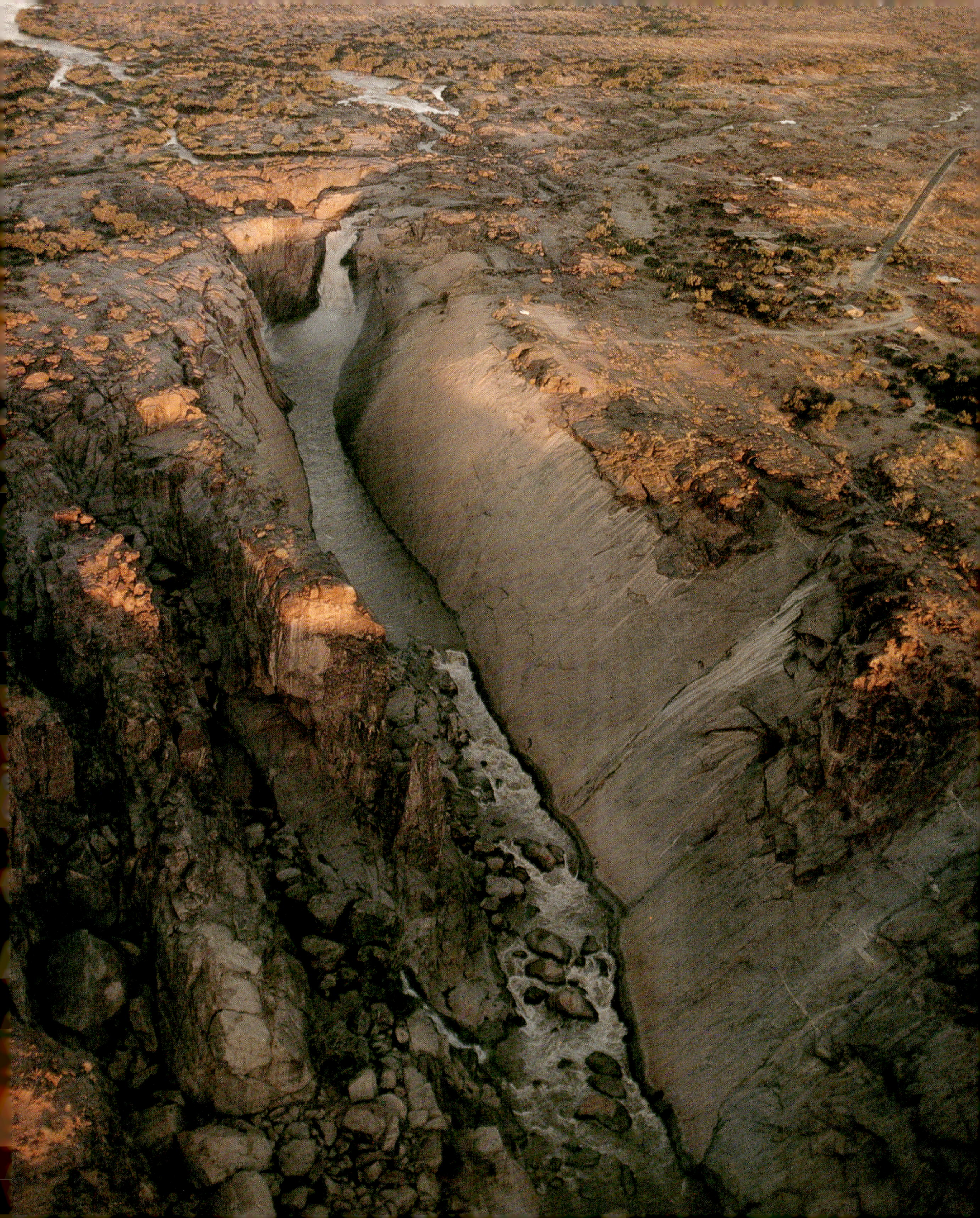

blickte direkt auf den Fall. Die Strahlen der Abendsonne fielen auf das stürzende Wasser und zauberten einen herrlichen Regenbogen. Die aufsteigende nebelartige Gischt, das leuchtend grüne Gesträuch, das ringsum die Felsen schmückte, das enorme Getöse der Wassermassen und das tumultartige Brodeln und Wirbeln des Stromes in der Tiefe, wo der Fluß in einer unergründlichen, dunklen und engen Schlucht zu entkommen suchte, vermischten sich zu einem Schauspiel von solcher Schönheit und Größe, wie ich es noch nie zuvor erlebt hatte. Ich starrte gebannt auf diesen unglaublichen Anblick und fühlte mich wie im Traum."

Jeder, der die Fälle von dieser Stelle aus betrachtet, wird Thompsons Begeisterung teilen. Umgeben von einer ausgetrockneten, kahlen und zerfurchten Landschaft unter blaßblauem Himmel taucht Südafrikas größter Fluß donnernd in einen Hexenkessel aufgepeitschten, wild schäumenden Wassers. Dazu paßt nur zu gut der Name Augrabies, der auf das Koranna-Wort *Aukoerebis* – „Ort des starken Lärms" – zurückgeht. Stromabwärts läßt der Lärm allmählich nach, und der Zauber des Cañons gewinnt an Wirkung. Hier zeigt sich mit besonderer Eindringlichkeit, welche Arbeit das Wasser in Jahrmillionen geleistet hat. Die dabei entstandene enge Schlucht erstreckt sich in westliche bis nordwestliche Richtung und begleitet den Fluß 18 Kilometer weit auf seinem Weg zum Atlantischen Ozean.

Die Augrabies-Fälle entstanden vor 80 Millionen Jahren im Quartär, als der Fluß das Land wie heute in Richtung Westen durchquerte. Etwa 10 Millionen Jahre später hoben starke Kräfte des Erdinneren den gesamten Subkontinent, wodurch der Fluß gezwungen wurde, sich einen Weg über den Rand der inneren Hochfläche zu suchen. Schließlich fand er einen Überlauf, eine etwas niedrigere, vielleicht sogar aufgerissene Stelle im rosa Gneis, in den im Laufe der Zeit die Schlucht gesägt wurde. Während der Fluß das Gestein zernagte und den Überlauf allmählich tiefer einschnitt, kam die volle Erosionskraft des Wasser zum Tragen und schuf den Cañon in seinen heutigen Ausmaßen. Ursprünglich lagen die Wasserfälle dort, wo die Schlucht jetzt endet, doch grub sich der Fluß Stück für Stück rückwärtsschreitend in das Gestein. Auch heute wirkt die Erosionskraft weiter, doch die Geschwindigkeit, mit der die Fälle flußabwärts wandern, hat ganz wesentlich nachgelassen. Das liegt vor allem an dem inzwischen ariden Klima des Subkontinents. Noch vor 20 000 Jahren fiel sogar im trockenen Namaqualand doppelt soviel Niederschlag wie zur Zeit.

Ein weiterer Grund dafür, daß der Oranje jetzt nicht mehr die unbändige Kraft früherer Zeiten besitzt, sind die riesigen Staudämme in seinem Oberlauf wie zum Beispiel der P. K. le Roux-Damm.

95. Ein Bergstar schwingt sich von den harten Blättern eines Köcherbaumes aus in die Luft. Zuvor hat er von dem Nektar der gelben Blüten genascht.

Das Aufstauen hat zur Folge, daß der Wasserstand das ganze Jahr hindurch kaum noch schwankt, während zuvor Hochwasser und Trockenzeiten sich abwechselten.

Die gleichmäßige Wasserführung garantiert den Besuchern einen lohnenden Ausblick auf die Wasserfälle, doch wird die volle Pracht früherer Zeiten nicht mehr erreicht, wenn der Fluß bei Hochwasser eine Breite von 6 Kilometer hatte und sich auch weiter seitlich über die Ränder ergoß. Die dabei entstehenden kleineren Fälle trugen so bildreiche Namen wie Brautschleier *(Bride's Veil)* und Zwillingsfälle *(Twin Falls)*.

Das Aufstauen des Oranje führte aber auch zu anderen Veränderungen. Mit gleichbleibendem Wasserstand werden die aus Sand und Kies zusammengetragenen Flußinseln nicht mehr verlagert. Es gibt keine Hochwasserfluten mehr, die wie einst die vielen Flußarme freispülen und den Erosionskräften des Flusses zu voller Entfaltung verhelfen.

Die zuständigen Behörden – ja, eigentlich die gesamte Nation – haben ihr Interesse am Wasser des Oranje bekundet. Der Fluß wurde zur Hauptversorgungsquelle für Trink- und Brauchwasser, zur Bewässerung von Ackerland im ursprünglich so wasserarmen Westen und zur Stromversorgung eines großen Teils des Landes, insbesondere des hochindustrialisierten Highveld. So behinderten handfeste wirtschaftliche Interessen zunächst die Versuche, an den Augrabies-Fällen einen Nationalpark einzurichten. Institutionen wie die Wasserbehörde oder der Elektrizitätsverbund waren eifrig bemüht, die Wasserfälle in ihre Gesamtplanung einzubeziehen, durch die das Land zu beiden Seiten des Flusses in eine grüne Oase mitten in einem sonst trockenen und kargen Land verwandelt werden sollte.

Aber die ökologische Bedeutung des Augrabies-Gebietes gab neben seiner wirtschaftlichen Zweitrangigkeit schließlich den Ausschlag. Im Jahre 1966 gelang es der Regierung durch einen Landtausch das Gebiet zu erwerben und zum Augrabies Falls Nationalpark zu erklären.

Der Park umfaßt 9415 Hektar Land in einer der trockensten Gegenden Südafrikas. Seinen Mittelpunkt bilden die Wasserfälle selbst, die doppelt so hoch sind wie die kanadischen Niagara-Fälle. Der Cañon besitzt eine ganz eigene Note. An seine vom Wasser abgeschliffenen Steilwände klammern sich die Namaqua-Feigen und bewirken mit ihren den Fels aufbrechenden weißen Wurzeln ebenso eine Veränderung der Landschaft wie das Wasser. Schwarzstörche nisten auf winzigen Felsvorsprüngen, und der markante Schrei des Fischadlers hallt als Echo von den glatten rosa Felswänden wider. Rundum ertönt das Pfeifen und Rufen der Bergstare und das einem Knall ähnliche Geräusch, das die Guineatauben mit ihren Flügeln auslösen, wenn sie zum Flug über die Schlucht ansetzen.

Besucher des Parks gehen natürlich zuerst zum Wasserfall, den man von mehreren Beobachtungspunkten einsehen kann. Ein Zaun schützt die Schaulustigen heute davor, sich zu weit über den Felsrand zu lehnen. Immerhin verunglückten hier schon 16 Menschen dadurch tödlich, daß sie das Gleichgewicht verloren und in die Tiefe stürzten. Der Park bietet jedoch wesentlich mehr Sehenswertes als die Fälle und ihren Cañon, so eindrucksvoll sie auch sein mögen. Mehrere Fahrwege führen den Besucher zu felsigen Mondlandschaften wie Ararat, Moon Rock und Echo Corner. Noch lohnender ist es, wenn man den angelegten Fußwegen folgt oder gar die dreitägige Wanderung auf dem Klippspringer-Pfad unternimmt.

Für eine solche Wanderung – und den Besuch des Parks überhaupt – eignen sich Frühling und Herbst am besten, denn in dieser Gegend gibt es neben der Trockenheit erstaunliche klimatische Gegensätze. Zwischen Tag und Nacht kann es zu Temperaturschwankungen von 20 Grad Celsius kommen. Der beißenden Kälte der Winternächte folgen herrlich warme Tage, doch die kühlen Sommernächte werden von Tagen abgelöst, an denen das Thermometer auf über 40 Grad Celsius klettert. Während des Sommers plagen neben der ohnehin schwer erträglichen Hitze ungeheure Mückenschwärme den Besucher, der angesichts solcher Widerwärtigkeiten schließlich aufgibt.

Der Oranje teilt den Park in zwei fast gleiche Stücke, von denen der südliche, der Öffentlichkeit zugängliche Teil einen Besuch lohnt. Zwischen dem Cañon und dem Rand der Buschmann-Ebene, der alten Rumpffläche des Subkontinents, liegt ein geologisch interessantes und landschaftlich reizvolles Übergangsgebiet. Der bekannteste der riesigen flachliegenden, kuppelförmigen Felsen ist der Moon Rock. Temperaturschwankungen führen hier zu einer besonderen Art der Verwitterung. Das Gestein blättert großflächig und gewölbt Lage für Lage ab wie die Schalen einer Zwiebel. Während die Innentemperatur des Felsens ziemlich konstant bleibt, dehnt sich die Oberfläche in der Hitze aus und zieht sich bei Kälte wieder zusammen. Dadurch wird die äußere Schicht allmählich gelockert und „pellt" schließlich ab, ohne die typische Wölbung zu verlieren. Die entstehenden Hohlräume bieten vielen kleinen Lebewesen wie zum Beispiel der rotschwänzigen Felseidechse und dem seltenen, auffällig gefärbten Rotgebänderten Wendehalsfrosch Unterschlupf. Wie die meisten Frösche braucht er im Kaulquappenstadium Wasser, das in dieser Umgebung äußerst knapp ist. Aber selbst kleine Regenschauer lassen in Felskuhlen Tümpel entstehen, die ihrerseits Insekten anlocken und damit den Kaulquappen Lebensraum und Nahrung bieten. Klippschliefer huschen über die Felsen und haben wegen der zahlreichen Greifvögel stets ein wachsames Auge gen Himmel gerichtet. Gelegentlich taucht irgendwo einen Augenblick lang die Silhouette eines Klippspringers auf und verschwindet ebenso schnell mit eleganten Sprüngen. Schlangen und Eidechsen wärmen ihr wechselwarmes Blut in der Sonne auf. Während der Tagesstunden bleibt die Landschaft recht still, denn die meisten Insekten, Reptilien, Nagetiere und andere kleine Säuger meiden die Hitze. Viele von ihnen verstecken sich in Felsritzen, Höhlen oder unter dem Sand und tauchen erst bei Nacht auf. Der Schrei eines männlichen Pavians lockt den Besucher zu einem Köcherbaum, der in voller Blüte steht. Die Paviane laben sich an den nektarreichen Blüten und lecken sich genußvoll die süße Beute von den Lippen. Ihr Feind, der Leopard, schläft irgendwo in einem schattigen Versteck in den Bergen. Solange die Sonne am Himmel steht, droht den Pavianen kaum Gefahr, doch in der Nacht müssen sie auf der Hut sein. Nicht alle Hügel sind schalenartig verwittert, und auch die für den Park so typische rosaorange Gesteinsfarbe wird gelegentlich durch Schwarz verdrängt. Über die Hälfte des Parks besteht aus Felslandschaft, und der größte Teil davon ist rosa Gneis, der von den Mineralien und seinem chemischen Aufbau her dem Granit ähnelt. In auffälligem Gegensatz dazu stehen die schwarzen, quarzhaltigen Granulitschichten, die niedrige Hügel bilden und oft von herrlichen Rosenquarz-

96. Köcherbäume, die wie hier zwischen kargen, dunklen Felsblöcken des Augrabies Falls Nationalparks wachsen, sind ein Symbol des Überlebenswillens. Ihr volkstümlicher Name bezieht sich auf die Gewohnheit der Buschmänner (San), die Rinde der Bäume als Köcher zu benutzen.

adern durchzogen sind. Der Verwitterungsschutt dieser Hügel bildet dünne, unfruchtbare Sander. Im Westen und Südwesten wird der dürftige Boden von einer Schicht überlagert, die als *Schaumbaden* bekannt ist. Ihre äußere Kruste hat eine Stärke von nur wenigen Millimeter. Darunter liegt eine Schicht mit schaumartiger Struktur, die wasserundurchlässig ist. Das führt nach Regenfällen zu einem besonders raschen, oft reißenden Abfluß.

Die natürlichen Ablaufrinnen des Wassers bilden den Mittelpunkt pflanzlichen Lebens in diesem Park, in dem das Vorhandensein von Feuchtigkeit das Überleben bestimmt. An ihnen entlang ziehen sich Dickichte und Streifen offenen Buschlandes. Unter den niedrigen Bäumen gedeihen andere Pflanzenarten besonders üppig, da es dort unter der Oberfläche bis zu sechsmal soviel Wasser gibt wie sonst. Außerdem mildert das Laubdach eines Baumes die extremen Temperaturen und beeinflußt Verdunstung und Luftfeuchtigkeit günstig, so daß unter seinem Schutz die Lebensbedingungen etwas vorteilhafter sind als außerhalb.

An den Flußufern oberhalb der Fälle profitiert die Vegetation im Gegensatz zu den anderen Teilen des Parks von diesen günstigen Bedingungen. Die sandigen Gebiete im Westen, Norden und Süden tragen kaum mehr als Gräser und Straucharten mit wasserspeichernden oder lederhäutigen Blättern und Stämmen wie den übelriechenden Schäferbaum, den Driedoring, der auch in der Kalahari wächst, den blattlosen Cadaba und den Sjambok-Busch.

Am eindrucksvollsten von allen Pflanzen des Augrabies Nationalparks ist wohl der ansehnliche Köcherbaum *(Kokerboom)* mit seinen kräftigen, untersetzten Stämmen und seiner abblätternden hellgrauen Rinde. An den felsigen Abhängen findet man etliche besonders große Exemplare dieses Baumes, deren Äste hier und da voller Nester des geselligen Webervogels hängen. Ein anderer typischer Baum ist der dürre Wolftoon. Spekbos, Schäferbaum, Nama-Harzbaum, Katstrauch und Melkbos gehören ebenfalls zu den Arten, die in diesem Lebensraum gedeihen.

Wie in allen ariden Gebieten der Welt ist das ökologische Gleichgewicht im Augrabies Nationalpark recht anfällig für Störungen und läßt sich nur schwer erhalten. Selbst die Wiedereinführung größerer Säugetiere wie der Kuhantilope sollte mit größter Umsicht erfolgen. Abgesehen von der direkten Umgebung des Flusses blieb der Park vom Menschen bisher weitgehend unberührt. Hier zeigt sich wohl noch stärker als in anderen Trockengebieten Südafrikas die gestaltende Kraft der Natur und hinterläßt bei den Besuchern einen bleibenden Eindruck von dieser geheimnisvollen Landschaft.

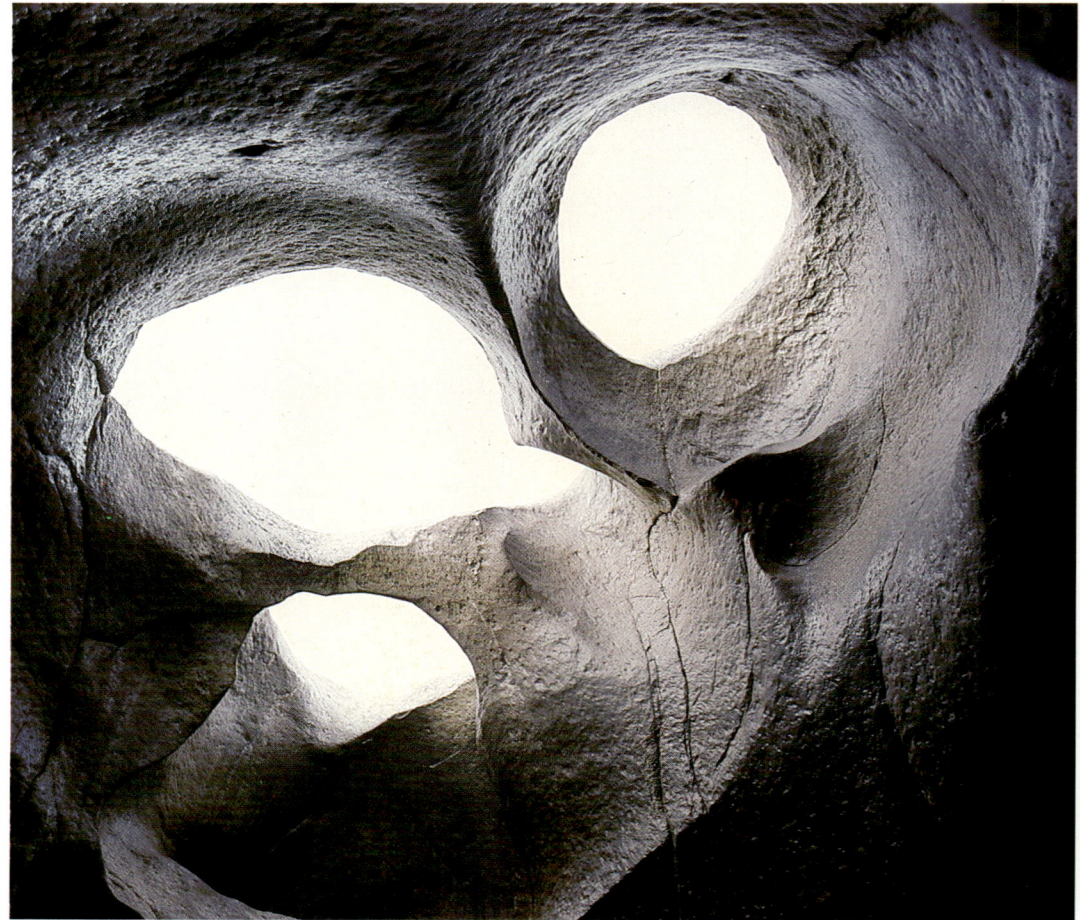

AUGRABIES FALLS NATIONALPARK 87

97. Die Gischt des tobenden Wassers bietet einen Lebensraum, in dem unzählig viele Mücken gedeihen. Sie sind die unerschöpfliche Nahrungsquelle der vielfarbigen Eidechse *Platysaurus capensis*, die an den Felswänden auf Jagd geht und dabei aussieht, als könne sie die Schwerkraft überlisten. **98.** Unregelmäßige Regenfälle und einige Bewässerungsgräben bringen einen Hauch von Grün zwischen die monotonen Braun- und Grautöne des Parks und versorgen die Springböcke mit Nahrung. **99.** Während vieler Jahrmillionen strudelten die wirbelnden Kräfte des Wasserfalles mit Hilfe von losem Gestein beeindruckenden Löcher in den Fels. Auf ihrem Grund lagert unberührt ein Schatz: alluviale Diamanten. **100.** Ein männlicher und ein weiblicher Klippspringer stehen als Silhouette in der typischen Parklandschaft aus nacktem Fels und kahlem Dorngebüsch. Sie prüfen aufmerksam ihre Umgebung, bevor sie auf ihren winzigen, dem felsigen Wohngebiet angepaßten Hufen fortlaufen.
101. Bei Hochwasser bietet der Oranje einen beängstigenden Anblick. George Thompson, ein Reisender früherer Tage, schrieb dazu: „Als ich in diese beeindruckende Schlucht blickte, glaubte ich, im Traum zu sein." Hier münden die kleineren Bridal Falls dicht unterhalb der Hauptfälle (rechts) in den Fluß.

102–104. Strahlen der untergehenden Sonne lassen die Felsformationen deutlich hervortreten, die als Hügelgruppen die ausgedörrte Landschaft des Augrabies Falls Nationalparks prägen (104). Hier regnet es nur selten, und die Trockenheit vertreibt sogar die gesellig lebenden Webervögel aus ihren Gemeinschaftsnestern hoch oben in der Krone eines Köcherbaumes (103). Doch einige Tiere bleiben selbst dann noch ihrem trockenen Lebensraum treu wie dieses Rosenköpfchen (102), das sich in einer verlassenen Webervogelkolonie eingenistet hat.

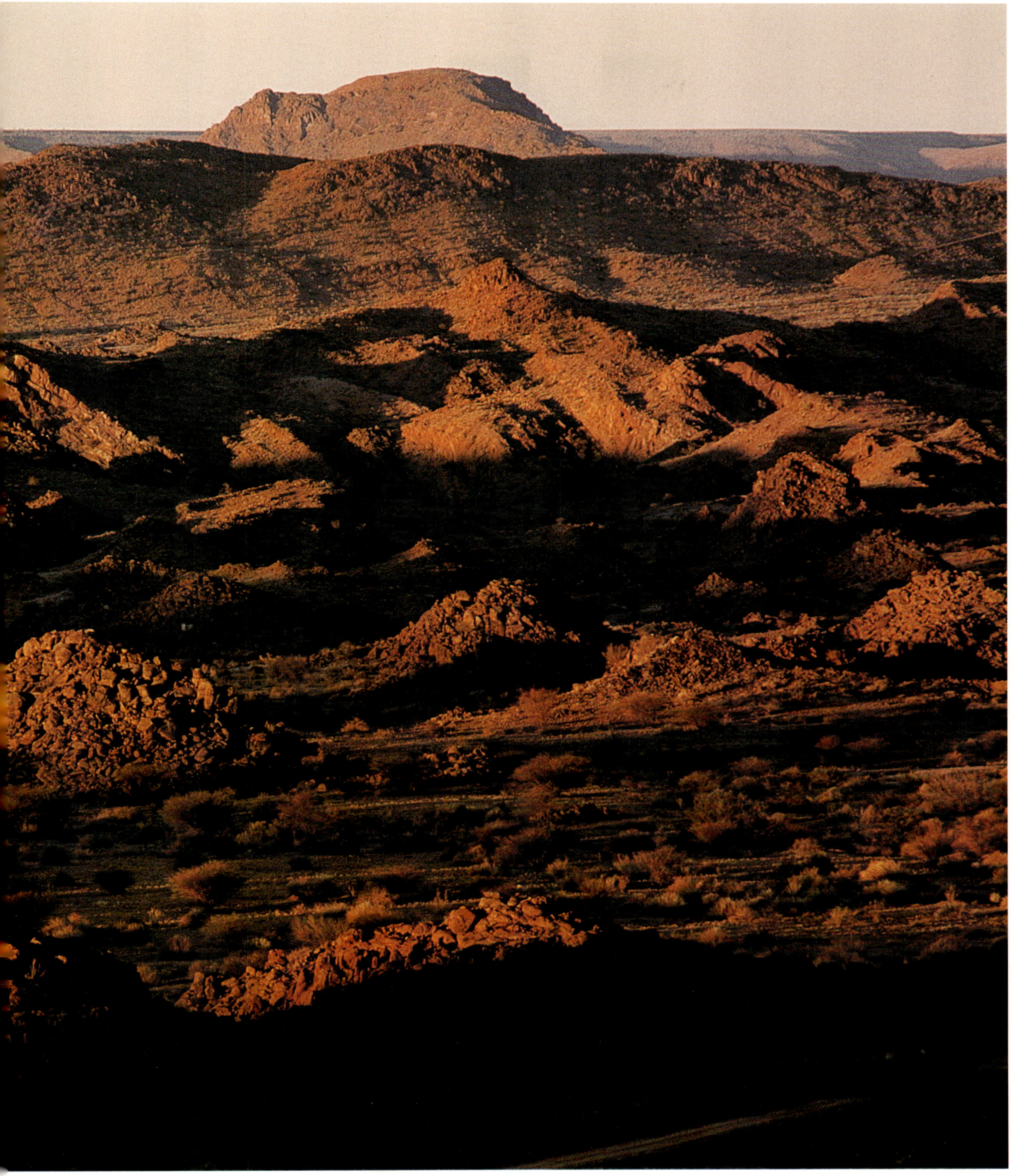

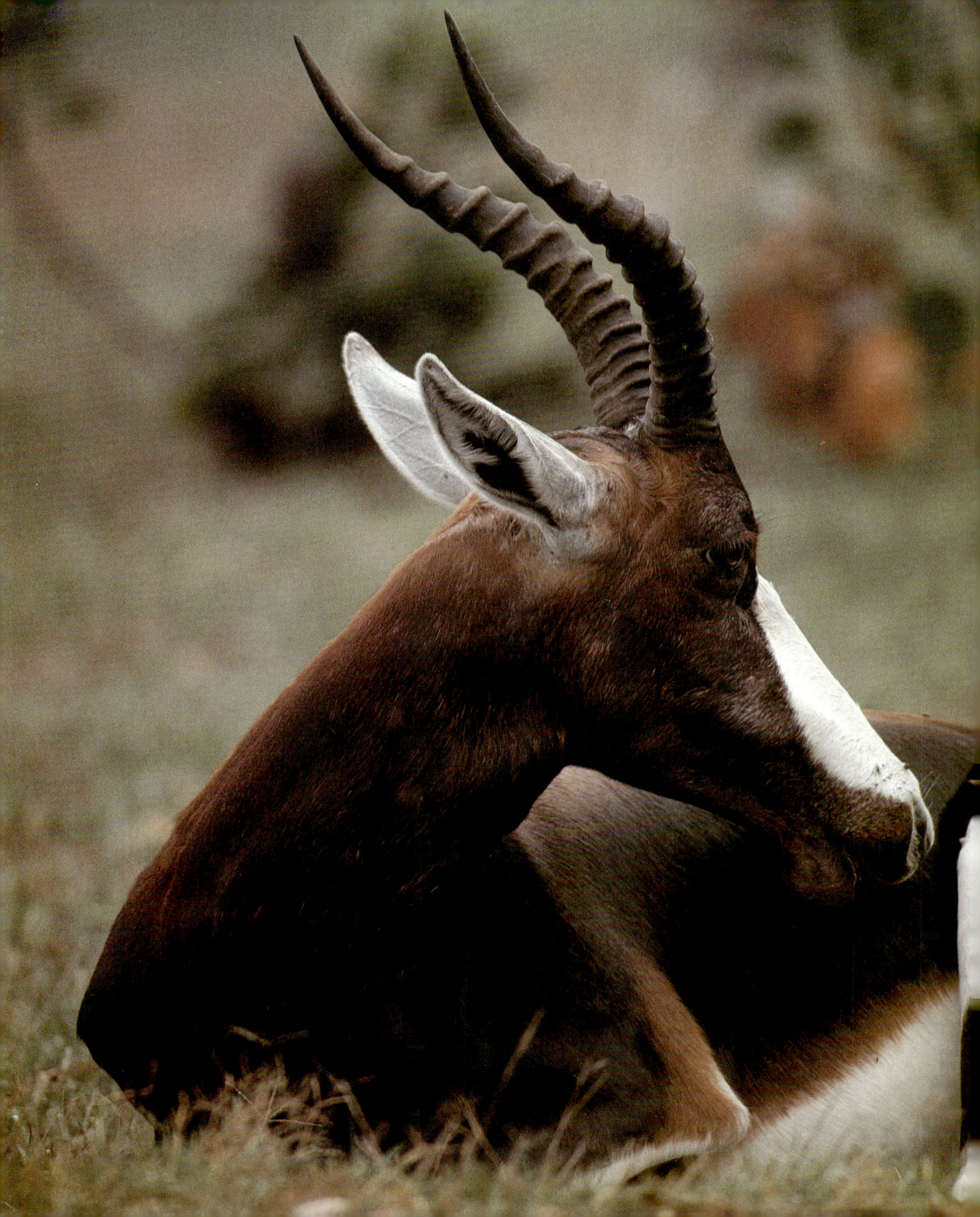

BONTEBOK NATIONALPARK

WILD IST, LAUT DEFINITION, UNLENKBAR.
I. S. C. PARKER. BEWAHRUNG, REALISMUS UND DIE ZUKUNFT.

Wie ein kleines, aber schönes Juwel liegt der Bontebok Nationalpark inmitten einer herrlichen Landschaft zu Füßen des Langebergs, nur 6 Kilometer von dem hübschen historischen Städtchen Swellendam entfernt. Der Park besteht aus ganzen 28 Quadratkilometer des sogenannten Südküsten-Renosterveld und wird von dem breiten, zeitweilig stark wasserführenden Breedefluß durchquert. Dieser Wildpark zeigt eine weitere Variante der Vielseitigkeit von Nationalparks, denn er entstand mit dem ausdrücklichen Ziel, das Überleben des früher bedrohten Buntbocks sicherzustellen.

Der Buntbock entkam nur um Haaresbreite dem Schicksal des Aussterbens und gehört selbst heute noch zu den seltensten Antilopen im südlichen Afrika. Ähnlich wie bei dem weniger erfolgreichen Blaubock, einem hübschen blaugrauen Tier, das mit den stattlichen Pferde- und Rappenantilopen weiter im Norden verwandt ist, war beim Buntbock das Aussterben anscheinend schon vorprogrammiert. Beide Antilopenarten hatten ausgesprochen begrenzte Lebensräume, die zufällig mit den von den ersten weißen Siedlern erschlossenen Gebieten identisch waren. Den Blaubock rottete man mutwillig aus, der Buntbock überlebte.

Nach historischen Quellen zu urteilen, scheint der Buntbock in den Tagen der ersten europäischen Siedler nur in einem 270 Kilometer langen und 56 Kilometer breiten Landstreifen gelebt zu haben, der im Norden vom Langeberg, im Westen vom Botfluß und im Osten von der Muschelbucht (Mossel Bay) begrenzt war. Es ist unwahrscheinlich, daß es in einem derart begrenzten Lebensraum jemals besonders viele Buntböcke gegeben hat. Außerdem täuschen Schätzungen aus dieser Zeit deshalb, weil viele der damaligen Beobachter nicht zwischen dem Buntbock *Damaliscus dorcas dorcas* mit seiner kräftigen Färbung und dem glänzend weißen Rumpf und dem ihm nahe verwandten Bleßbock *Damaliscus dorcas phillipsi* unterscheiden konnten oder wollten, der am Rumpf hellbraun ist. Den Bleßbock erkennt man auch daran, daß die weiße Stirnzeichnung durch einen braunen Querstreifen deutlich von der darunterliegenden Nasenzeichnung abgesetzt ist. Als sein Verbreitungsgebiet gelten im allgemeinen die Ebenen des heutigen Freistaates, des nördlichen Kaplands und des südlichen Transvaal.

Beide Antilopenarten sind einander eng verwandt, gehören als Unterarten derselben Gattung an und sind tatsächlich kreuzbar, was auf vielen Farmen geschieht, wo beide Arten vorkommen. Viele der Bastarde wurden getötet, und man drängt die Farmer, möglichst alle von ihnen zu töten, weil eine Vermischung aus genetischen Gründen unerwünscht ist. Die Reinerhaltung und Trennung der Anlagen für jede Art bietet eine weit bessere Aussicht zum Überleben der Art als Ganzes.

Rücksichtslose Jagd und das Einzäunen der Farmen bedrohten den Buntbock ebenso wie den Blaubock, doch obwohl seine Population um 1930 bereits nachhaltig reduziert war, lebten noch einige wenige Herden auf relativ wertlosem Land.

Glücklicherweise gab es im Gebiet von Bredasdorp eine Handvoll aufgeschlossener Landbesitzer, insbesondere die Familien van Breda, van der Byl und Albertyn, die die Lage der Buntböcke erkannten und auf ihren Ländereien so viele wie möglich unter Schutz stellten. Doch schienen ihre Bemühungen zunächst fast hoffnungslos zu sein. Das Schicksal des Blaubocks gab dann allerdings mit den Ausschlag zur Gründung des Bontebok

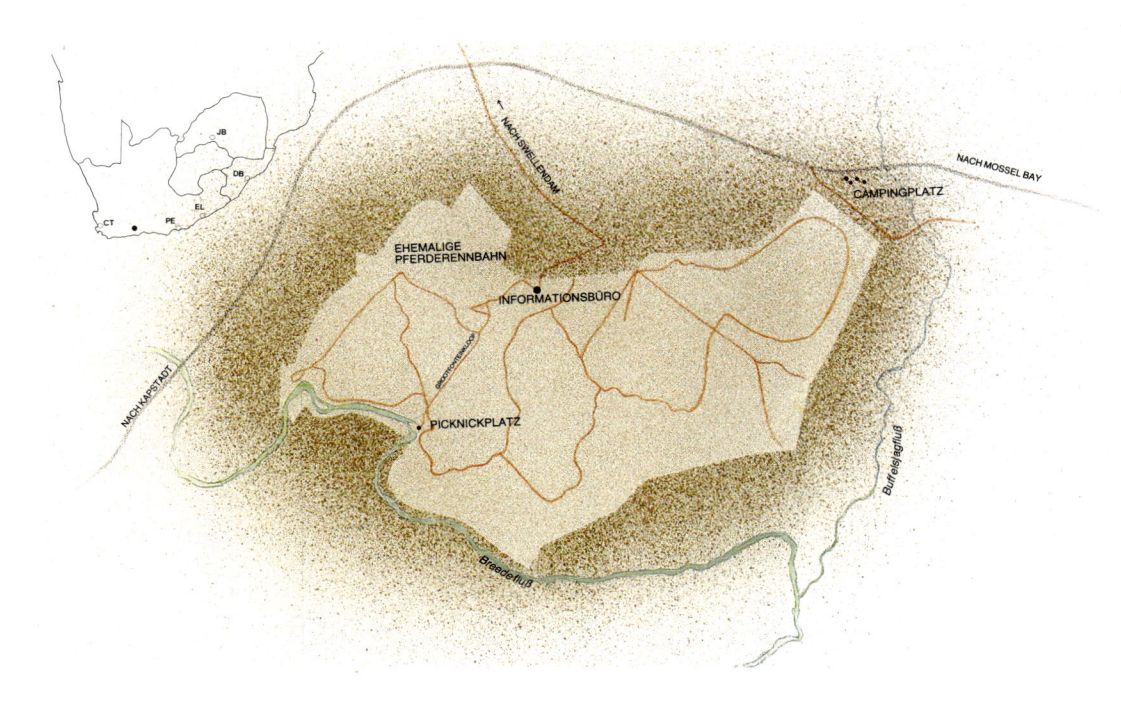

105. Im Gegenlicht sieht dieser Buntbock besonders hübsch aus. Noch bis vor kurzem waren die Buntböcke vom Aussterben bedroht.

106. Eine Gruppe Buntböcke äst in einem Gebiet nahe der Küste, das ihre zweite Heimat wurde, nachdem man neben anderen Nachteilen herausgefunden hatte, daß die Pflanzen in dem zuerst für sie vorgesehenen Park für ihre Gesundheit wesentliche Spurenelemente nicht enthielten.

Nationalparks im Jahr 1931, und es war höchste Zeit für diesen Schritt.
Das zuerst als Park vorgesehene Gebiet lag an anderer Stelle als der heutige Nationalpark. Der Bontebok Nationalpark besitzt die zweifelhafte Besonderheit, als einziger Nationalpark Südafrikas das Gebiet gewechselt zu haben. Die ursprüngliche Stelle lag 27 Kilometer von Bredasdorp entfernt, war 722 Hektar groß und mit 22 Buntböcken bestückt. Das Schicksal der Tiere erreichte damit seinen Tiefstand, denn nicht nur ihre Anzahl war zu gering, sondern auch das für sie vorgesehene Land eignete sich überhaupt nicht für diesen Zweck. Nach ersten kleinen Erfolgen stellte sich heraus, daß die Tiere kaum noch kalbten, schwer unter Parasiten litten und immer schwächer wurden, weil in ihrer Nahrung Kupfer als Spurenelement fehlte. Zweifellos mußte man eine andere Lösung finden, wollte man eine kräftige und genetisch reine Buntbock-Population erhalten. Doch die notwendige Veränderung ließ lange auf sich warten. Erst 1960 schaffte man die damals 84 Buntböcke mit Lastwagen in den neuen Park bei Swellendam. 1961 wurde der Bontebok Nationalpark zum zweitenmal proklamiert.
Die veränderte Umgebung trug ganz wesentlich zur Bestandsvermehrung bei. Im Oktober 1981 gab es dort etwa 320 Exemplare, und viele andere hatte man an zoologische Gärten in aller Welt und an benachbarte Farmen abgegeben. So wurde die Anzahl der Buntböcke innerhalb des Parks auf einem Stand gehalten, die der begrenzten Kapazität des Parks entsprach, während man zugleich andere Populationskerne schuf.
Seit seiner Gründung ergaben sich im Bontebok Nationalpark mehrere bezeichnende Schwierigkeiten. Die erste überwand man durch die Verlegung des Parks, doch andere folgten. Zweifellos ist der Park zu klein, um 500 Buntböcke zu ernähren, was nach den augenblicklichen wissenschaftlichen Kenntnissen die kritische Anzahl wäre, um den Erhalt der Art sicherzustellen. So kann der Park höchstens als „Zuchtfarm" dienen, die eine gesunde Herde erhält, aus der weitere an anderen Stellen aufgebaut werden müßten, womit die Überlebenschancen der Antilope verbessert würden. Aber wo diese weiteren Herden beheimatet sein sollen, ist eine schwierig zu beantwortende Frage. Zoologische Gärten sind eine Alternative, bieten einem Tier der Wildnis aber nur ein recht eingeengtes und schmähliches Dasein. Als weitere Lösung bot man Farmern in der Umgebung des Parks Buntbockpaare zur Aufzucht an. Doch das bewährte sich nicht, denn der Buntbock ist ein Herdentier, das zu seinem Wohlergehen in einer Gruppe leben muß, die aus Tieren beiderlei Geschlechts und unterschiedlichen Alters besteht. Farmer waren zwar bereit, Weideland für zwei Tiere bereitzustellen, nicht aber Flächen, die den Bedürfnissen einer ganzen Buntbockherde genügt hätten. So bleibt als Lösung nur die Erweiterung des Parks, der jedoch von gutem Ackerland umgeben ist. Natürlich wollen die Farmer ihr Land nicht aufgeben, das gute Erträge an Weizen und Wein bringt. Das können Buntböcke nicht aufwiegen. Außerdem böte eine solche Lösung keine sofortige Verbesserung der Lage, denn es würde Jahrzehnte dauern, bis der ursprüngliche, für Buntböcke geeignete Vegetationszustand wiederhergestellt wäre.
Die augenblicklich praktizierte Lösung stellt einen Kompromiß dar. Bedenkt man die kleine Fläche, die der Park hat, die speziellen Anforderungen, die der Buntbock an seinen Lebensraum stellt, und den Wert des angrenzenden Farmlandes, dann erscheint es unwahrscheinlich, daß es in absehbarer Zeit eine bessere Lösung geben wird.
Entgegen der allgemeinen Ansicht garantiert der Schutz einer einzelnen Tierart selbst bei einer Anzahl von 500 Tieren keine lebensstarke und genetisch vielseitige Population. Der Hauptgrund dafür liegt darin, daß Raubtiere fehlen. Wir neigen dazu, Raubtiere in einem etwas negativen Licht als Vertilger zu sehen. Im Falle des Buntbocks, dessen Anzahl und Lebensraum bereits stark eingeschränkt ist, erscheint das Fehlen von Raubtieren geradezu als Rettung. Doch paradoxerweise stärken und verbessern Raubtiere die Kondition ihrer Beutetiere. So könnten sich zum Beispiel die soziale Zusammensetzung der Herde, die sonderbare Musterung und die prächtige Färbung der Buntböcke als Antwort auf die Bedrohung durch Raubtiere entwickelt haben. Ohne diese Bedrohung und ohne die natürliche Auslese der schwachen und ungeeigneten Exemplare durch Raubtiere ist dem Buntbock eine der wichtigsten Herausforderungen des Lebens entzogen, die ihn bisher geprägt hat.
Der Buntbock, wie wir ihn heute erleben, ist das stolze Ergebnis einer von Zufällen abhängigen Evolution. Jahrtausende hindurch schaffte es der Buntbock, sich zu vermehren und zu überleben. Auch in der Vergangenheit gehörten Mensch und Löwe, Leopard und Hyäne zu seinen Feinden. In der geschützten Umwelt des Bontebok Nationalparks haben wir aber nur eine Hälfte des Bildes erhalten. Die Beute ist geschützt, aber die Raubtiere werden ferngehalten. Und so könnte es geschehen, daß der Buntbock, den wir schüt-

zen, allmählich zu einem in jeder Beziehung farblosen Vertreter seiner Art wird.
Der Park ist auch zu klein, um sein Angebot zu erweitern und andere Tierarten aufzunehmen, die früher dort gelebt haben. Vor etlichen Jahren hatte die Parkbehörde so unterschiedliche Tierarten wie Kaffernbüffel und Strauße, Kuhantilopen, Elenantilopen und Springböcke eingeführt. Jedoch unter der zunehmenden Zahl der Buntböcke und dieser eingeführten Arten litt die Vegetation derart nachhaltig, daß das Ziel des Parks, die Erhaltung des Buntbocks, direkt in Gefahr geriet. Als man das erkannte, entfernte man die eingeführten Arten wieder. Außer den Buntböcken durften das Steinböckchen, das Kap-Greisböckchen, der Ducker und die Rehantilope im Park bleiben. Man hatte sie bei Gründung des Parks bereits dort vorgefunden, und sie waren von geringer Anzahl, so daß sie der Vegetation keinen nennenswerten Schaden zufügten. Die graziöse, aber angriffslustige Rehantilope wird in diesem Park besonders gehegt und tritt in Herden von etwa 30 Tieren auf.
Wenngleich die Artenvielfalt von Tieren zu Füßen des Langebergs strikt begrenzt bleiben muß, kann der Park aber in anderer Weise als vielfältig und vielleicht einmalig gelten. Das liegt an seiner Fynbos-Vegetation, deren Ansehen und Wert erst in den vergangenen Jahren an Bedeutung gewann und deren Schutz ebenfalls wichtig ist. Es ist der Vegetationstyp des „Kapland-Blumenreichs", des sechsten und kleinsten Blumenreichs der Welt, aber zugleich des schönsten und artenreichsten. Diesen Vegetationstyp gibt es nur in den südlichen Teilen des Kaplands, und zwar ausschließlich in den Gebieten mit Winterregen. Der Bontebok Nationalpark repräsentiert eine Randform davon, denn hier fällt die Hälfte der Niederschläge im Frühjahr und Sommer.

Von allen Blumenreichen ist dieses kleinste am stärksten bedroht. Der Druck von außen besteht zwar schon länger, nimmt aber allmählich alarmierende Formen an. Woche für Woche werden komplette Pflanzenpopulationen durch Farmer, Hoch- und Tiefbauunternehmer und den achtlosen Umgang des Menschen mit seiner Umwelt zerstört.
Fynbos und Gräser, die jetzt im Bontebok Nationalpark wachsen, bleiben von dieser Entwicklung nicht ausgeschlossen. Der Boden trug zwischendurch lebensraumfremde Pflanzen und eine ihm ungewohnte Vegetation. Das Land wurde abgebrannt, um den Graswuchs für das Vieh der Farmer zu fördern, und die Westhälfte des heutigen Parks diente einst sogar als Pferderennbahn.
So wandte sich das Interesse der Parkbehörde, das Buntböcke, Rehantilopen und andere Tiere vorrangig genossen, inzwischen auch der Vegetation zu. Doch darin liegt ein Konflikt. Buntböcke brauchen gutes Weidegras, um zu gedeihen, aber zugleich soll die Buschvegetation gefördert werden. Wäre der Park größer, ließe sich eher ein gangbarer Kompromiß finden. Die Lage wird dadurch erschwert, daß niemand genaue Auskunft über den früheren Stand der Vegetation geben kann. In welchem Verhältnis standen denn einst Grasflächen zu Buschland? Böte man dem Pflanzenwuchs die Gelegenheit, sich ungestört zu entwickeln, könnte das zu einer Einschränkung der vorhandenen Weidemöglichkeiten führen. Das gilt besonders für das nahrhafte Rooigras, das der Buntbock bevorzugt und von dem es offensichtlich vor der Besiedlung durch Europäer mehr gegeben hat. Zur Zeit besteht die Vegetation des Parks aus niedrigem Buschwerk, das teilweise von verflochtenen, graugrünen Nashornbüschen durchsetzt ist. Entdecker von einst gaben den Büschen diesen Namen, weil sich Nashörner gern in ihrem Gewirr versteckten.

Am Breedefluß selbst wachsen Acacia Karoo, Breede-Gelbholz, Wildolive und Milkwood. Sie bieten Schatten und Unterschlupf. Dagegen sind die oberen Talränder und Geröllterrassen von gelbgrünem Leucadendron überwuchert. An den Hängen wachsen verschiedene seltene Proteenarten wie *Protea repens*. Diese Protea ist die Wappenblume Südafrikas und versorgte die Siedler mit Zukker, der durch Aufkochen des reichlich vorhandenen Nektars gewonnen wurde.
Heute brennt man planmäßig in jedem Jahr bestimmte Teile des Parks ab. Die Fynbos-Vegetation ist nicht nur unempfindlich gegen regelmäßiges Abbrennen, sondern einige Pflanzenarten brauchen einen solchen Buschbrand, bevor sie blühen können. Es ist aber durchaus denkbar, daß die Belange der Fynbos-Vegetation zweitrangig werden, wenn der Park weiterhin erfolgreich als Zuchtstation für Buntböcke dienen soll. Untersuchungen haben ergeben, daß kleine Nagetiere (zum Beispiel Namaqua-Rock-Maus, Große Afrikanische Waldmaus und Afrikanische Striemen-Grasmaus) und Vögel den Fynbos bestäuben und deshalb für seinen weiteren Bestand eine wichtige Rolle spielen. Nektarvögel und Honigfresser legen jedoch keine weiten Entfernungen zurück, um vom Nektar der Fynbosarten zu fressen (und zugleich die Pflanzen zu bestäuben), wenn die Büsche nur vereinzelt oder in kleinen Gruppen stehen, denn dann lohnt sich für den Vogel der Energieaufwand im Verhältnis zu der geringen Nahrungsmenge nicht. Wie bei dem einheimischen Wald an der Küste des Kaplandes wird die „Inselbildung" zur Bedrohung. Es könnte geschehen, daß die Zerstörung von Fynbos in der Umgebung des Parks das Gebiet des Bontebok Nationalparks zu einer zu kleinen und zu abgelegenen Fynbos-Insel werden läßt, die von den Vögeln nicht mehr angeflogen wird. Damit wäre der Un-

tergang dieses Bestandteils der Parkvegetation besiegelt.

Während sich die Parkbehöre um solche zukünftigen Probleme sorgt, wird der Besucher von den zahlreichen und vielfältigen Besonderheiten dieses Nationalparks bezaubert. Das sind vor allem seine landschaftliche Schönheit, seine anmutigen Antilopen und die Pracht seiner empfindlichen Pflanzenwelt.

107 – 111. Nebelschwaden hängen über dem Breedefluß (108) und ziehen sich wie ein Schleier vor den Langeberg, in dessen Schatten der Bontebok Nationalpark liegt. Die roten Bürstenblüten der *Aloe ferox* stehen einsame Wache. Die Flußufer bilden den Lebensraum für viele Arten, vom winzigen, apart gemusterten Frosch *Rana fascinata* (107) bis zur hervorragend getarnten Schlange *Amplorhinus multimaculatus* (111). Die Aloespeere bieten dem Kapweber (109) einen guten Sitzplatz und Aussichtspunkt. Zwischen Aloeblättern oder an jeder anderen geeigneten Pflanze baut die Haubennetzspinne (110) ihre Fangnetze.

96 BONTEBOK NATIONALPARK

112 – 115. Es mutet fast arrogant an, wie dieser Paradieskranich (112) über das von Frühlingsblumen übersäte Land stolziert. Er sucht aufmerksam nach Insekten und kleinen Nagetieren, die den Hauptteil seiner Nahrung ausmachen. Im Frühling zeigt die Fynbos-Vegetation des Parks ihre volle Pracht: Die leuchtenden Farben der Mittagsblumen (113) verzaubern die Landschaft; die zarten Köpfchen und Brakteen des Leucadendron (114) nicken im Wind; die Blüten von Pflanzen wie dieser Leucospermum reflexum (115) bieten den zahlreichen Kap-Honigfressern reichlich Nahrung. Aber die Fynbos-Vegetation und der Buntbock haben Schwierigkeiten, miteinander auszukommen, denn Maßnahmen zugunsten des einen, bedrohen den anderen. **116.** Während die anderen Tiere grasen, säugt ein Buntbockweibchen sein Lamm. In dieser sicheren und stimmigen Umgebung gedeihen die Buntböcke so gut, daß ihre Anzahl bereits den vorgesehenen Lebensraum ausfüllt. Dabei hat die Population noch nicht einmal jene „magische" Zahl von 500 Tieren erreicht, die Genetiker zum Überleben einer Art für notwendig halten. Nun müssen die Naturschützer entscheiden, ob man die Herden aufteilt oder versucht, das Parkgebiet zu vergrößern.

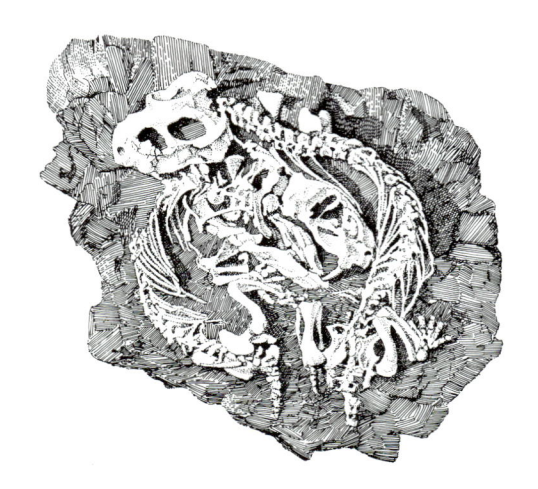

KAROO NATIONALPARK

**KLEINE WIRBELWINDE SANDTEN VON DEN HÜGELN
IHRE PLUMPEN, GROLLENDEN GEBETE ZUM HIMMEL –
ALS OB DAS LAND VERSUCHTE, GEDICHTE ZU SCHREIBEN.**
PERSEUS ADAMS. DIE FRAU UND DIE ALOE

Ein weiter Horizont, stahlblauer Himmel und einige kulissenartig gestaffelte Zeugenberge machen die herbe Schönheit der Karoo-Landschaft aus und wecken Erinnerungen an Trockenheit und Einförmigkeit. So mag der Reisende, der heute die Karoo durchfährt, sich fragen, was in einer solchen Gegend wert sein könnte, erhalten zu werden. Warum brauchen wir einen Nationalpark in der Karoo?

Dieses Trockengebiet ist ein typisches Stück Südafrika, bedeckt es doch fast ein Drittel des Landes. In gewisser Hinsicht bildet es sogar den Kern Südafrikas, denn viele Südafrikaner sehen in der Karoo ihre eigentliche geistige Heimat. Das hat vor allem geschichtliche Ursachen, war es doch die Weite und Kargheit dieser Landschaft, die von den Buren als eine emotionale Herausforderung angesehen wurde. Als zwischen 1836 und 1838 die ersten schwerfälligen ochsengezogenen Planwagen der Buren über den Swartberg auf die abweisenden Ebenen der Karoo gelangten, brauchten die nach neuem Land Suchenden ihren ganzen Mut und ihre Entschlossenheit, um den eingeschlagenen Weg ins Landesinnere fortzusetzen.

Noch heute lassen die weißgetünchten Farmhäuser, die geduckt und einsam in der kargen Landschaft stehen, ein Stück nationaler Geschichte lebendig werden. Bei vielen dieser Häuser unterbrechen Weiden die Gleichförmigkeit der Karoo, denn die Buren, die sich hier niederließen, pflanzten die Bäume in die Nähe von Quellen, die das ganze Jahr hindurch Wasser spendeten, vielleicht damit Reisende ihren Weg durch die Einöde besser fanden. Die Weiden stehen noch heute, doch viele der Farmhäuser sind verlassen und verfallen. Die meisten Quellen geben kein Wasser mehr. Der Farmer unserer Tage versorgt seine Familie, seine Schafe und Ziegen aus einem großen Wassertank aus Wellblech, den eine windgetriebene Pumpe aus einem Tiefbrunnen füllt. Die Flügel der Pumpe kreisen ständig im Wind und stören die Lautlosigkeit der Landschaft nur selten.

Wenn man der Karoo nachsagt, sie wecke Freiheitsgefühl und Ausdauer im Menschen, muß man auch sehen, daß sie Neugier erregen kann und jene, die ausdauernd bleiben und ihre Geheimnisse zu ergründen suchen, reichlich belohnt. Zum Beispiel verdient die scheinbar so minderwertige und monotone Vegetation mehr Aufmerksamkeit als nur einen flüchtigen Blick aus einem fahrenden Auto. Die vielfältigen Pflanzen, die hier gedeihen, haben sich in bewundernswerter Weise an das unbarmherzige Klima der Karoo angepaßt. Botaniker nennen die meisten von

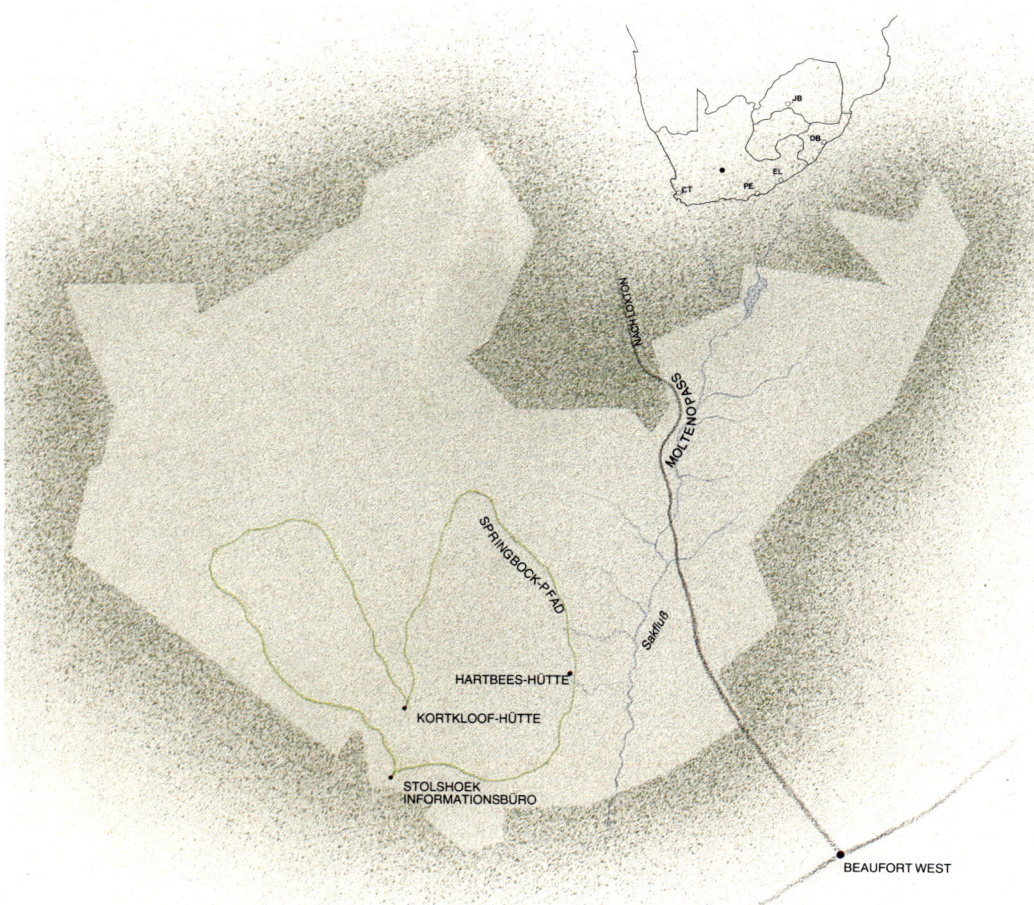

117. Vor den riesigen Gesteinsbrocken der Karoo, die durch die starken Temperaturunterschiede schalig verwittern, sieht der karmesinrot blühende Wilde Ginster nur klein aus. Sein reichlich vorhandener Nektar lockt Bienen und Nektarvögel an. Der Wilde Ginster trägt auch den volkstümlichen Namen „Swart storm" (Schwarzer Sturm), denn die Hottentotten brauten aus seiner Rinde ein wirkungsvolles Abführmittel.

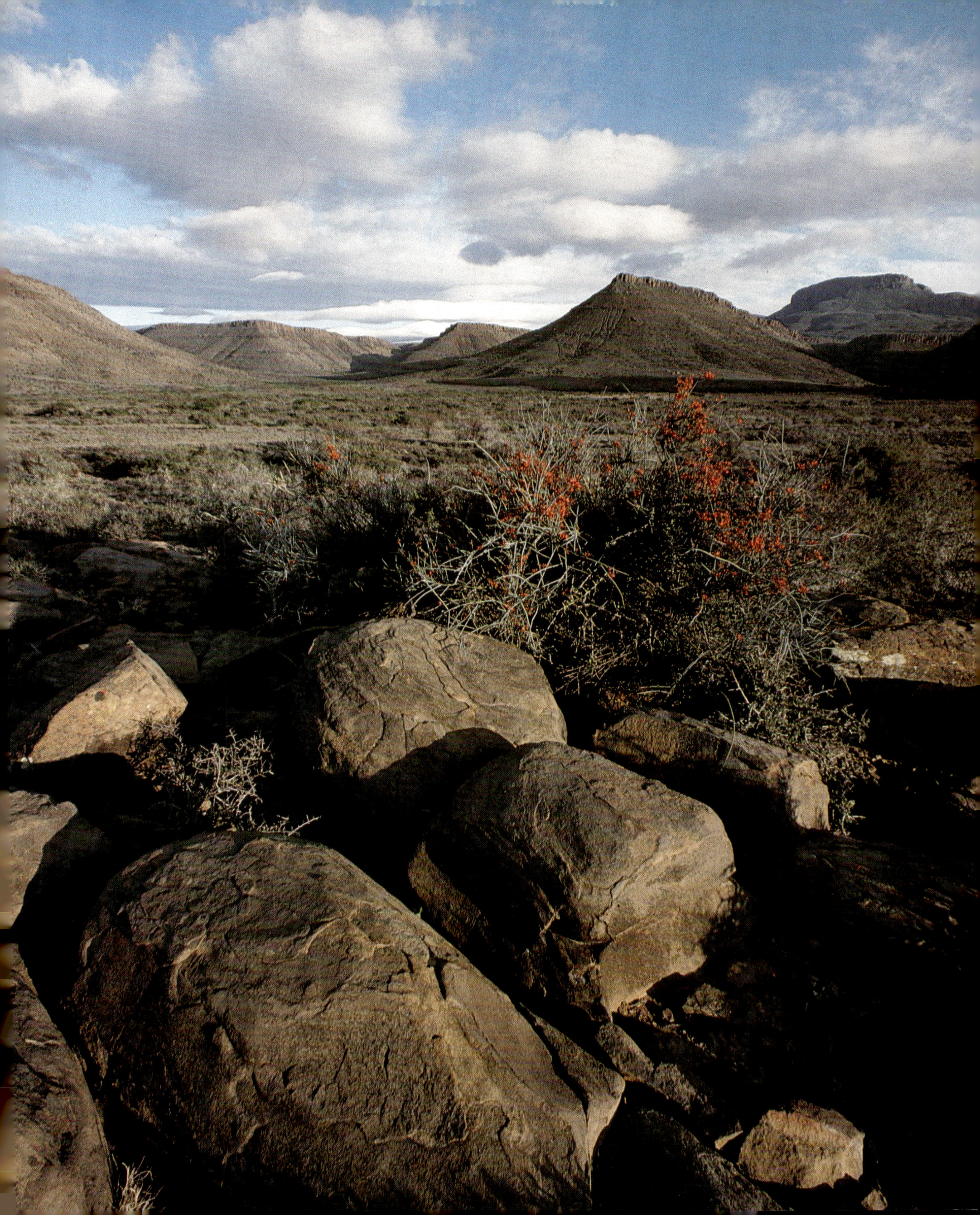

118. Die paarweise angeordneten hellen Dornen der Karoo-Akazie halten die meisten Tiere ab, von den Blättern zu fressen. Ihre gelben Bommelblümchen ergänzen die dunkle Farbpalette dieser Landschaft durch freundliche Tupfer.

ihnen Xerophyten, das heißt Pflanzen, die sehr wenig Wasser an die Luft abgeben und dadurch in der Lage sind, extrem trockenes Klima auszuhalten. Das Wissen um solche Zusammenhänge läßt uns die fleischigen Blätter und die saftgefüllten Stengel von Pflanzen wie den Mittagsblumen und Ordensblumen in völlig neuem Licht erscheinen. Ebenso ist es bei der Buschmannskerze mit ihren zurückgebildeten, aber deutlich sichtbaren Blättern, den knollenartig verdickten Wurzeln des untersetzten Melkboom *Ficus cordata* und den winzigen, ledrigen Blättern der Dickblattgewächse.

Viele der Pflanzen haben eine von Wachs überzogene Oberfläche, wodurch die Transpiration (der Feuchtigkeitsverlust an die Luft) vermindert wird. Außerdem können sie die winzigen Atemporen an der Oberhaut schließen, durch die der Austausch von Kohlendioxyd und Sauerstoff erfolgt. Die Pflanzen der Karoo haben aber nicht nur Möglichkeiten entwickelt, Feuchtigkeitsverluste zu vermeiden. Etliche von ihnen schützen sich auch davor, von Tieren gefressen zu werden. Einige sind einfach ungenießbar, andere, die sehr nahrhaft wären, schützen sich durch Dornen, Widerhaken oder messerscharfe Blattränder.

Die Gräser haben eine andere Art der Anpassung entwickelt. Während andere Pflanzen sich gegen die Dürre wappnen, haben viele Grasarten einen Lebenszyklus, der die Trockenzeit ausklammert. Als kurzlebige Gräser wachsen sie schnell, sobald Regen fällt, tragen innerhalb weniger Tage Samen und verwelken wieder. Ihre Samen ruhen im Boden, bis es wieder regnet.

Alle Pflanzen der Karoo haben ihren Lebensrhythmus auf die seltenen, aber dann um so heftigeren Gewitter abgestimmt. Nach einem solchen Gewitter beleben rosa und orangefarbene Blüten die karge Landschaft. Unter Büschen leuchten Gänseblumen so strahlend wie Sterne am nächtlichen Himmel über der Karoo. Gräser sitzen voller Samen, und das Land atmet für kurze Zeit auf. Aber es kann lange dauern, bis ein Regen wieder so schöne Tage beschert.

Eine andere nicht so offensichtliche Besonderheit der Karoo ist ihr Reichtum an Fossilien, die nicht nur ganz wesentlich zu unserem Verständnis der Vorgeschichte, sondern auch zum Verstehen der heutigen Welt beigetragen haben. Nach den Worten von Dr. Thom (1789–1842), einem der ersten südafrikanischen Paläontologen, liefert die Karoo „den Beweis für einen vorzeitlichen Ozean..., der in Buchstaben aus Stein die Spuren einer vergangenen Welt festgehalten hat. Wer sich mit etwas Ausdauer und Intelligenz darum bemüht, kann lernen, diese Zeichen zu lesen und zu verstehen." Sicherlich vereinfacht Thom hier etwas, ist doch Fossilienkunde eine hochspezialisierte Wissenschaft. Der Wert der in den Sandsteinschichten der Karoo eingeschlossenen Fossilien ist unermeßlich.

Auch der Himmel über der Karoo soll erwähnt werden. Fernab von den Lichtern und dem Smog der Städte nutzen Wissenschaftler die ungetrübte Sicht zu Himmelsbeobachtungen. In Sutherland, dem Ort mit den tiefsten Wintertemperaturen des ganzen Landes, steht Südafrikas leistungsfähigstes Teleskop. Selbst für den Laien bleibt der Eindruck des sternenübersäten Himmels über der Karoo unvergeßlich.

Das alles sind Gründe, die die Einrichtung eines Nationalparks rechtfertigen. Der Park wurde im September 1979 gegründet und umschließt 20 000 Hektar sehr unterschiedlichen Landes, das typisch für das einzigartige Zusammenspiel von Klima, Topographie und Geologie der Karoo ist. Das hochgelegene Gebiet oberhalb des steilabfallenden Nieveld Escarpment gehört ebenso dazu wie das Escarpment selbst mit seinen tief eingeschnittenen Schluchten. Seine Abhänge reichen hinunter bis zu den Ebenen im Süden und Südosten, die von den charakteristischen Zeugenbergen der Karoo, den „koppies", unterbrochen werden.

Die Landschaft nördlich des Marktfleckens Beaufort West bietet vielen Pflanzengemeinschaften Lebensraum. Sie alle sind darauf eingerichtet, einem Klima zu trotzen, dessen tägliche Temperaturschwankungen beachtlich sind, das jahrelange Dürren beschert, drückende Sommerhitze und bitterkalte Winter, die die Berge in Schnee hüllen und die Ebene mit Frost überziehen. Und wenn es endlich einmal regnet, dann stürzt das Wasser in heftigen Gewittergüssen zur Erde und trägt den Boden fort.

Der National Parks Act von 1962 erkennt die Notwendigkeit an, ein beispielhaftes und lebensfähiges Stück jedes südafrikanischen Ökosystems zu erhalten. Dazu gehört zweifellos das riesige Inlandbecken der Großen Karoo, die sich vom Nieweveld Escarpment nach Süden hin bis zum Swartberg erstreckt. Aber als zehn Jahre später Dr. R. Knobel, der damalige Direktor der Nationalparks, die Gründung eines Nationalparks in der Karoo zum Hauptanliegen erklärte, gab es die Karoo früherer Tage schon lange nicht mehr. Obwohl das Gebiet des heutigen Parks viel Sehenswertes bietet, bleibt es ein kärgliches Abbild dessen, was die Treckburen dort einst fanden. Das Klima war allerdings nicht weniger abschreckend; schon lange vorher hatten die Hottentotten (Khoisan) das Gebiet *kuru* genannt, was abstoßend oder ausgedörrt heißt. Und doch war der Gesamteindruck anders als heute, denn wo jetzt bis zum Horizont graugrüne Büsche das Land bedecken, war früher alles von Gras und Sukkulenten bedeckt. Springböcke, Gnus, Strauße und die inzwischen ausgestorbenen Quaggas weideten dort in großer Zahl. In den Bergen gab es Leoparden und Löwen auf den Ebenen. Allein die Springbock-Population muß unvorstellbar groß gewesen sein. Zeitgenössische Berichte schildern die periodischen Wanderzüge der Herden zu neuen Weidegebieten. So beobachtete Sir John Fraser im Jahre 1849 eine Springbockherde, die so groß war, daß sie drei Tage brauchte, um durch Beaufort West zu ziehen. Ein Jahr später erlebte S. C. Cronwright-Schreiner, der Mann der bekannten südafrikanischen Schriftstellerin Olive Schreiner, einen der letzten Wanderzüge der Springböcke und schätzte die Herde bei einer Breite von 21 Kilometer auf eine Länge von 200 Kilometer.

Selbst wenn diese Schätzungen etwas übertrieben sein sollten, steht zweifelsfrei fest, daß es solche Riesenherden gab, die in der Gegenwart nichts Vergleichbares finden. Die heutige Karoo beherbergt kaum irgendein Wild, das größer als ein Ducker ist.

Der Mensch stellte auch den Raubtieren erfolgreich nach. Giftköder und Schußwaffen setzten nicht nur den Löwen ein Ende, sondern auch den Hyänen, den Wildhunden und sogar den prächtigen Lämmergeiern, bärtigen geierähnlichen Adlern, die man für Lammräuber hielt und deshalb verfolgte. Einige wenige Leoparden leben auch heute noch in den Felsschluchten, aber außerhalb des Parks ist ihr Fortbestand bedroht.

Ähnlich erging es den Antilopen. Reisende erlegten sie bei Jagdorgien, Soldaten und Angehörige schwarzer Stämme erlegten sie des Fleisches wegen. Später ordneten die Behörden das Töten aller Antilopen an, weil man glaubte, sich nur so gegen die Verbreitung von Tierseuchen wie der Rinderpest wehren zu können. Ist es nicht eine erschreckende Vorstellung, daß diese Antilopen in der heutigen Karoo nicht einmal in annähernd ihrer damaligen Anzahl würden leben können? Die Gräser und Sukkulenten, die ganzjährigen Quellen und Wasserstellen sind inzwischen zu erschöpft.

Als erste Nutztiere führten die Siedler neben Fettschwanz-Schafen Rinder ein. Sowohl die Treckburen als auch die Eingeborenen waren Viehhalter, denen die riesige Senke der Großen Karoo mit ihren schier unendlichen Grasflächen und den von Bäumen umgebenen Quellen recht vielversprechend zu sein schien, hatte man neben dem Futter für die Tiere doch auch genügend Feuer- und Bauholz. Heute kann man sich die Karoo so gar nicht mehr richtig vorstellen. Die wenigen verbliebenen Bäume werden von denen als Heizmaterial benutzt, die zu arm sind, sich anderes zu kaufen. Die Quellen geben kaum noch Wasser; ihre Feuchtigkeit sickert durch kargen, zerfurchten Boden. Auch die Grasebenen mit ihren so vielfältigen, nährstoffreichen Pflanzen gibt es nicht mehr. Die Stelle der Antilopen, die einst hier weideten, nehmen nun Schafe und Ziegen ein.

Diese beiden Tierarten haben ganz wesentlich zur Landschaftsveränderung in der Karoo beigetragen, denn sie fressen den Boden so kahl, daß er keine Feuchtigkeit mehr speichert und vom Regen fortgespült wird. Noch verheerender wirkte sich zusammen mit der Landgier des Menschen die Einzäunung der Weideflächen aus. Sie führte dazu, daß Farmer ihre Nutzviehherden auf Weiden trieben, die nicht nur für eine so große Zahl von Weidetieren, sondern für Dauernutzung überhaupt ungeeignet waren. Als die Weiden die Rinder nicht länger ernähren konnten, führte man Merinoschafe ein. Der entstehende Wollmarkt erwies sich als eine wahre Goldgrube für die Farmer, von denen viele um des kurzzeitigen Gewinns willen das Risiko eines Langzeitschadens für ihr Land eingingen. Nun müssen sie dafür büßen. Selbst Schafen gelingt es in der heutigen Karoo kaum noch, genügend Futter zu finden. Also schafft man sich die weniger anspruchsvollen Ziegen an, die nun auch noch die letzten Reste von Grün verwerten.

Dennoch bleibt die Karoo selbst heute noch ein Erlebnis. Wenn man vom Nieweveld Escarpment auf den Karoo Nationalpark hinabblickt, fällt es nicht allzu schwer, sich in die Vergangenheit zu versetzen. Zwar ging der Bestand an Springböcken bereits zurück, bevor sich die europäischen Siedler mit ihrer Technologie die Karoo aneigneten, doch war es eben diese Technik, die eine völlig unbekannte Art von Geschöpfen der Karoo ans Licht förderte, die als versteinerte Zeugen einer anderen Zeit im Boden der Karoo ruhten.

Als Andrew Geddes Bain im Jahre 1838 mit dem Bau einer Straße nördlich von Grahamstown beschäftigt war, hatte er bereits einen guten Ruf als Entdecker und Straßenbaumeister. Die Straße sollte durch Sedimentgestein geführt werden, das heute als Karoo-Formation bekannt ist. Bain interessierte sich für Geologie und rechnete durchaus damit, beim Bau der Straße auf Tier- oder Pflanzenfossilien zu stoßen. Und richtig, der Zufall wollte es, daß er in der Nähe von Fort Beaufort den versteinerten Schädel eines seltsamen Reptils fand, das nur zwei Zähne im Oberkiefer trug. Bain nannte das Tier spontan „Bidental" (Zweizahn); heute trägt es den Namen *Dicynodon*. Voller Begeisterung verstärkte Bain nun die Suche nach Fossilien im Karoo-Gestein und war dabei so erfolgreich, daß er schließlich in Grahamstown ein Zimmer mieten mußte, um seine Funde unterbringen zu können.

Bain befand sich in der keineswegs beneidenswerten Lage, Stücke von unschätzbarem wissenschaftlichen Wert entdeckt zu haben, ohne daß es auch nur irgend jemanden im Land gegeben hätte, der diese Fossilien hätte bestimmen können. So schickte er seine Funde nach England, nachdem er zuvor damit auf einer Ausstellung in Grahamstown lebhaftes Interesse gefunden hatte.

In England erkannte man zutreffend, daß die gefundenen Fossilien Überreste einer völlig neuen, bis dahin unbekannten Tiergattung waren, zu der es unter den lebenden Tieren keine Verwandtschaft gab.

Nach nunmehr fast eineinhalb Jahrhunderten können wir heute Bains Leistungen im rechten Verhältnis sehen und die Wichtigkeit seiner Entdeckungen angemessen würdigen. Sein „Bidental" und andere Fossilien repräsentieren eine ausgestorbene Reptilienordnung, die man heute säugetierähnliche Reptilien oder *Therapsida* nennt. Sie waren, wie der Name verrät, eine Übergangsform zwischen echten Reptilien, die als Wechselwarmblüter eine gehörnte Haut besitzen und zur Fortpflanzung Eier legen, und den ersten Säugetieren, die als Warmblüter ein Fell tragen und ihre lebend geborenen Jungen an Milchdrüsen säugen. Echte Säugetiere entwickelten sich vor etwa 200 Millionen Jahren. Bains säugetierähnliche Reptilien zeigen eine Kombination von Säugetier- und Reptilieneigenschaften und lebten vor den Säugetieren, also etwa vor 230 Millionen Jahren. Der unerwartete Reichtum an Karoo-Fossilien sollte die führenden Paläontologen noch während der gesamten zweiten Hälfte des vorigen Jahrhunderts beschäftigen. Mit der Zeit erkannte man das Ausmaß der fossilientragenden Schichten und bestimmte ihr Alter. Seither ist die Karoo-Formation zu einem festen Begriff in der Geologie geworden. Vor 250 Millionen Jahren, also während der Permzeit, erholte sich der Süden Afrikas langsam von den Auswirkungen einer langen Eiszeit. Nachdem das Eis abgeschmolzen war, bildete das Landesinnere eine Senke, in die sich zahllose Flüsse ergossen. In dem entstehenden Sumpfland gab es nicht nur Seen, sondern auch trockenere Gebiete, die jedoch nie vor Überschwemmungen sicher waren. Eigentümliche Pflanzen, die weder Blüten trugen noch den heutigen Gräsern glichen,

119. Das auffällig kontrastierende Rot und Schwarz der Feldheuschrecke warnt potentielle Feinde vor einem besonders übel schmeckenden Mahl. Obwohl der Park recht karg anmutet und nur sehr wenig Regen erhält, beherbergt er doch eine Unzahl von Insekten, Reptilien und anderen Kleintieren.
120. *(folgende Seiten)* Von der Höhe des Nieweveld Escarpment aus streift der Blick über Ebenen und Hochplateaus bis zu dem mehr als 100 Kilometer entfernten Gebirgszug des Grootswartberg.

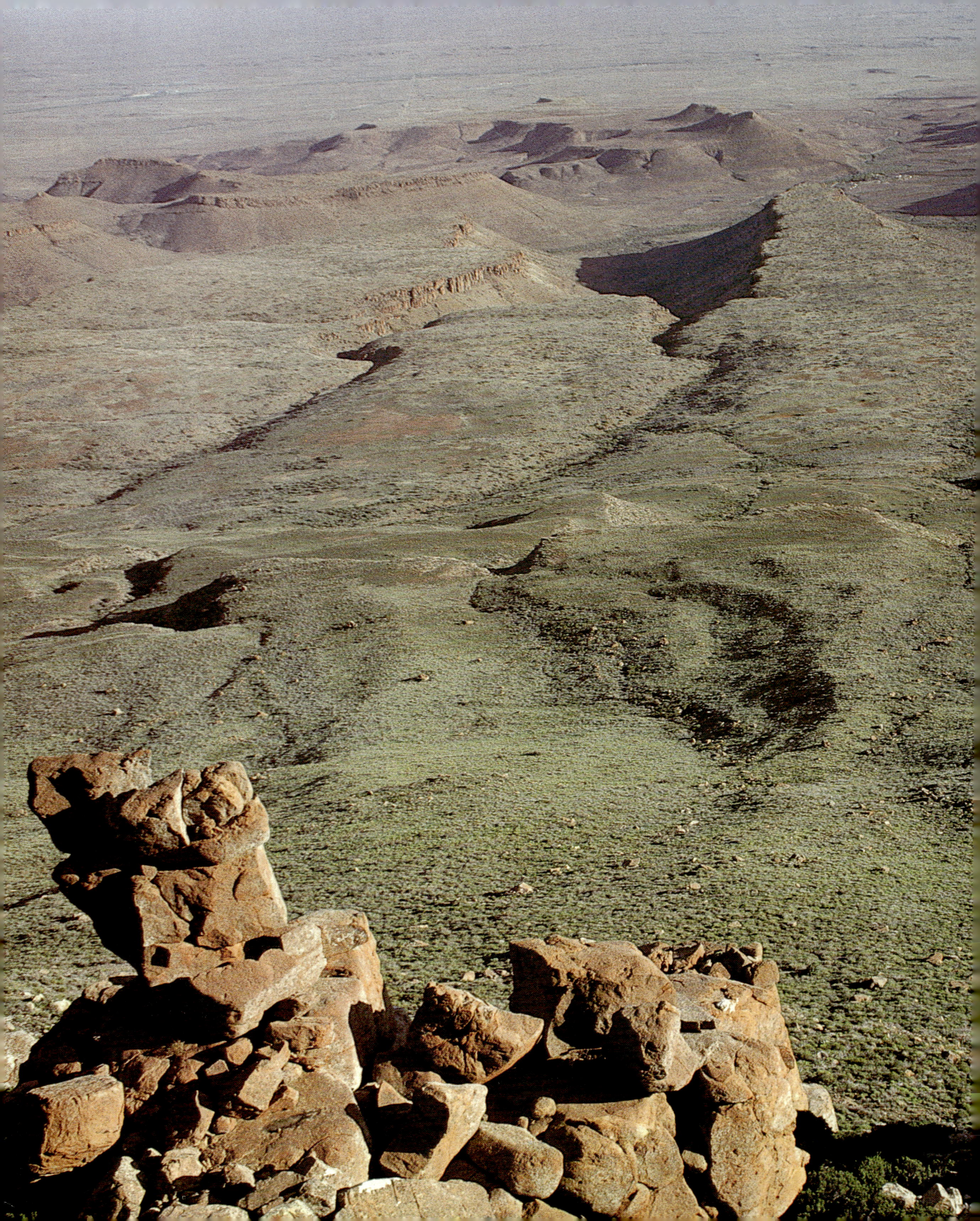

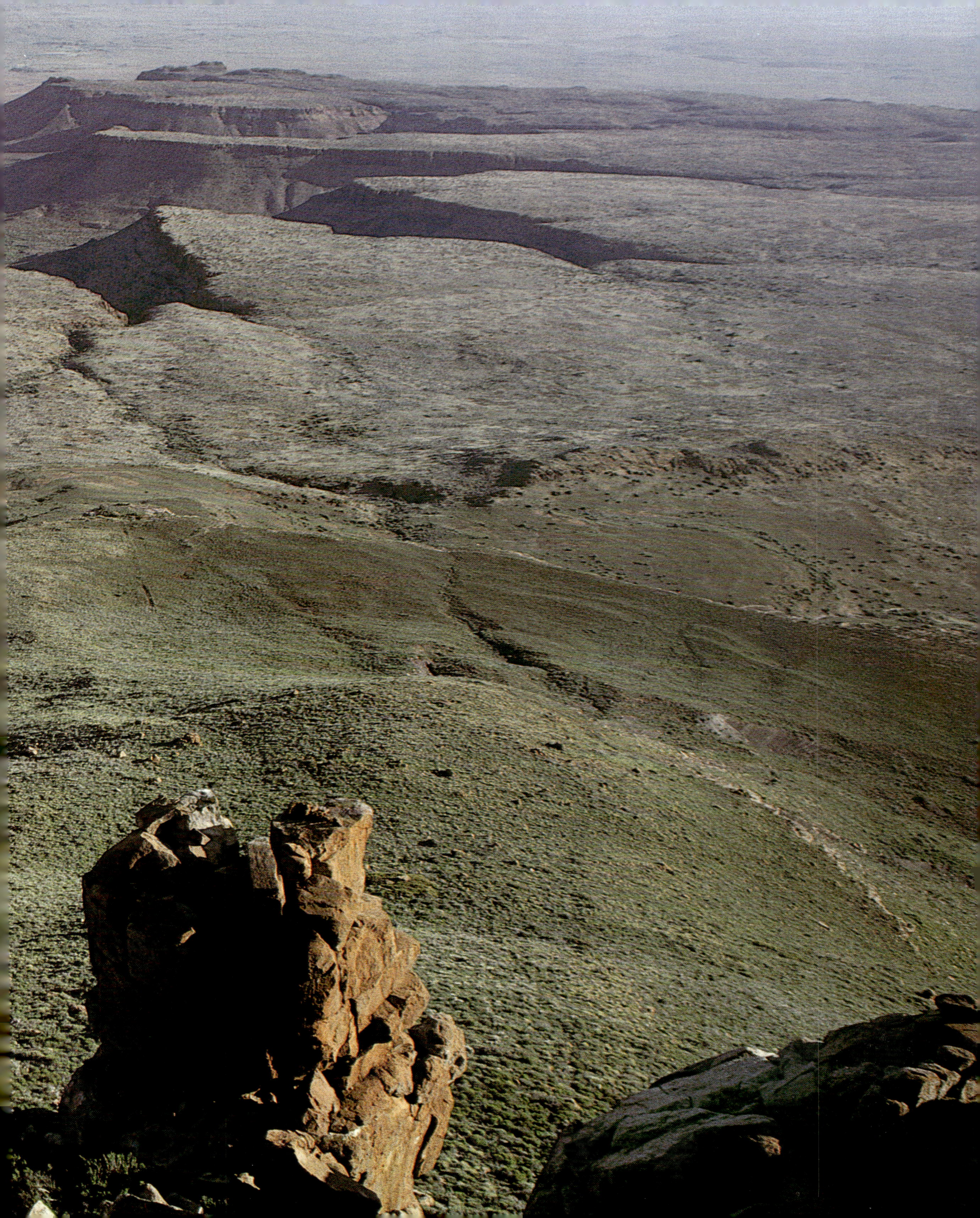

beherrschten das Landschaftsbild. Solche Pflanzen entwickelten sich erst viele Millionen Jahre später während der Kreidezeit. Nachdem in den Karoo-Sümpfen ein üppiges Pflanzenleben entstanden war, erschienen auch die ersten Landreptilien, die offensichtlich eine weite Wanderung aus Zentraleuropa und Rußland zurückgelegt hatten, denn dort fand man ähnliche, wenngleich geringfügig ältere Fossilien. Viele dieser Tiere waren groß und plump, aber zwischen ihnen lebten auch einige kleinere, wendigere Arten. Einige Arten ernährten sich von Pflanzen, andere von Fleisch, und genauere Untersuchungen zeigen, wie ausgewogen selbst in diesem sehr frühen Ökosystem das Verhältnis der verschiedenen Pflanzen- und Tierarten war.
Wie kam es dazu, daß die Überreste jener prähistorischen Karoo-Reptilien als Fossilien erhalten blieben, und wie entstand die heutige Karoo-Landschaft, die überhaupt nichts mehr mit einem Sumpfland gemein hat? Forschungen haben gezeigt, daß Sand, Schlamm und Ton, die von den Flüssen in das Karoo-Becken geschwemmt wurden, versteinerten und zu den für die Karoo so typischen Sandstein- und Tonschieferschichten wurden. In sie eingebettet lagen die Tierkadaver, die von dem feinen Schlick vollständig eingeschlemmt wurden. Diese natürlichen Grabkammern widerstanden den zerstörerischen Kräften von Sonne, Wind und Wasser. Schlamm und Ton wurden immer fester, die Knochen änderten durch den Ablauf chemischer Vorgänge allmählich ihre Zusammensetzung und wurden zu Versteinerungen, die Jahrmillionen überdauerten. Bedeckt von Sedimenten, lagen sie ungestört tief im Schoß der Erde, während Kontinente auseinanderbrachen, Bergzüge aufgefaltet und durch Erosion wieder abgetragen wurden und Eiszeiten kamen und gingen.

Versteinerungen entstanden schon, als die ersten Formen von Leben auf der Erde erschienen, und sie entstehen auch noch heute auf dem Grund von Meeren und Seen. Fossilien sind also an sich nichts Ungewöhnliches. Das Besondere an den Gesteinsschichten der Karoo jedoch ist, daß der Versteinerungsprozeß sich fast ununterbrochen knapp 50 Millionen Jahre lang fortsetzte, und zwar vom späteren Perm an durch sämtliche Triasformationen hindurch. Das Ergebnis sind abwechselnde Lagen von Tonschiefer und Sandstein, die mit einer Stärke von mehreren 1000 Meter auf der ganzen Welt einmalig sind. Nirgendwo sonst entstanden während dieser Perioden vergleichbare Ablagerungen.

Ebenso einzigartig sind die dort eingeschlossenen Fossilien, obwohl ähnliche Tiere und Pflanzen auch anderswo gelebt haben müssen. Deren Überreste blieben entweder nicht erhalten, verwitterten schon vor langer Zeit oder harren noch der Entdeckung.

Der Grund dafür, daß die heutige Karoo-Landschaft so überhaupt nicht ihrem vorzeitlichen Vorbild ähnelt, läßt sich an der obersten, also jüngsten Gesteinsschicht ablesen. Sie verrät, daß vor 200 Millionen Jahren (in der letzten Periode des Trias) trockenes Halbwüstenklima vorherrschte. Hinzu kam starker Vulkanismus mit häufigen Lavaströmen, die zu Basalt erstarrten. Sie füllten das gesamte Karoo-Becken, ergossen sich auch darüber hinaus und erreichten schließlich eine enorme Stärke, wie man in Überresten noch heute am Basalt der Drakensberge ablesen kann.

Jene vulkanisch aktive Zeit überlebten wohl nur wenige, sehr widerstandsfähige Arten, von denen bisher keine Fossilien entdeckt worden sind. Sümpfe und Seen verschwanden jedenfalls restlos. Während sich das Leben in begünstigtere Teile der Erde zurückzog, blieben die Fossilien unter der sterilen Basaltdecke als Zeugen einer 50 Millionen Jahre dauernden Zeitspanne erhalten, in der die Karoo dem Garten Eden glich.

Nachdem die Vulkane zur Ruhe gekommen waren, setzte im südlichen Afrika eine Land-

121. Selbst in trockenen Jahren blühen im Frühjahr für kurze Zeit einige Sukkulenten der Karoo. Die zarten Blütenblätter der *Hoodia bainii* stehen in auffälligem Kontrast zu den groben, dornenbewehrten Stämmen, deren Spitze sie zieren.

122. Die trägste aller südafrikanischen Giftschlangen ist die Puffotter. Sie wird dadurch gefährlich, daß sie nicht flieht, sondern unbeirrt liegenbleibt. So kann man leicht auf sie treten oder ihr ungewollt zu nahe kommen.

hebung ein. Der Superkontinent Gondwana, zu dem das Land gehörte, begann zu zerbrechen. Während die Landmassen des heutigen Südamerikas, der Antarktis, Australiens und Indiens auseinanderdrifteten, wurde das Mittelstück, der afrikanische Subkontinent, nach oben gedrückt. Die Flüsse flossen nun nicht mehr länger ins Inland, sondern bahnten sich einen Weg in die Meere, wobei sie neue und stärkere Erosionskräfte entfesselten.

Aus den tiefen Tälern, die die Flüsse in das Karoo-Gestein schnitten, wurden später weite Ebenen. Dabei legte das Wasser die wechselnden Sandstein- und Tonschieferschichten frei, die heute die Landschaft prägen, und auch die dicken, „Ysterklip" genannten Basaltschichten, die die widerstandsfähigen Ränder so vieler Zeugenberge der Karoo bilden. Ans Tageslicht kamen schließlich auch die uralten, versteinerten Skelette einstiger Karoo-Lebewesen als Zeugen einer geheimnisvollen, faszinierenden Epoche in der Entwicklung der Lebewesen.

Obwohl die Fossilien der Karoo im Rahmen der Entwicklungsgeschichte der Tiere und Pflanzen unserer Erde nur einen kleinen Zeitraum repräsentieren, verhalfen sie uns doch zu wesentlichen Einsichten nicht nur in bezug auf die Karoo-Reptilien, sondern auch bezüglich der heutigen Säugetiere und Lebewesen überhaupt.

Das Gebiet von Beaufort West einschließlich des Karoo Nationalparks wurde zu einem der klassischen Studien- und Sammelgebiete. Wahrscheinlich stammt der erste beurkundete Fossilienfund, ein versteinerter Zahn, aus Beaufort West. Die Entdeckung von Fossilien in dieser Gegend geht vor allem auf J. H. Whaits zurück, einen Pastor der anglikanischen Kirche, der zu Beginn unseres Jahrhunderts in Beaufort West wirkte und zweifellos zu Südafrikas begabtesten Fossiliensammlern gehörte. Er zeigte von Anfang an großes Interesse an Versteinerungen und suchte nicht nur die Ebenen nahe der Stadt nach ihnen ab, sondern erkundete auch das Nieweveld Escarpment, das heute zum Teil zum Nationalpark gehört. Auch der bekannte und hochbegabte südafrikanische Paläontologe Dr. Robert Broom, der 1897 nach Südafrika gekommen war, um die interessanten Karoo-Versteinerungen und ihre Stellung in der Entwicklungsgeschichte der Säugetiere zu untersuchen, besuchte jene Fundstätten. Noch heute laufen solchen Forschungen. Der Karoo Nationalpark bietet einen deutlich erkennbaren Aufschluß der geologischen Schichten von Beaufort West bis zur Decklage des Nieweveld Escarpment. Besonders die tiefen Schluchten legen die abwechselnden Schichten frei, die entstanden, als die Karoo ein Sumpfland war, während die Basaltkappen an die vulkanischen Aktivitäten in der Karoo erinnern.

Natürlich besteht für Parkbesucher eine große Versuchung, den Amateurgeologen zu spielen und nach Fossilien zu suchen. Tatsächlich sind ja viele der ersten Funde von interessierten Amateuren gemacht worden.

Doch an dieser Stelle ist eine Warnung angebracht. Fossilien jeder Art sind von großer wissenschaftlicher Bedeutung und stehen deshalb nach dem National Monuments Act unter Schutz. Wer nach Fossilien graben möchte, braucht dazu eine Genehmigung des National Monuments Council. Empfindliche Geldstrafen erwarten denjenigen, der Versteinerungen illegal ausgräbt oder beschädigt. Fossilien können erstaunlich zerbrechlich sein und sehen aus wie weiße oder gelbliche Knochenstücke. Sie liegen sowohl einzeln als auch zu mehreren zusammen. Wenn Sie innerhalb des Nationalparks Fossilien finden, sollten Sie sie weder aufheben noch ausgraben oder sonst ihre Lage verändern. Melden Sie den Fund der Parkbehörde, denn nur zusammen mit ihrer genauen Lage sind Versteinerungen für die Wissenschaft von Wert.

Doch der Karoo Nationalpark bietet mehr als nur Zeugnis von der geologischen Vergangenheit. Der „Springbok Hiking Trail" genannte Wanderweg durchquert die Ebenen und führt die Besucher zur höchsten Erhebung des Escarpment (1900 Meter über Normalnull). Im Verlauf dreier Tage und zweier Nächte bietet eine solche Wanderung die seltene Gelegenheit, die Pracht der Karoo zu erleben, ihre Vegetation, die im Park erforscht und erhalten wird, und ihre Tierwelt kennenzulernen. Einige größere Säugetiere, die früher hier lebten, werden nach und nach wieder eingeführt, wie zum Beispiel das Bergzebra, das mit dem vor Ende des vorigen Jahrhunderts ausgerotteten Quagga verwandt ist, die Südafrikanische Kuhantilope, die Oryx-Antilope, der Springbock und das auffallend hübsche Weißschwanzgnu mit seinen nach vorn gerichteten Hörnern.

Es ist wohl unwahrscheinlich, daß die Populationen dieser Tierarten jemals wieder ihren früheren Stand erreichen — oder erreichen dürften. Doch da viele Pflanzengemeinschaften der Karoo unter den vom Menschen eingeführten Weidetieren schweren Schaden genommen haben, bleibt zu hoffen, daß der Wiederaufbau der ursprünglichen Fauna wesentlich dazu beiträgt, auch eine breitgefächerte Flora zu erhalten.

Noch ist der Park recht neu und deshalb nicht allzu bekannt. Aber je mehr Besucher dorthin kommen und seine verborgenen Schönheiten entdecken, den Zauber der weiten Ausblicke erleben, den Wundern seiner Pflanzenwelt und den Geheimnissen seiner Eidechsen und Elefantenspitzmäuse, seiner Paviane und Stachelschweine nachspüren, desto nachhaltiger wird die Forderung in der Öffentlichkeit Gehör finden, ein noch größeres Stück der Großen Karoo unter Naturschutz zu stellen. Denn öffentliche Unterstützung ist zur Gründung zukünftiger oder zur Erweiterung bestehender Nationalparks unabdingbar.

123. Die Tonschieferschichten des Parks haben unterschiedliche Farben, denen sich diese Feldheuschrecke mit perfekter Tarnfärbung anpaßt, je nach der Umgebung, in der sie lebt. **124.** Wenn die ersten Strahlen der Morgensonne die nächtliche Kälte der Karoo vergessen lassen, kommen kleine Säugetiere wie die Fuchsmangusten aus ihren Bauen. **125 – 127.** Der Strauß, der größte Vogel der Welt, lebt schon seit langem in der Karoo, obwohl seine Population während des Federbooms gegen Ende des Viktorianischen Zeitalters stark eingeschränkt wurde, weil Farmer die Laufvögel vom Pferd aus einfingen, um sie als Farmtiere zu halten. Das Steinböckchen (126) gehörte ebenfalls zu den im südlichen Afrika häufigen Arten, doch seit der Mensch in seinen Lebensraum eindrang, ging der Bestand zurück. Selbst die unermeßlich großen Springbockherden sind verschwunden. Hier (127) sucht sich eine kleine Herde ihren Weg über eine Schutthalde. Verglichen mit den Herden, die in den Jahren gegen Ende des vorigen Jahrhunderts jeweils nach Zehntausenden zählten und durch dieses Gebiet nach Norden zogen, ist das ein trauriger Anblick. Den Bewohnern von Beaufort West schien das Trommeln der unzähligen vorüberstampfenden Hufe ein Vorzeichen für eine lange Dürre zu sein.

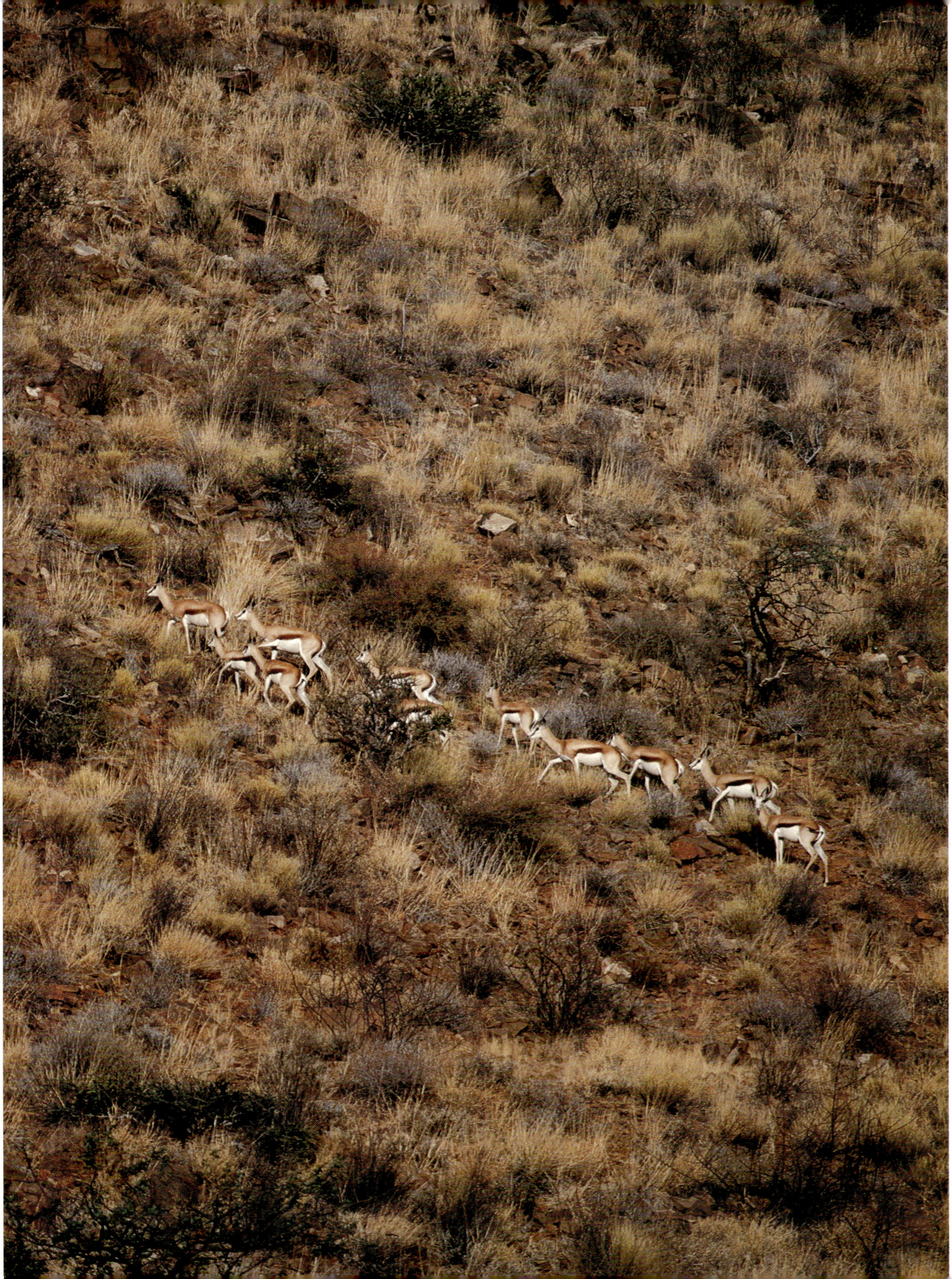

128. Eine Kudu-Kuh freut sich über Spätsommerlaub, das sie im Schutz des Parks gefunden hat. Diese hübschen Antilopen waren schon lange vor dem weißen Mann in der Karoo zu Hause, der schließlich ihren Lebensraum in Besitz nahm und ihre Weidegründe einzäunte. Aber noch heute mißachten Kudus diese künstlichen Grenzen. Selbst über einen zwei Meter hohen Zaun setzen sie mit einem graziös anmutenden, scheinbar mühelosen Sprung. **129.** Diese kleinen Bündel fauchenden Ungestüms sind Schwarzfußkatzen. Wie verwilderte Hauskatzen stellen sie besonders nachts Vögeln und Nagetieren nach.

KAROO NATIONALPARK 109

ADDO ELEPHANT NATIONALPARK

DAS MEISTERSTÜCK DER NATUR, EIN ELEFANT, DAS EINZIGARTIGE, HARMLOSE, GROSSE LEBEWESEN.
JOHN DONNE. DIE VERBESSERUNG DER SEELE.

„Auf meiner Reise besuchte ich auch Addo und muß gestehen, wenn es je eine Hölle für Jäger gäbe, müßte sie dort sein. Addo – das ist ein Gebiet von etwa 100 Quadratmeilen schlimmsten Zentralafrikas, das, so könnte man meinen, von einem Riesen gepackt und ins Kapland verschleppt worden ist." So schrieb Major P. J. Pretorius, dessen Name durch sein 1947 erschienenes Buch „Jungle Man" in die Geschichte von Addo eingegangen ist.

Es mag sein, daß diese Wildnis Jägern wie eine Hölle erscheint, aber die Laune der Natur, die das Addo-Buschland zu dem undurchdringlichen Dornendickicht machte, das es noch heute ist, schuf damit zugleich ein Rückzugsgebiet für fast alle im Kapland verbliebenen Elefanten und Büffel. Es gibt außer Addo nur noch eine solche Überlebensinsel für eine weitere kleine, vom Aussterben bedrohte Elefantenherde. Das ist Knysna Forest im Süden der Kap-Provinz.

Wie der Name erkennen läßt, wurde der Addo Elephant Nationalpark in erster Linie dazu geschaffen, die dort lebenden Elefanten zu schützen. Zur Zeit der Parkgründung begannen die Südafrikaner sich bewußt zu werden, welche Verluste ihrem Wildbestand im allgemeinen und den Elefanten von Addo im besonderen bereits zugefügt worden waren. Die entstandene Betroffenheit schlug sich im National Parks Act von 1926 nieder, der die gesetzlichen Handhaben zur Verfügung stellte. Öffentliches Interesse tat das seine.
So wurde Addo wie alle anderen frühen Parks mit dem Ziel eingerichtet, ein besonders auffälliges Glied eines Ökosystems zu erhalten, nicht jedoch zum Guten des Ökosystems an sich. Wenngleich die damaligen Ziele heutigen Vorstellungen von Naturschutz absolut widersprechen, wurde im Fall des Addo Nationalparks zugleich mit den Elefanten auch die Lebenswelt dieser Tiere erhalten.

Die Addo-Elefanten sind sehenswert und verdienen um ihrer selbst willen besondere Beachtung. Die Geschichte ihres Niedergangs in den zwanziger Jahren dieses Jahrhunderts steckt voller Scheußlichkeiten, doch die langsame, beständige Gesundung ihres Bestandes seit 1931 ist eine erfreuliche Erfolgsnachricht mit wichtigen ökologischen Folgen.
Die Vegetation, die Major Pretorius „an das schlimmste Zentralafrika" erinnert, findet man an der Schnittlinie dreier sehr unterschiedlicher Vegetationszonen, nämlich des feuchten Klimas des südlichen Kaplandes, des trockenen Klimas der Karoo und des subtropischen der ostafrikanischen Küste. Das Ergebnis ist ein niedriges, immergrünes und sehr dichtes Dickicht aus Büschen und kleinen Bäumen. Die Sicht beträgt dort nie mehr als wenige Meter, denn das Dickicht besteht aus 15 000 bis 20 000 holzigen Stämmen pro Hektar, die ein verwirrendes Labyrinth von 3 bis 4 Meter Höhe bilden. Hinzu kommt ein stattliches Aufgebot hinterhältiger Stacheln und Dornen. So gesehen wird Major Pretorius' Beschreibung verständlicher. Abgese-

130. Elefantensuhle im Hochsommer.

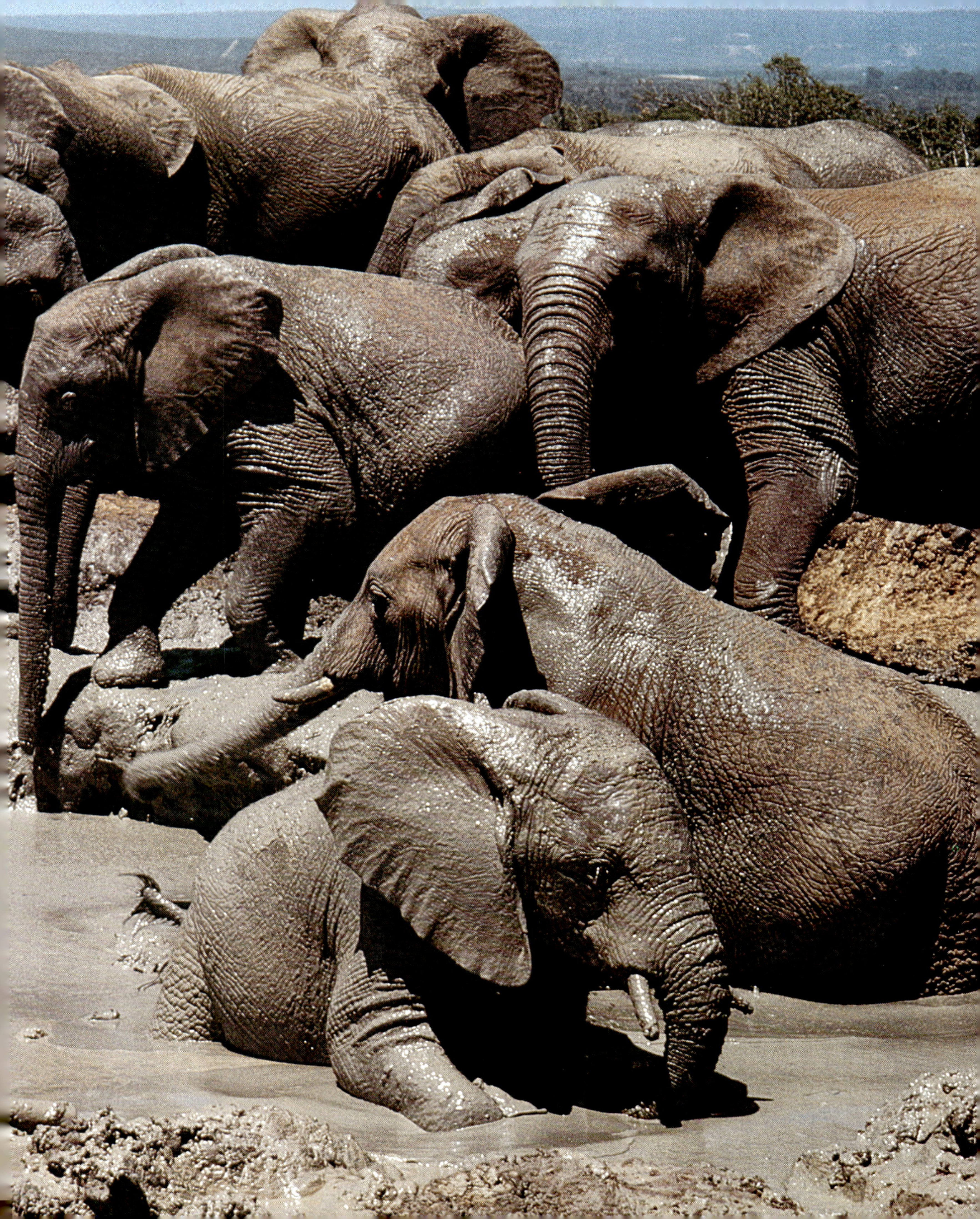

hen von einigen wenigen Bächen, die am nahegelegenen Zuurberg entspringen, und dem Sundays River selbst gibt es kein ständiges Wasservorkommen in diesem Gebiet, das unter fürchterlicher Sommerhitze und langer, hartnäckiger Dürre zu leiden hat, denn der Niederschlag ist wenig zuverlässig. So erstaunt es nicht, daß man das Addo-Buschland den Elefanten überließ.

Zur Jahrhundertwende bedeckte dunkle, graugrüne Addo-Buschvegetation (Botaniker nennen diesen einzigartigen Vegetationstyp *Valley Bushveld*) die sanften Hügel des etwa 50 000 Hektar großen Geländes, das vom Nordufer des Sundays River und den Ausläufern des Zuurberg bis nach Kinkelbosch an der Küste von Algoa Bay reicht. An einigen Stellen bleibt die sonst geschlossene Pflanzendecke offen und läßt Platz für kleine Lichtungen und Senken, in denen sich nach der Regenzeit das Wasser sammelt. Von diesen Pfannen und Suhlen aus führen Elefantenpfade strahlenförmig in das geheimnisvolle Innere des Addo-Buschlandes, wo die Elefanten vor Elfenbeinjägern Ruhe fanden.

Doch der Zufluchtsort beherbergte nicht nur Elefanten. Dort lebten auch Büffel, Buschböcke, Buschschweine, Ducker und Greisböckchen. Obwohl die Jäger alles Großwild im offenen Umland von Addo ausgerottet hatten, blieben die von Dickicht eingeschlossenen Tiere verschont.

Ihre Umwelt wurde zu einer vom restlichen Afrika abgeschlossenen Insel. Es gab keinerlei Zuwanderung von Tieren. Wie perfekt die Isolation war, wird an folgendem Beispiel deutlich. Im Jahre 1897 wütete die Rinderpest und forderte unter Hausrindern und Wild unzählige Opfer, erreichte jedoch die Büffel von Addo nicht.

Aber die Zeit des „alten", unberührten Addo ging allmählich zu Ende. An dem jahrhundertealten Übergang über den Sundays River, den die Weißen Addo Drift nannten (eine Verballhornung des Khoikhoi-Wortes *gadouw*), war im Verlauf der von Jägern benutzten Straße von Port Elizabeth nach Grahamstown eine kleine Siedlung entstanden. Um 1875 wand sich eine Eisenbahnstrecke von der Küste ins Landesinnere das Coerneytal hinauf und drang in das Addo-Buschland vor. Kaum 30 Jahre später, also kurz nach dem Burenkrieg, rief der Schriftsteller Percy FitzPatrick die Bürger auf, am Sundays River zu siedeln. Durch einen aufwendigen Bewässerungsplan ging man daran, den geringen Niederschlag auszugleichen.

Der Mensch kreiste Addo immer stärker ein. Die entscheidende Frage für das Überleben der Elefanten war das Wasser. Um die gewohnten Tränken erreichen zu können, mußten sie besonders in der Trockenzeit die schützende Wildnis verlassen, und dabei wurde ihnen immer stärker nachgestellt. Viele blieben auf der Strecke, doch noch mehr wurden verwundet, wenn sie Zäune durchbrachen, um ihren Durst an den neuen Viehtränken zu stillen und zwischendurch Rast zu machen und Feldfrüchte einzuheimsen, die am Weg wuchsen. Die Folgen waren absehbar. Natürlich forderten die Farmer die Behörden auf, dieser Bedrohung ihrer Existenz ein Ende zu setzen.

Das nächste Kapitel der Geschichte von Addo beginnt mit dem Geruch von Schießpulver und Blut. Um die Jahrhundertwende lebten 150 Elefanten im Gebiet von Addo. Während der folgenden zehn Jahre versuchten viele berühmte Jäger, diese Elefanten zu dezimieren. Aber alle gaben auf, das Addo-Buschland blieb Sieger. Im Jahre 1919 betraute man schließlich Major P. J. Pretorius mit einer Aufgabe, die allerdings weniger ehrenwert war als seine Verdienste im Ersten Weltkrieg. Eine solche Wertung läßt sich jedoch nur aus heutiger Sicht rechtfertigen.

Damals nahm man den an Pretorius ergangenen Auftrag, die Elefanten auszurotten, ohne jede Frage oder irgendeinen Zweifel an der Richtigkeit hin. Pretorius ging mit demselben Können und ebensolcher Umsicht an seine Aufgabe wie während seiner militärischen Laufbahn. Darüber hinaus verfügte er über ausgezeichnete Erfahrungen als Elefantenjäger und Scharfschütze. In elf Monaten erlegte er 120 Elefanten.

Dieses Gemetzel blieb nicht unbemerkt. Presseberichte weckten viel öffentliche Sympathie für die wenigen überlebenden Elefanten. Auch die neue Wildlife Society (Gesellschaft zum Schutz bedrohter Tierarten), die zunehmend an Einfluß gewann, führte einen Feldzug gegen das Abschlachten der Elefanten. Als die Jagd schließlich untersagt wurde, lebten noch ganze 16 Elefanten.

Nach langem Zaudern und Feilschen von seiten der Behörden wurde Addo 1926 zum „Provincial Elephant Reserve" erklärt, was jedoch de facto kaum mehr Schutz bedeutete als der seit 1869 geltende Status des Gebietes als „Demarcated Forest". Zwar hatte man die Jagd eingestellt, doch der ursprüngliche Zustand, der zu den Nachstellungen geführt hatte, blieb unverändert. Noch immer mußten die Elefanten ihren Zufluchtsort verlassen, um an Wasser zu kommen. Eine für sie angelegte Wasserstelle wurde von einem der Wildhüter für seine eigenen Rinder benutzt. Das Reservat blieb ohne Zaun und ohne regelmäßige Überwachung. Die seit langem durch Flurschaden benachteiligten Farmer mußten dort weitermachen, wo Pretorius aufgehört hatte.

Während dieser kritischen Zeit fanden die Elefanten auf dem Landbesitz zweier bemerkenswerter Männer Zuflucht. Jack Harvey und sein Bruder Natt ließen es zu, daß sich die Elefanten auf ihrem Land frei und unbelästigt bewegen konnten. Man kann ohne

131. Die rotbraune Fellsträhne im Gesicht unterscheidet den ausgewachsenen Elenbullen von den Jungtieren der Herde. Im Gefolge der Herde leben Kuhreiher, die darauf warten, die Insekten zu verschlingen, die die weiterziehende Herde im aufgestampften Boden freigelegt hat. **132.** Das Spitzmaulnashorn läßt sich nur selten sehen, weil es dichtestes Unterholz als Lebensraum bevorzugt. Dennoch nimmt die Population in Addo ständig zu. Das Maul dieses großen Dickhäuters ist durch die spitze Oberlippe besonders dazu geeignet, Blätter von Sträuchern zu pflücken.

Übertreibung sagen, daß die Elefanten von Addo ohne die Weitsichtigkeit und Toleranz der Brüder Harvey heute wahrscheinlich ausgestorben wären.

Nun nahm das Schicksal der Elefanten von Addo eine entscheidende Wendung. Nachdem man die Angelegenheit sehr intensiv in der Öffentlichkeit erörtert hatte, wurde durch Vermittlung von Col Denys Reitz, eines Helden des Burenkrieges, am 3. Juli 1931 der Addo Elephant Nationalpark proklamiert.

Nur ein kleiner Teil (etwa 7 000 Hektar) des Addo-Buschlandes war den Elefanten vorbehalten, die jedoch fast 30 Kilometer entfernt auf dem Land der Brüder Harvey lebten. Sie mußten also auf irgendeine Weise in ihre neue Heimat gebracht werden – eine entmutigende Aufgabe. Die Zahl der Elefanten betrug zwar nur noch elf, aber sie waren ruhelos und gefährlich. Es gab keine Straßen, die diesen Namen verdient hätten, und keine transportablen Funksprechgeräte, mit deren Hilfe man zu den Treibern hätte Kontakt halten können. Als Hilfsmittel blieben also nur Schreckschüsse und Rauch. Überdies hätte man die übelgelaunten Tiere durch sehr dichte Dickichte treiben müssen, wo man ihrer erst in letzter Minute gewahr geworden wäre. Der erste offiziell zum Wildhüter von Addo ernannte Ranger hieß Harold Trollope, ein Mann von beachtlichem Mut und Einfallsreichtum. Er gehörte keineswegs zu den Neulingen in diesem Beruf, sondern hatte zuvor bereits in dem neuen Sabie Game Reserve als Ranger gearbeitet. Er stellte fest, daß es nicht genüge, die Elefanten mit Gewalt in das für sie bestimmte Gebiet zu treiben, sondern er wollte es auch so optimal gestalten, daß die Tiere dort bleiben würden. Unterstützt von einem neuernannten Rangerteam, sorgte er für die Anlage beständiger Wasserstellen und ging rigoros gegen Fallensteller vor. Er handelte mit den benachbarten Farmern eine Art zeitweiligen Waffenstillstand aus, denn er wollte sichergehen, daß niemand die Elefanten während der kritischen Umsiedlungsphase beeinträchtigte.

Nun konnte die heldenhafte Tat ihren Lauf nehmen. Piet Fourie, ein Farmer aus der Gegend, unterstützte die Treiber, die Schreckschüsse und Teerqualm einsetzten. Überall, wo alte, von Addo wegführende Pfade gekreuzt wurden, sorgten Feuer dafür, daß die Elefanten nicht umkehrten. Mit Unternehmungsgeist, List und einer guten Portion Glück gelang es Trollope, die Elefanten in das Reservat zu treiben. Nur ein Bulle mußte von ihm aus kürzester Entfernung erschossen werden, als er einen Treiber angriff.

Nachdem das geschafft war, begann ein Kampf, der noch während der folgenden 20 Jahre die Kraft aller Wildhüter des Addo Elephant Nationalpark kosten sollte, nämlich das ständige Bemühen, die Tiere am Verlassen des Parks zu hindern. Dazu gehörte es, die Zäune der Anlieger zu flicken, Rinder, die durch Zaunlücken geschlüpft waren, wieder zurückzutreiben und über Schadensausgleichszahlungen zu verhandeln, die für getötete oder verletzte Ziegen oder Rinder, für gefressene Kürbisse und auf nächtlichen Wanderzügen von den Elefanten niedergetrampelte Maisfelder geleistet werden mußten.

Gegen Morgen kehrten die Elefanten regelmäßig in den Schutz des Parks zurück. Von Zeit zu Zeit kam einer der Ausbrecher auch verwundet zurück und verendete im tiefsten Dickicht. Es schien unwahrscheinlich, daß die Elefantenherde jemals wieder ihre frühere Stückzahl erreichen würde. Von 1943 bis 1953 glichen acht Geburten gerade acht Verluste aus. Außerdem verschlechterten sich die Beziehungen zwischen der Parkverwaltung und den benachbarten Farmern, bis schließlich eine Abordnung die Regierung aufforderte, eine allseits befriedigende Lösung zu finden.

So mancher Fortschritt auf dem Gebiet des Naturschutzes in Südafrika hing von einer bestimmten Persönlichkeit ab. Die Elefanten von Addo bildeten dabei keine Ausnahme. Der einfallsreiche Graham Armstrong glaubte, eine Lösung gefunden zu haben. Er begann damit, den ersten wirksamen elefantensicheren Zaun der Welt zu konstruieren. Es stand schließlich die weitere Existenz des Parks auf dem Spiel, denn bei Konflikten zwischen Wildtieren und menschlicher Ökonomie schlägt die Waage unerbittlich zugunsten von Mensch und Geld aus.

Erste Versuche mit verschiedenen Elektrozäunen überzeugten Armstrong davon, daß eine wirkliche Lösung in anderer Richtung lag. Es mußte eine so widerstandsfähige Sperre errichtet werden, daß nicht einmal Elefanten sie durchbrechen konnten. Den Prototyp seiner Sperranlage baute er aus alten Eisenbahnschienen und Drahtseilen, die aus mehreren Strängen besonders dicken Drahtes mit der Hand geflochten waren. Bei der Generalprobe standen auf der einen Seite dieses Zaunes die Elefanten, auf der anderen lagen Apfelsinen. Voller Freude berichtete

Armstrong, sein Zaun habe sogar dem Frontalangriff einer Elefantenkuh standgehalten. Er war also wirklich elefantensicher.
Nun gab es endlich eine Alternative zur Ausrottung der Elefanten. Mit finanzieller Unterstützung der Wildlife Society und der Port Elizabeth Publicity Association sowie der großzügigen Spende alter Fahrstuhldrahtseile durch die Firma Waygood Otis wurden 2 270 Hektar Land eingezäunt. 1954 hatte man die Arbeiten beendet, und 17 Elefanten waren nun sicher. Zur Anerkennung seiner Bemühungen benannte die Nationalparkbehörde (National Parks Board) den Zaun offiziell „Armstrong Fence".
Der eigentliche Grund zur Einrichtung des Addo Elephant Nationalparks waren die Elefanten, doch sollte man ihre Existenz nicht isoliert betrachten. Ihre Zukunft könnte nicht gesichert werden, ohne Klima und Vegetation in die Planung mit einzubeziehen. In diesem Gebiet fallen das ganze Jahr hindurch Schauer, am stärksten zwischen März und Mai, und mit einem weiteren, nicht so deutlichen Höhepunkt im Frühjahr (August). Aber weder Dürren noch gelegentliche schwere Regengüsse mit verheerenden Überschwemmungen sind in dieser Gegend ungewöhnlich. Auf lange Zeit berechnet, beträgt der durchschnittliche Niederschlag 480 Millimeter im Jahr. Die drückende Sommerhitze wird durch eine kühle Nachmittagsbrise von See her gemildert. Es friert nur ganz selten, doch hängt oft ein dichter Nebelschleier über den Tälern und hüllt die graugrüne Addo-Buschlandschaft in Watte.
Eine nähere Untersuchung des Valley Bushveld, das wegen der Häufigkeit des Spekboom (Speckbaum) *Portulacaria afra* im Volksmund „Spekboomveld" heißt, zeigt, daß es in bezug auf die Biomasse zu den ergiebigsten Lebensräumen Südafrikas gehört. Die Biomasse ist ein Wert, der Vergleiche zwischen der Produktivität unterschiedlicher Lebensräume erlaubt, und ganz einfach das Gewicht von allen Tieren angibt, die von einer bestimmten Flächeneinheit, also Hektar oder Quadratkilometer, dieses bestimmten Raumes leben. So schätzte man 1981, daß jeder Quadratkilometer Valley Bushveld eine Biomasse von etwas mehr als 4 000 Kilogramm ernähren kann. In bestimmten Teilen innerhalb des Addo-Parks lagen die Schätzungen bei bis zu 6 726 Kilogramm, einer erstaunlich hohen Zahl, die innerhalb Afrikas nur noch von einigen besonders fruchtbaren Lebensräumen Ostafrikas übertroffen wird. Ein ausgewachsener Elefantenbulle wiegt bis zu 5 000 Kilogramm. Das bedeutet theoretisch, daß das Valley Bushveld von einem Quadratkilometer Größe genügend Pflanzen produzieren muß, um ihn zu ernähren. Bei derart intensiver Nutzung würde die Vegetation allerdings Schaden leiden und könnte ihre Produktion an Biomasse nicht für lange Zeit auf so hohem Stand halten.

133. In Afrika gibt es keine Wildkaninchen, doch kommen südlich des Äquators mehrere Hasenarten vor. Die meisten von ihnen leben nachtaktiv. Dieser hübsche Bursche erschien kurz nach Sonnenuntergang.

Leider wird außerhalb des Parks das Valley Bushveld immer mehr zurückgedrängt. Große Teile müssen Weizenfeldern weichen oder Weiden, auf denen man fremde Grassorten einsät. Darum gewinnt der letzte unberührte Rest von Addo immer stärker an Wert. Die heutige Parkverwaltung hat sich von der einseitigen Beschäftigung mit Elefanten abgewandt und kümmert sich inzwischen um das viel weiter gefaßte Aufgabengebiet der Erhaltung dieses Vegetationstyps, der nicht nur für Südafrika einzigartig ist, sondern für den Addo eines der letzten lebensfähigen Beispiele überhaupt bietet. Das Valley Bushveld zu erhalten, ist das vordringliche Ziel der Naturschutzbehörde, und das ist ebenso wichtig – wenngleich nicht so spannend – wie die Bewahrung und Pflege des Elefantenbestandes. Das alles deutet einen Wandel der Sichtweise an, denn wenn in der Vergangenheit das Wohlergehen der Elefanten vor allen anderen Erwägungen Priorität besaß, so ist man heute nicht mehr bereit, den Elefanten zu erlauben, der Vegetation nachhaltig Schaden zuzufügen. Sie gelten nicht einmal als bedrohte Tierart. Sollten die Elefanten von Addo aussterben, hätte das allerdings genetische Auswirkungen, worauf im Verlauf dieses Kapitels noch eingegangen werden soll. Für die Vegetation ergibt sich jedenfalls eine wesentlich ernstere Lage. Deshalb müssen die Elefanten nach Speckbaum, Schotia und vielen andern Pflanzen an die zweite Stelle der Prioritätenliste rücken.
Zwischen dem Baum- und Buschdickicht beleben Blumen das vorherrschende Graugrün: Kap-Bleiwurz, Kap-Geißblatt und die rankende Efeupelargonie sind in südafrikanischen wie europäischen Gärten unbekannt, gedeihen aber im Addo-Buschland. Wenn die Boerboonschotia blüht, leuchten ihre strahlend roten Blüten wie Edelsteine – stets nur wenige zur gleichen Zeit. Nach ergiebigen Regenfällen schimmern Lichtungen und offene Flächen des Parks in allen Farben: Gänseblumen nicken im Wind, Blutblumen sprießen, Chincherinchees bilden einen zartblassen Gegensatz zum Bushveld, das auch von Freesien, Lilien und Gladiolen belebt wird. Viele dieser Pflanzen, deren Zwiebeln oder Samen während langer Jahre der Trockenheit oder geringen Niederschlags im Boden ruhen, erscheinen plötzlich und blühen, legen Samen ab und Nährstoffvorräte an, die reichen müssen, bis günstige Bedingungen ihnen wieder Gelegenheit zum Blühen geben. Die Vögel des Spekboomveld lassen sich häufiger hören als sehen. Tagsüber erklingt das sonore, schwermütige Lied des Schlichtbülbüls, das traurige Gurren der Bronzeflecktaube *Turtur chalcospilos*, der überschwengliche Ruf des Bokmakierie und das Duett der Flötenwürger. Von den 158 in Addo registrierten Vogelarten leben nur 69 ständig dort. Die anderen sind Zugvögel oder gelegentliche Gäste. Wo die Karoo-Vegetation Teile des Parks beherrscht, zum Beispiel in Woodlands und Korhaanvlakte, gibt es so verschiedenartige Vögel wie Strauß und Rotkehlfrankoline, Helmperlhuhn und Kronenkiebitz.
Bei Einbruch der Dunkelheit ertönen der Jagdruf des auch Dickkopf genannten Kaptriel, das eintönig hupende Duett der Flekkenuhus und die klagende Litanei der Pfeifnachtschwalbe und bilden den Hintergrund zum Heulen des Schabrackenschakals.
Über das Insektenleben von Addo wissen wir noch recht wenig, mit Ausnahme einiger Besonderheiten wie zum Beispiel einer Fliege, die „*blue elephant stomach bot fly*" heißt und deren Leben eng mit den Elefanten verbunden ist. Ihr Larvenstadium verbringt sie im Magen eines Elefanten. Trotz des wechselvollen Schicksals der Elefanten von Addo während der Vergangenheit ist es diesem Insekt gelungen zu überleben. Ein noch bemerkenswerteres Insekt ist der flügellose Pillendreher. Man findet ihn als einzige Art einer einzigen Gattung am zahlreichsten in Addo vertreten, obwohl er gelegentlich auch in anderen Teilen des Kaplands und in Transvaal auftritt, wo er sich an eine recht unsichere Lebensweise angepaßt hat, indem er von Rinderdung lebt. Da der Käfer eine Vorliebe für den groben Mist von Elefanten und Büffeln hat, überlebt er am besten in Gebieten, wo diese Tiere besonders dicht zusammenleben. Für seine Zukunft ist im Addo-Park aufs beste gesorgt, denn er findet hier regelmäßig Nahrung, die über ein größeres, aber begrenztes Gebiet verteilt ist.

Heute stehen die Pillendreher im Addo-Park unter Naturschutz. Man kann ihnen häufig nach Regenfällen auf dem feuchten Boden und auf Straßen begegnen, wenn sie ihre Kugeln aus Mist zu einer passenden Stelle rollen, wo sie sie eingraben. Ihre Flügel sind verkümmert und können die Käfer nicht mehr tragen. Also müssen die Tiere von einem Kotfladen zum nächsten laufen. Wegen der besonderen Freßgewohnheiten wurden zwei der sechs Käferbeine in hervorragender Weise zu Harken und Schaufeln umgebildet. Fünf feingeformte Fußglieder an den Vorderbeinen – wie bei Käfern üblich – wären hier zweifellos hinderlich. Statt dessen haben sich die Vorderbeine des Pillendrehers zu kräftigen, gezähnten Paddeln entwickelt, die sich gut dazu eignen, Mistkugeln zu formen und fortzubewegen.

Pillendreher ernähren sich nicht nur vom Mist, sondern auch ihre Fortpflanzung hängt direkt mit den Mistkugeln zusammen, die sie rollen. Man nimmt an, daß sich die Eigenart, den Mist zu einem Bällchen zu drehen, aus der Notwendigkeit ergeben hat, einen Teil des Kotes von der Stelle wegzutransportieren, an der noch andere Kotfresser ihren Anteil ergattern wollen. Durch das Umformen und Fortrollen vermeidet der Pillendreher, mit anderen um seine Nahrung kämpfen zu müssen.

So eine Mistkugel ist allerdings mehr als eine Speisekammer für die ausgewachsenen Käfer. Sie ist auch eine perfekt ausgestattete und mit Nahrung versehene Kinderstube für den Nachwuchs. Das weibliche Tier legt seine Eier in einen besonders präparierten „Brutball", den es vergräbt. Wenn die Larven aus den Eiern schlüpfen, sind sie nicht nur von Nahrung umgeben, sondern befinden sich außerdem in einem Schutzraum, in dem sie ihre gesamte Entwicklung durchlaufen können, denn die Außenseite der Kugel verhärtet sich zu einer Schale. Ist die Entwicklung beendet, durchbricht der junge Käfer die Schale und sucht einen Kothaufen, um sich selbst eine Kugel zu formen.

Über den flügellosen Pillendreher sind uns einige Einzelheiten bekannt, doch wieviel mehr Insekten und andere Tiere sind vom Bestand des Valley Bushveld abhängig? Wir wissen es nicht, aber solange das Spekboomveld mit Elefant, Büffel, Korhaan und anderen bekannten und namenlosen Tierarten geschützt ist, bietet Addo ein erfolgversprechendes Forschungsfeld.

Bevor es uns möglich sein wird, dieses Ökosystem als Ganzes zu verstehen, müssen wir uns mit den Beziehungen und Wechselwirkungen zwischen den vielen Wirbeltieren und ihrer Heimat im Bushveld befassen. So lebt hier zum Beispiel Tasmans Gürtelechse, und das Zwergchamäleon gehört ebenfalls zu den seltenen Bewohnern von Addo. Obwohl es in dem Park drei Schildkröten- beziehungsweise Sumpfschildkrötenarten gibt, findet man gewöhnlich nur die große Pantherschildkröte, und zwar besonders nach Regenfällen, wenn sie die frischen Triebe von Kräutern und Gräsern frißt. Doch während der Trockenzeit trifft man nicht einmal auf diese Schildkrötenart. Amphibien sind wegen des Mangels an Feuchtgebieten nur begrenzt vertreten, doch solche, die sich langen Dürrezeiten angepaßt haben oder die von offenem Wasser unabhängig sind wie der Kurzkopffrosch, kommen häufig vor.

Wahrscheinlich wurden alle diese kleinen Wirbeltiere genauso wenig in ihrer Lebensweise gestört wie Insekten, Vögel, andere Kleintiere oder das Pflanzenleben, als man das Gebiet im Jahre 1931 zum Addo Elephant Nationalpark erklärte. Anders verhielt es sich dagegen mit den größeren Säugetieren. Die Eingriffe des Menschen trafen sie nachhaltig. Die wenigen Elefanten hatten sich mit Mühe retten können. Den Büffeln erging es etwas besser, wenngleich sie ihre frühere Anzahl und Verbreitung in allen bewaldeten Teilen des Kaplandes nie wieder erreichten. Die Büffel von Addo waren die einzigen Überlebenden der großen Herden von einst. Daß sie überhaupt überlebten, verdanken sie ihrer Anpassungsfähigkeit. Während sie früher vorwiegend Gras fraßen, leben sie jetzt vom Laub und von den nahrhaften Knospen der Büsche und Bäume wie dem Speckbaum. Außerdem nahmen sie die Gewohnheit an, sich während des Tages im tiefen Dickicht verborgen zu halten und es nur nachts zu wagen, in kleinen Familiengruppen offenes Gelände zu betreten.

Da diese Büffel so lange Zeit isoliert gelebt haben, sind sie frei von Krankheiten, die Hausrindern schaden könnten. Deshalb ist es ohne Risiko möglich, Büffel aus Addo in anderen Reservaten oder Parks Südafrikas auszusetzen.

Im dichten Buschland leben noch Ducker, Greisböckchen, Buschbock und Buschschwein, doch der Kudu ist verschwunden. Es gab hier nie größere Raubtiere als den Schabrackenschakal, dem man noch häufig begegnet. Der Wüstenluchs zählt zu den seltenen Tieren.

Anders verhält es sich mit den größeren Säugetieren, denn die Wiederherstellung ihrer früheren Vielfalt gehörte zu den erklärten Zielen der früheren Parkbehörden. Elenantilope, Südafrikanische Kuhantilope, Kudu, Spitzmaulnashorn und Großer Riedbock haten hier einst gelebt und konnten ohne Schwierigkeiten wieder ausgesetzt werden. Leider brachte man auch Arten wie Flußpferd, Springbock und Rehantilope nach Addo, von denen keine problemlos in diese Umwelt paßte. Ein solches Vorgehen widersprach eigentlich bereits damals den Prinzipien der Nationalparkverwaltung, und man kann von Glück sagen, daß von den genannten Arten keine hier Fuß fassen konnte und alle in kurzer Zeit eingingen.

Die meisten der erfolgreich wiedereingeführten Tiere stammten aus den nächstliegenden Beständen. Die streitsüchtigen Spitzmaulnashörner wurden jedoch 1961 und 1962 aus Kenia importiert. Als Laubfresser fanden sie im

134. Scheinbar sorglos trottet eine schwergewichtige Pantherschildkröte auf einer Straße im Addo-Park entlang. **135.** *(folgende Seite)* Major P. J. Pretorius nannte diese Landschaft „des Jägers Hölle", als er 1919 den Auftrag erhielt, die hier lebenden Elefanten auszurotten. Obwohl er den zweifelhaften Rekord hält, sechs von ihnen innerhalb von 30 Sekunden erlegt zu haben, blieb am Ende doch das Addo-Buschland Sieger. Seine dichte, an vielen Stellen geradezu undurchdringliche Vegetation bot den Elefanten den letzten Zufluchtsort. Hier schlendert eine Elefantenfamilie durch das graugrüne Spekboomveld.

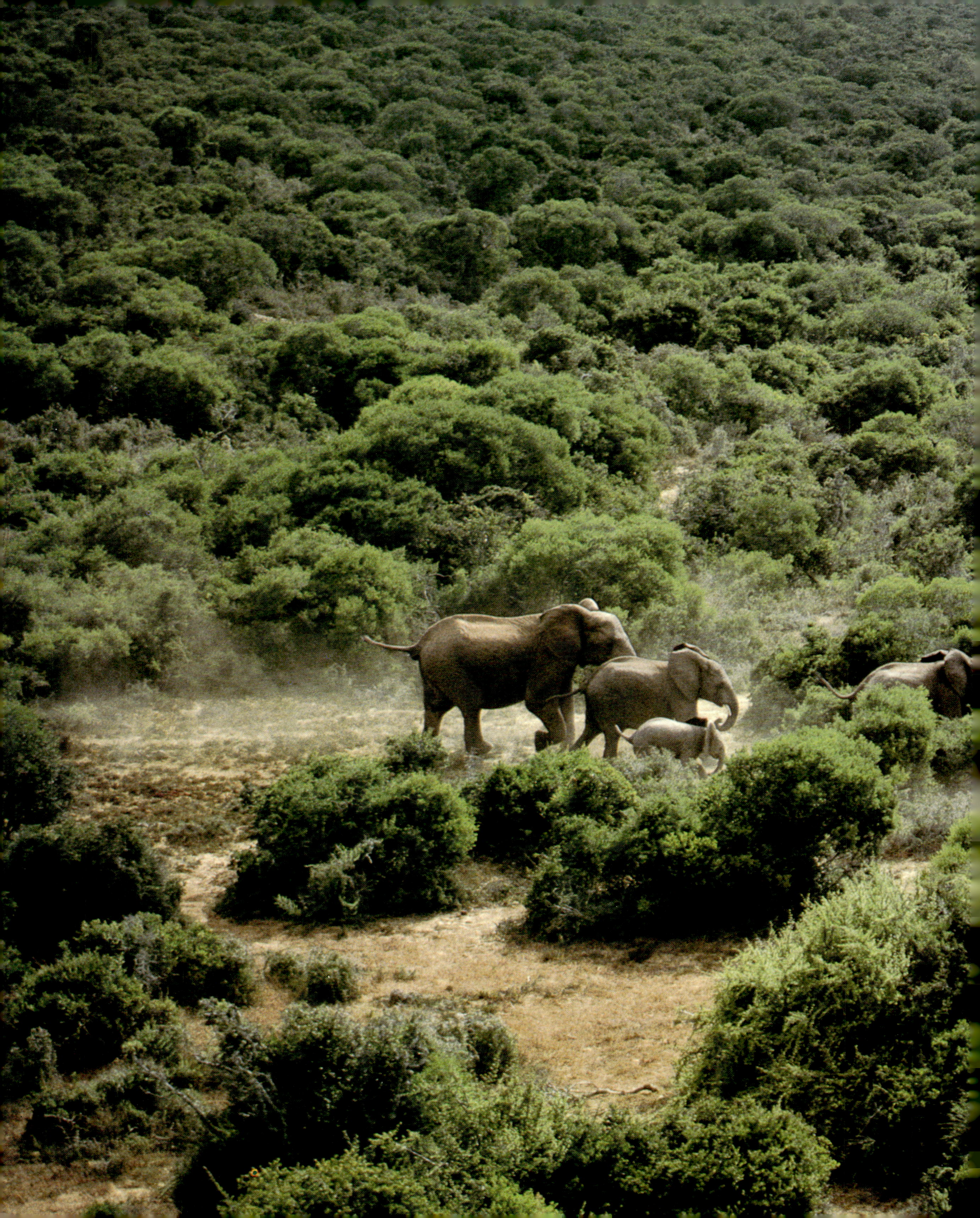

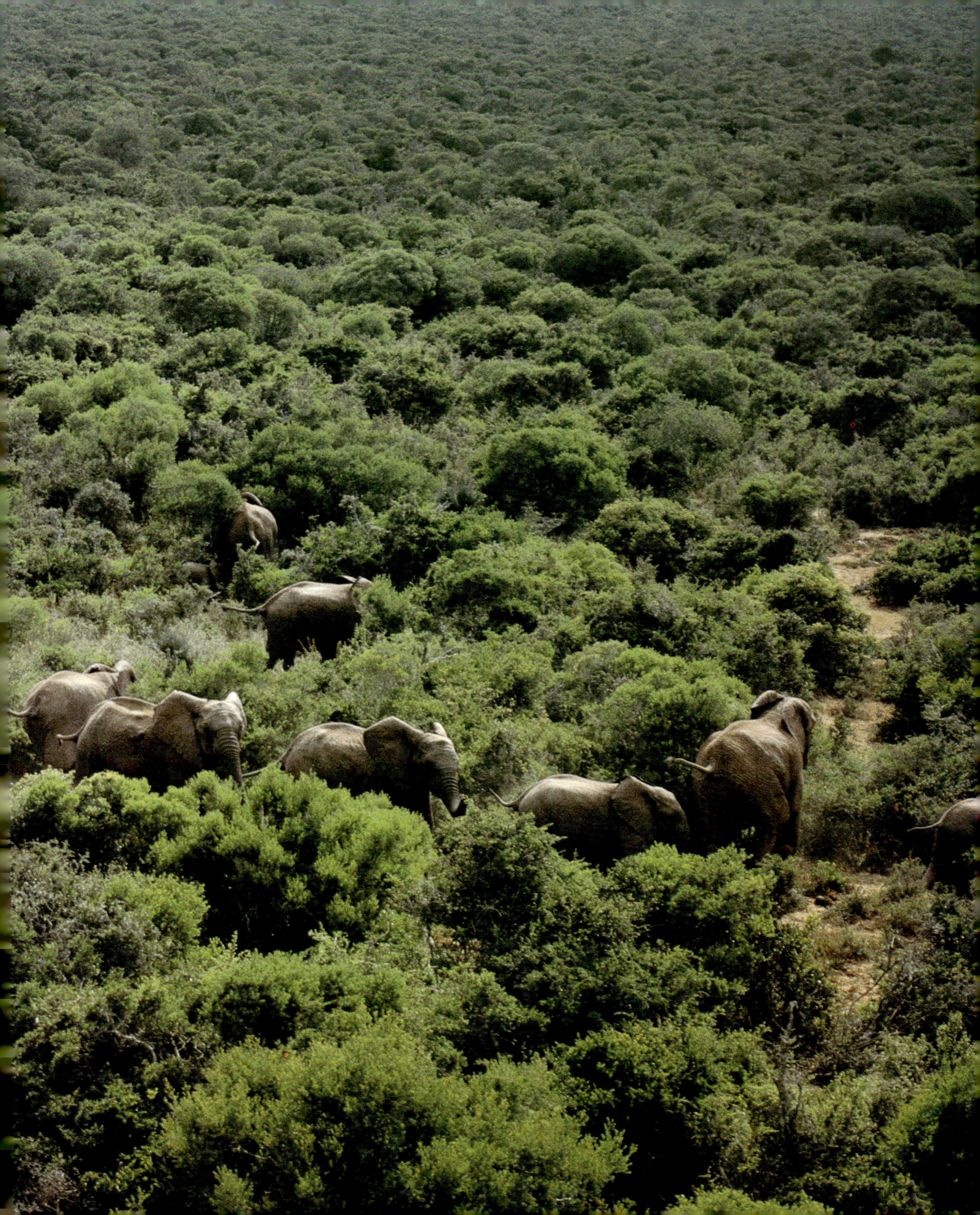

Spekboomveld einen für sie idealen Lebensraum und konnten sich in ihrer neuen Umgebung gut eingewöhnen und vermehren. Dennoch muß man heute sagen, daß es ein Fehler war, sie aus Kenia zu holen. Das kenianische Spitzmaulnashorn gehört nämlich zu den nördlichsten afrikanischen Unterarten der Spitzmaulnashärner, während Addo früher die südlichste Unterart beheimatete, die jetzt nur noch in Natal und Transvaal zu finden ist. Das Kreuzen von Unterarten wird inzwischen wegen der genetischen Variabilität international als unerwünscht angesehen. In Addo hat man diesen Fehler — wenngleich etwas spät — eingesehen. Später aus Zululand herangeschaffte Nashörner hält man von den kenianischen getrennt.

Drei Tierarten sieht man wegen ihre nachtaktiven Lebensweise nur selten, nämlich das Stachelschwein, das Buschschwein und das Erdferkel. Dennoch ist ihre Anwesenheit unverkennbar. Das Erdferkel bricht mit seinen stahlharten Klauen die Ausgänge von Termitenhügeln auf und frißt die Termiten. Außerdem hinterläßt es Vertiefungen, die später von etlichen Tieren angenommen werden, so zum Beispiel von der Graukopf-Rostgans, die ihr Nest regelmäßig in verlassenen Erdferkelkuhlen anlegt. Die Visitenkarten des Stachelschweins sind dagegen die auffällig schwarz-weiß gebänderten Stacheln, die es hier und da am Wegrand verliert.

Erstaunlicherweise scheint es, daß sowohl das Erdferkel als auch das Stachelschwein ihre Nahrungsressourcen nicht radikal erschöpfen, sondern pflegen. Das Erdferkel zerstört einen Termitenbau niemals völlig, sondern bricht nur einen Teil auf, frißt die Bewohner und überläßt es den Überlebenden,

136. Durch heftiges Flügelschlagen schützt sich ein Sekretär vor dem Biß seines Opfers, einer zukkenden Schlange, die er mit kräftigen Hieben seiner Klauen tötet.

die Schadstelle auszubessern und sich wieder zu vermehren. Vom Stachelschwein vermutet man neuerdings, daß es in neun von zehn Fällen ein bis zwei beblätterte Sprossen oder Knollen übrig läßt, wenn es Zwiebelpflanzen für eine Mahlzeit ausgräbt. Dabei lockert es außerdem den Boden auf und schafft eine flache Kuhle, in der sich das Wasser sammeln kann. So verbessert es die Wachstumsbedingungen für die verbliebenen Knollen.

Obwohl das Buschschwein auch weitgehend nachtaktiv lebt, kann man es von den drei genannten Tierarten am häufigsten sehen. Es spielt eine wichtige Rolle im Addo-Bushveld, denn es wühlt bei der Futtersuche verhältnismäßig große Flächen um, lockert und lüftet so den Boden und schafft damit günstige Voraussetzungen für das Keimen der Sämlinge vieler Pflanzenarten.

In den ersten Jahren nach der Gründung des Nationalparks genossen die Elefanten von Addo wahrhaftig keinen guten Ruf. Sie hatten jahrelang im direkten Kampf gegen Menschen gestanden und waren gefährlich und tückisch. Von den Tieren, die 1954 innerhalb von Armstrongs Umzäunung lebten, hatten zumindest zwei bereits Menschen umgebracht. So ist es verständlich, daß Wärter und Ranger Abstand hielten, besonders, wenn der legendäre Bulle „Hapoor" erschien, der seinen Namen einer tiefen Kerbe am linken Ohr verdankte. Ebenso bösartig verhielten sich die Elefantenkühe, die gewöhnlich sofort angriffen, wenn sich jemand in das eingezäunte Areal begab, das „Elefanten Camp" hieß. Eine „neutrale" Zone blieb die Stelle in der Nähe des Rastlagers für Touristen, wo die Elefanten während der Wintermonate mit Apfelsinen gefüttert wurden.

Als der Zoologe Anthony Hall-Martin im Mai 1976 sein Forschungsprojekt über die Elefanten von Addo begann, begegneten sie ihm mit der bekannten Aggressivität, die er als Behinderung seiner Arbeit, zugleich aber auch als eine Herausforderung empfand. Um überhaupt arbeiten zu können, mußte er die Elefanten in freier Wildbahn angehen. Entsprechende Versuche führten schließlich zu gegenseitiger Anerkennung, nachdem Hall-Martin mehrere Angriffe verharmlost und damit langsam das Vertrauen der Tiere erworben hatte. Die Elefanten störten sich bald nicht mehr daran, daß sein Auto in ihrer Nähe auftauchte. Er folgerte daraus: Sobald die Tiere seinen Wagen als völlig neutral betrachteten, würden auch andere Autos in das umzäunte Gelände fahren können. Dann wäre es möglich, auch diesen Teil des Parks für Besucher freizugeben, ohne folgenschwere Zusammenstöße zwischen Elefanten und Menschen fürchten zu müssen. Inzwischen lassen die Elefanten Autos völlig unbeachtet.

Das zusätzliche Füttern der Elefanten paßt nicht zum Konzept eines Nationalparks, doch das ursprüngliche Motiv dafür war durchaus gerechtfertigt. Als Trollope die Aufsicht über den Park erhielt, konnten die Elefanten das Gelände jederzeit verlassen, um sich mit den Leckerbissen zu versorgen, an die sie sich während ihrer Raubzüge durch benachbarte Apfelsinenhaine und Kürbisfelder gewöhnt hatten. So saß Trollope in einer Zwickmühle. Er mußte die Elefanten von solchen Ausbrüchen abhalten, und die von ihm praktizierte Lösung entbehrte nicht der Logik. Welchen besseren Anreiz konnte es geben als Apfelsinen, für die sie doch eine sichtbare Vorliebe hegten? So begann das zusätzliche Füttern. Später zeigte sich, daß Besucher den Vorgang aus sicherer Entfernung anschauen konnten, und die Fütterungen wurden zum beliebten Anziehungspunkt.

Im Jahre 1977 wurde das Füttern jedoch zum Problem. Die Anzahl der Elefanten hatte so stark zugenommen, daß der Futterneid zwischen den Elefantenfamilien zu Kämpfen an der Futterstelle führte, die oft mit Verletzungen endeten. So stellte man die Fütterungen ein, was die Puristen freute. Dessen ungeachtet war das wohl ein notwendiger Schritt zur rechten Zeit und lag zweifellos im Interesse des Naturschutzes.

Ursprünglich hatte man die Elefanten von Addo für eine eigenständige Unterart gehalten, doch moderne Systematiker ordnen sie zusammen mit allen anderen Busch- und Savannen-Elefanten Afrikas der einzigen Art *Loxodonta africana* zu. Einige Besonderheiten unterscheiden die Addo-Elefanten allerdings von den anderen. Am stärksten fällt auf, daß die weiblichen Tiere gewöhnlich keine Stoßzähne haben, während die Stoßzähne der Bullen bemerkenswert klein und schmal sind. Das ist eine genetische Eigenheit, die von Generation zu Generation weitergegeben wird. Der Grund für diese Entwicklung liegt vermutlich in der Vergangenheit, als Elefanten mit kräftigen Stoßzähnen den Elfenbeinjägern zum Opfer fielen, während man minderwertigen Stoßzähnen keine Beachtung schenkte, solche Tiere also vorbeiziehen ließ. Gerade diese Tiere vermehrten sich dann und gaben die Anlage zu leichten Stoßzähnen an ihre Nachkommen weiter.

Auch Ohr- und Körperform der Elefanten von Addo sind von anderen etwas verschieden, doch nicht so stark, daß das auf eine besondere Unterart hindeuten würde. Wenn man sich in Erinnerung ruft, daß alle heute in Addo lebenden Elefanten von den elf Überlebenden des Jahres 1931 abstammen, erstaunt eine gewisse gemeinsame Ähnlichkeit nicht mehr als bei jeder anderen Elefantenherde, die für so lange Zeit isoliert war. Darüber hinaus lebte jahrelang nur ein geschlechtsreifer Bulle in der Herde, nämlich der berüchtigte „Hapoor", der mit an Sicherheit grenzender Wahrscheinlichkeit der Vater aller zwischen 1954 und 1968 geborenen Kälber war. Dann wurde er erlegt, nachdem er den Armstrong-Zaun durchbrochen hatte.

An seine Stelle als beherrschendes Leittier

137. Die immergrüne Buschvegetation von Addo beheimatet eine unglaublich dichte Tierpopulation. Auch Horden Grüner Meerkatzen leben hier. Sie ernähren sich von Pflanzen und Insekten.

trat der Bulle „Lankey", der bis in die jüngste Zeit hinein alle Kälber zeugte, aber allmählich immer stärkerer Konkurrenz anderer geschlechtsreifer Bullen ausgesetzt war, bis ihn einer seiner Rivalen schließlich tötete. Die genetische Prägung der Herde durch die Bullen „Hapor" und „Lankey" wird auch noch bei mehreren zukünftigen Generationen von Elefanten in Addo deutlich erkennbar bleiben. Seit 1954 hat die Elefantenpopulation von Addo jährlich um fast 7 Prozent zugenommen. Heute gibt es dort 120 Elefanten und kein Anzeichen für eine Abnahme der Geburten. So verwandelte sich die Aufgabe vom Retten und Wiederaufbauen der Herde in das Problem, mit einer zu großen Anzahl fertigzuwerden. Der Nationalpark hat nur eine begrenzte Ausdehnung, und das vorhandene Großwild richtet bereits jetzt in Teilen des Ökosystems Schaden an.

Die Lage macht deutlich: Je kleiner der Nationalpark ist, desto genauere Planung und Verwaltung sind notwendig. Obwohl die Elefanten von Addo verglichen mit ihren Vettern im Krüger Nationalpark recht gemäßigte Kostgänger sind, die nicht wie jene verschwenderische Freßgewohnheiten haben, beginnt die Vegetation doch bereits Schäden zu zeigen, einfach weil zu viele Elefanten ernährt sein wollen.

Die Elefanten von Addo stoßen keine Bäume um oder reißen mutwillig mehr ab, als sie zu fressen beabsichtigen, aber sie sind durchaus wählerisch in ihrer Kost. Das hat dazu geführt, daß mindestens sechs Pflanzenarten völlig ausgerottet oder stark reduziert worden sind. Allein die Menge an benötigtem Futter ist ungeheuer groß, was auf die Dauer nicht ohne Folgen bleiben kann. Wo die Elefanten rasten oder herumstehen, wird das Gebüsch zertreten und das Wachstum von Gras oder anderen kleinen Pflanzen begünstigt, die zuvor im Schatten dichten Gestrüpps nicht gedeihen konnten. Das wiederum kommt zwar den Büffeln und anderen Tieren zugute, die von Gras und Kräutern leben, aber die Elefanten lösen erwiesenermaßen Veränderungen in der einzigartigen Pflanzengemeinschaft des Valley Bushveld aus.

Die Tatsache, daß eine verhältnismäßig große Anzahl von Elefanten an einen begrenzten Lebensraum gebunden ist, führt auch zu Schwierigkeiten in der Rangordnung. Das wirkt sich zum Beispiel in verstärkten Kämpfen zwischen den Bullen aus, besonders wenn sie geschlechtsreif werden und begierige Blicke auf die Kühe richten. Solche Raufereien können tagelang dauern. Wäre der Park nicht eingezäunt, hätten schwächere Bullen die Möglichkeit, sich den Angriffen stärkerer Tiere zu entziehen, aber unter den gegebenen Umständen bleibt ihnen keine Wahl. In Addo werden bei derartigen Zusammenstößen mehr Elefanten verletzt und getötet als bei irgendeiner anderen bekannten Elefantengruppe. Und was wird die Zukunft bringen? Zum drittenmal in diesem Jahrhundert steht man vor der Notwendigkeit, eine Lösung der Probleme mit den Elefanten von Addo zu finden. Werden schwere Jagdgewehre und mit Betäubungsmitteln präparierte Pfeile die Lösung sein, oder gibt es eine Alternative, so wie damals Trollope und Armstrong Alternativen zu der von Pretorius praktizierten Lösung fanden?

Es gibt plausible Gründe zu der Annahme, daß eine Stückzahl von 500 Tieren das Minimum ist, wenn man die angemessene genetische Vielfalt einer Population sicherstellen will. Um 500 Elefanten in Addo zu ernähren, brauchte man ein Gebiet von mindestens 40 000 Hektar mit der gleichen Fruchtbarkeit wie der bestehende Park, oder bei geringerem Nahrungspotential eine noch größere Fläche. Damit liegt der Schlüssel zur Lösung des Problems in der Vergrößerung des Parks. Das wäre auch zur Erhaltung der Bushveld-Vegetation dringend notwendig. Um die vorhandene Belastung der Vegetation zu vermindern, erweiterte man das eingezäunte Gebiet im Jahre 1977 auf 3 953 Hektar, zu Beginn des Jahres 1982 auf etwa 7 500 Hektar, also auf eine Fläche, die 90 bis 95 Elefanten ernähren kann. Aber das ist noch immer zu wenig für die augenblickliche Anzahl, und der Bestand wächst ständig.

Umsiedlung wäre keine angemessene Lösung, denn Gebiete wie das Andries Vosloo Kudu Reservat nördlich von Grahamstown könnten zwar einige der Elefanten aufnehmen, aber es gibt keine so großen Flächen „freier" Wildbahn mehr, um eine lebensfähige Population zu ernähren. Und wieder kommt die „magische" Zahl von 500 Stück ins Spiel. Um die genetischen Besonderheiten der Elefanten von Addo zu erhalten und ihr Überleben, soweit das überhaupt möglich ist, zu garantieren, muß die zukünftige Planung von einer einzigen großen, geschlossenen Population in diesem Gebiet ausgehen. Gleiches gilt für die Büffel. Ihre augenblickliche Anzahl liegt zwischen 100 und 300 Tieren. In diesem Fall bietet die Zahl 500 ebenso die genetisch nötige Sicherheit, was zugleich mehr Land auch für die Büffel bedeutet.

138, 139. Ein Pillendreher *Circellium bacchus* beim Rollen einer Kugel aus Büffeldung. Er gehört zu den vielen Kleintieren, die fast unbemerkt vom Naturschutz in den südafrikanischen Nationalparks profitieren. Man nimmt an, daß der Pillendreher durch das Rollen des Dungbällchens ein Stück Nahrung für sich beiseite schafft, um nicht mit anderen Konkurrenten wie diesen Halsbandfrankolinen (139), die im Dung nach Körnern suchen, um die Beute streiten zu müssen. Der Dung bietet dem Pillendreher aber nicht nur Nahrung, sondern kann auch zu einer geschützten Kinderstube und Speisekammer für die Larven werden. **140.** Jeder, der das dichte Unterholz des Addo-Parks auf der Suche nach Nahrung durchstreift, kann unvermutet einem der furchterregenden Kaffernbüffel von Angesicht zu Angesicht gegenüberstehen. Die Büffel führen — vermutlich weil man ihnen früher tagsüber nachstellte — ein nachtaktives Leben. Sehr früh am Morgen oder spätabends wagen sie sich aus dem schützenden Dickicht. Die Freßgewohnheiten der Elefanten, ihre Trampelpfade und Rastplätze schaffen Lichtungen, auf denen sich im Gegensatz zur ursprünglichen Vegetation Gras ausbreitet. Das kommt den Büffeln zugute, die lieber Gras als Blattwerk fressen.

Die andere Alternative wäre die Auslese durch den Menschen. Doch die Nationalparkverwaltung zögert noch, diesen Schritt zu gehen, denn damit würde die genetische Sicherung des Bestandes unterlaufen, die man sich zur Aufgabe gestellt hat. Land kostet viel Geld. Man kann es anders, gewinnbringender nutzen als mit 500 Elefanten. Die Farmer haben Angoraziegen eingeführt, die im Spekboomveld prächtig gedeihen und alljährlich zur Schurzeit einen Gewinn erwirtschaften, den kein Elefant je erbringen könnte. Mit Hilfe einer kürzlich erfolgten Schenkung hat die Parkbehörde 800 Hektar benachbartes Land gekauft, doch das reicht nicht einmal, um die augenblicklichen Bedürfnisse der Elefanten zufriedenzustellen. Elefanten sind Tiere, die bei Menschen positive Emotionen wecken, und vielleicht wird die Öffentlichkeit in naher Zukunft notwendige Spendenaktionen unterstützen. Wenn das geschähe, wäre ein anderer großartiger Nutzeffekt erreicht: Das Spekboomveld im Nationalpark könnte geschützt werden. Noch einmal kämen die Bedürfnisse der Elefanten auch der Boerboon, dem Pillendreher und den unzähligen Kleintieren zugute, die Schutz brauchen, aber nicht den nötigen Bekanntheitsgrad besitzen, um für die Öffentlichkeit interessant zu sein.

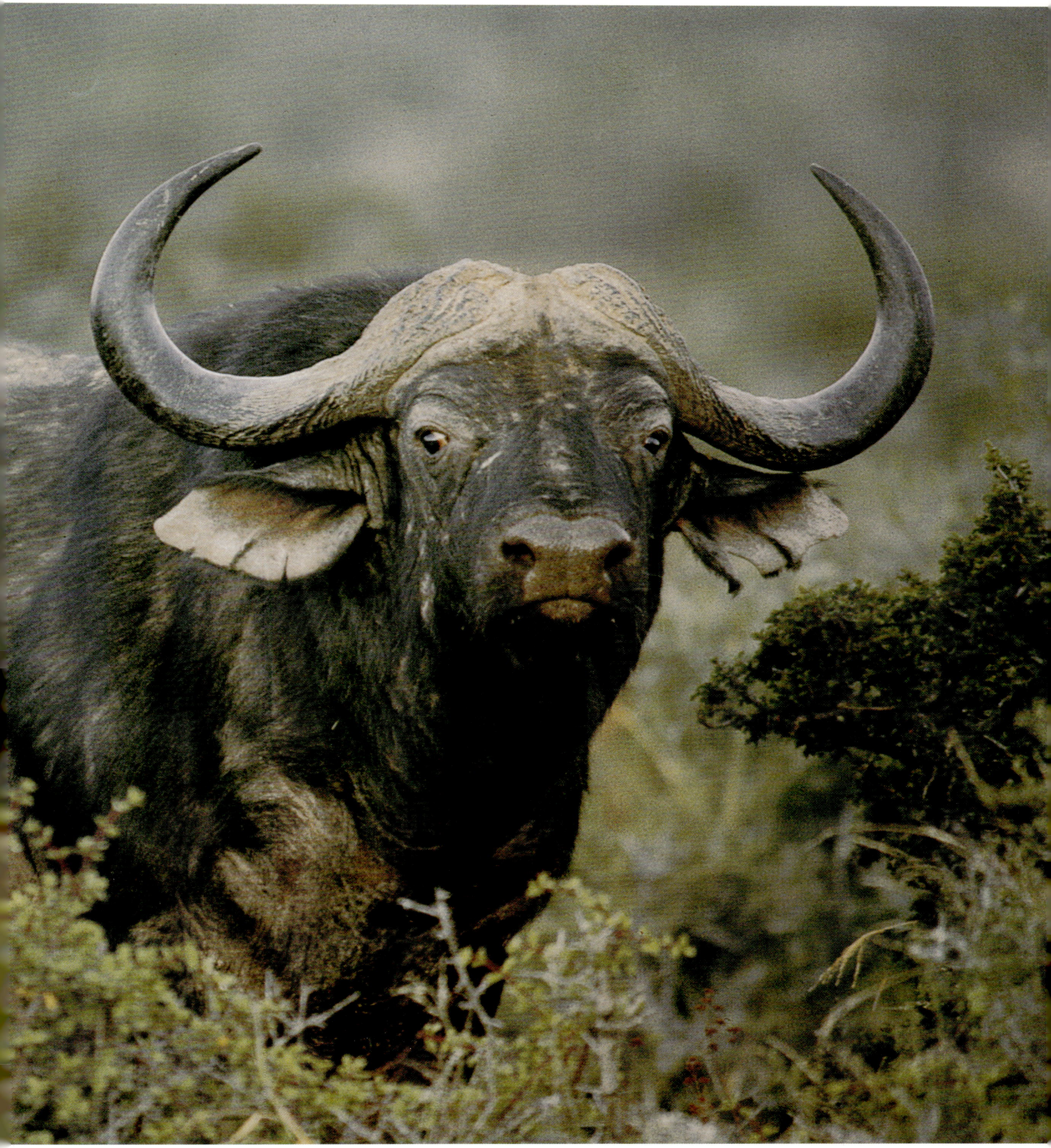

122 ADDO ELEPHANT NATIONALPARK

141

ADDO ELEPHANT NATIONALPARK 123

141. Diese beiden jungen Bullen beginnen nach einem erfrischenden Schlammbad einen Ringkampf. Ihre kleinen Stoßzähne sind ein typisches Merkmal aller Elefantenbullen von Addo. Die Kühe tragen überhaupt keine Stoßzähne. Früher nahm man an, die Elefanten von Addo gehörten zusammen mit denen des Knysna Forest als letzte Überreste zu einer besonderen Unterart. Heute dagegen gilt es als sicher, daß sie wie alle Elefanten Afrikas nur einer Art zuzurechnen sind. Unterschiede der Ohrform, ihre im allgemeinen geringere Körpergröße und die leichteren Stoßzähne sind wahrscheinlich genetisch verfestigte Anpassungen an die Umwelt. **142.** Der massive Körper des Elefanten erschwert den Wärmeaustausch. Hier nimmt ein Elefant ein kühlendes Bad in einer Suhle. **143.** Die großen Ohren helfen dem Elefanten, aufgestaute Wärme abzugeben, denn in ihnen zirkuliert das Blut stärker, sie werden mit Wasser besprizt und zur Kühlung in der Luft bewegt.

144. Familiengruppen werden von Elefantenkühen angeführt, aber die Bullen kämpfen ständig um die Rangordnung. Nur die stärksten Bullen haben Zugang zu geschlechtsreifen Kühen. Während der vergangenen 30 Jahre zeugte zunächst der berüchtigte Hapoor und, nachdem er erlegt werden mußte, ein Bulle namens Lankey die meisten der in Addo geborenen Kälber. Nach einem Kampf unterwirft sich der Verlierer, indem er dem Sieger gestattet, ihn zu einer Scheinbegattung zu besteigen. Da die Zahl der Elefanten von ursprünglich elf Tieren inzwischen auf über 100 gestiegen ist, wird der soziale Druck immer offensichtlicher. Die Elefanten von Addo kämpfen öfter miteinander — gelegentlich sogar mit Todesfolge — als jede andere bekannte Elefantenherde in Afrika.

145. Ein junges weibliches Tier, das vom Leitbullen einer anderen Herde an einer Wasserstelle herausgefordert wurde, läuft eilig zur eigenen Herde zurück. **146.** Dieses Elefantenbaby ist höchstens einige Monate alt. Es könnte durchaus ein Alter von etwa 60 Jahren erreichen. Nachdem die Elefanten von Addo ein halbes Jahrhundert lang geschützt worden sind, vermehren sie sich weiterhin erfolgreich. Im Durchschnitt kalbt jede Kuh alle drei bis vier Jahre. Aber damit ist ein neues Problem entstanden. Die Elefanten zerstören durch ihre große Zahl allmählich den für sie geschaffenen Nationalpark.

MOUNTAIN ZEBRA NATIONALPARK

**AUFGEZÄUMT MIT ZÜGELN AUS GOLDENEN STRAHLEN
ZOGEN DIE ZEBRAS IN DER MORGENDÄMMERUNG ÜBER DIE EBENE.**
ROY CAMPBELL. DIE ZEBRAS.

Das Bergzebra, das den wissenschaftlichen Namen *Equus zebra* trägt, nimmt unter den gestreiften Pferden Afrikas einen besonderen Platz ein, denn es wird als einzige der drei lebenden Arten (die vierte, das Quagga, ist ausgestorben) und zweier Unterarten im „Red Data Book" der gefährdeten Tiere als „anfällig" genannt. Noch 1930 wäre das Bergzebra zu Recht als „gefährdet", wenn nicht gar als „selten" eingestuft worden. Diese Verbesserung ist das direkte Ergebnis der gemeinsamen Bemühungen von Menschen, die sich intensiv der Aufgabe widmen, dieses hübsche Tier vor dem Schicksal zu bewahren, das seinem Verwandten, dem Quagga, zugestoßen ist.

Ursprünglich blieb seine bedrohte Lage unbeachtet, denn für den „Mann auf der Straße" bleibt ein Zebra eben ein Zebra, und die Unterschiede im Fellmuster und im Lebensraum ändern daran wenig. Die Tatsache, daß das Burchell-Zebra in den afrikanischen Savannengebieten so auffällig gut gedieh, stellte die meisten Leute zufrieden und verschleierte das Schicksal seiner Verwandten, die nur in den Gebirgen des Kaplands südlich des Oranje lebten. Kap-Bergzebras unterscheiden sich deutlich von Burchell-Zebras. Ihnen fehlt der abgetönte „Schatten" zwischen den schwarzen Streifen. Sie haben eine deutliche Wamme, eine dünnere Mähne, ein orangefarbenes Maul, einen weißen Bauch, ein charakteristisches regelmäßiges Gittermuster am Rumpf und dunkle Streifen, die an den Beinen bis zum Huf reichen. Außerdem sind sie kleiner und besonders an das Leben auf steinigem Boden angepaßt.

Das Bergzebra hatte durchaus Verbündete, und zu Beginn der dreißiger Jahre dieses Jahrhunderts empfahl der National Parks Board, eine Farm im Gebiet von Cradock aufzukaufen, um diese seltene Tierart zu schützen.

Doch für viele galt Naturschutz noch als ein teurer Luxus, insbesondere wenn man dafür Land kaufen sollte. Der damalige Minister of Lands verhinderte den Kauf, denn er glaubte fälschlicherweise, das Kap-Bergzebra sei mit dem etwas größeren (und braunen) Hartmann-Bergzebra identisch, das im heutigen Angola und Namibia lebte. Da das Hartmann-Bergzebra dort recht zahlreich vorkam, sah der Minister keinen Grund, den Plan zu finanzieren.

Bemühungen, den Irrtum aufzuklären, blieben unbeachtet, bis das Eingreifen von Chief Justice de Wet Klarheit schuf. In einem persönlichen Brief an den damaligen Premierminister J. B. M. Hertzog beschwor der Oberste Richter die Regierung, bestimmte Farmen bei Cradock zu erwerben, um das Kap-Bergzebra zu retten. Nun konnte die Angelegenheit nicht länger beiseite geschoben werden, und im Jahre 1937 wurde die 1712 Hektar große Farm „Babylons Toren" aufgekauft und zum Mountain Zebra Nationalpark erklärt. Seither integrierte man noch andere Farmen in den Nationalpark, der gegenwärtig eine Fläche von 6536 Hektar hat.

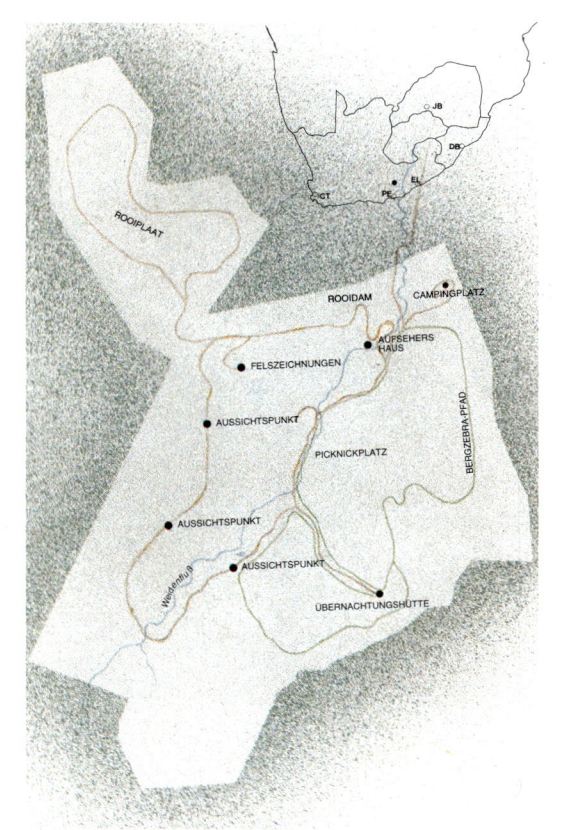

Von Anfang an galt es als Hauptziel des Parks, eine lebensfähige, genetisch reine Population der Art zu erhalten. Die Erfolgsaussichten waren nicht sonderlich ermutigend, wie auch die heutige Lage keine Garantie dafür sein kann, daß das Bergzebra weiterbesteht, denn es gilt als allgemein anerkannt, daß mindestens 500 Tiere einer Art notwendig sind, um auf lange Sicht die genetische Vielfalt und damit einen gesunden Fortbestand der Art zu gewährleisten. Die Kapazität des Parks reicht aber nur für 200 Bergzebras, was zukünftige Planungen nachhaltig beeinträchtigt. Wenn der Park seiner ursprünglichen Aufgabe gerecht werden soll, muß er derart erweitert werden, daß die Zahl der Bergzebras der „Sicherheitsmarke" von 500 Tieren entsprechen kann.

Während die Fachleute von heute mit der „magischen" Zahl von 500 arbeiten, fragten sich die Verantwortlichen früherer Tage, wie man das Bergzebra überhaupt retten könne. Zur Zeit seiner Gründung gab es in dem Park ganze fünf Hengste und eine Stute, die ein Jahr später nach der Geburt eines Fohlens starb. Bis 1945 überlebten nur zwei Hengste und die junge Stute. 1946 starb die Stute, ohne geworfen zu haben. Mit nur zwei verbliebenen Hengsten als Vertreter einer ganzen Art sah die Zukunft des Parks ausgesprochen düster aus.

147. An den Hinterteilen erkennt man deutlich das für Bergzebras charakteristische Streifenmuster. Diese Bergzebras erklimmen auf der Suche nach Gras gewandt einen Geröllabhang auf dem Rooiplaat-Plateau des Parks.

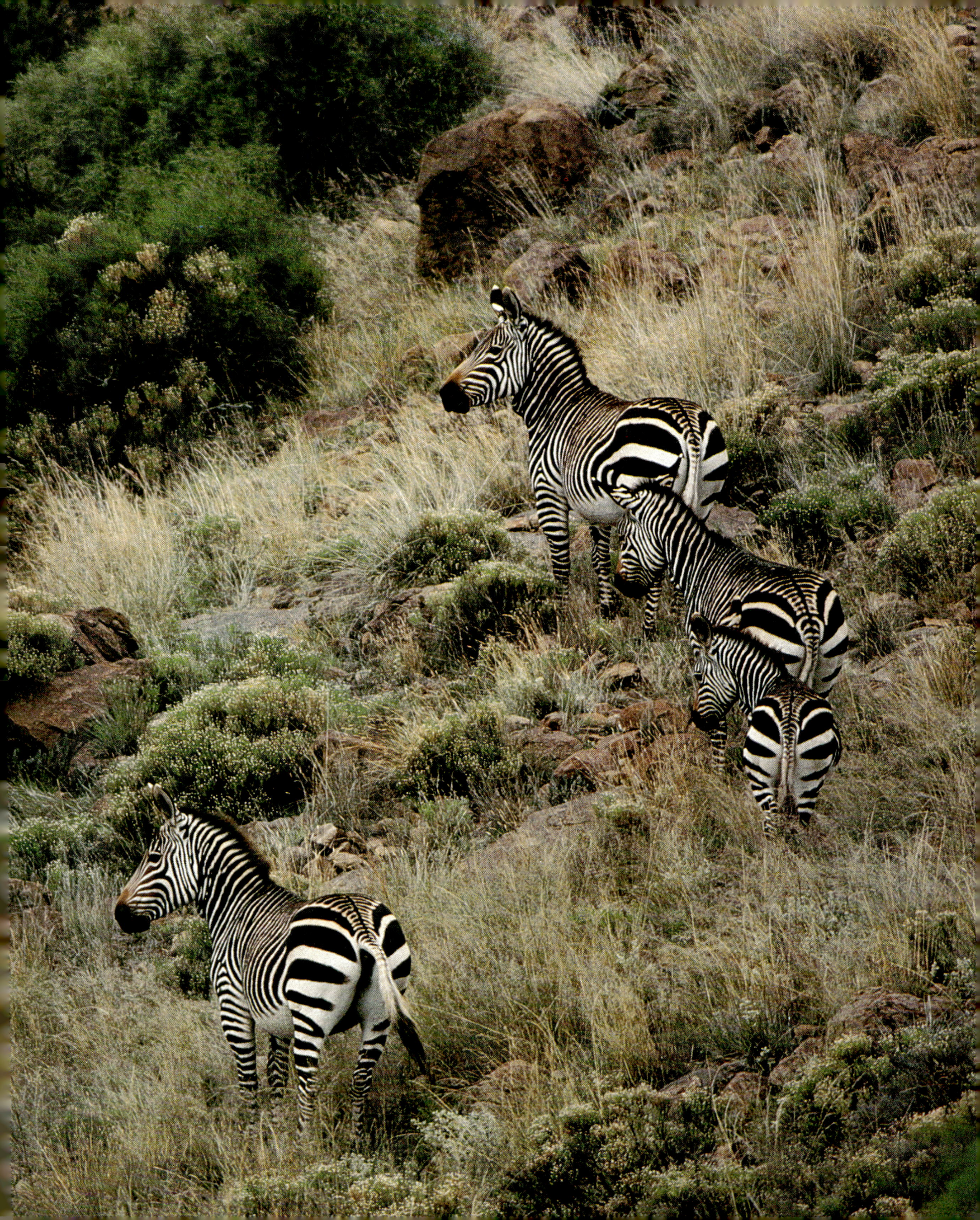

148, 149. Jäger und Gejagte an den Felsabhängen eines Karooberges. Dieser ausgewachsene Klippschliefer mit seinen Jungen hielt sorgsam Ausschau nach den Kaffernadlern, die am Himmel ihre Kreise zogen, und nach anderen Raubtieren, die ihm vom Boden aus bedrohlich werden könnten. Beim ersten Anzeichen von Gefahr hätte der Klippschliefer seinen Nachwuchs in den Bau zurückgescheucht. Doch der Wüstenluchs (149) hatte es auf die Familie abgesehen, ohne bemerkt zu werden. Einen Augenblick später sprang er mitten zwischen die völlig verstörten Klippschliefer. Mit wenigen geschmeidigen Bewegungen, denen man die immerhin 18 Kilogramm Eigengewicht des Tiers nicht anmerkte, hatte sich der Wüstenluchs die Beute gesichert. Die Jagd war vorbei.

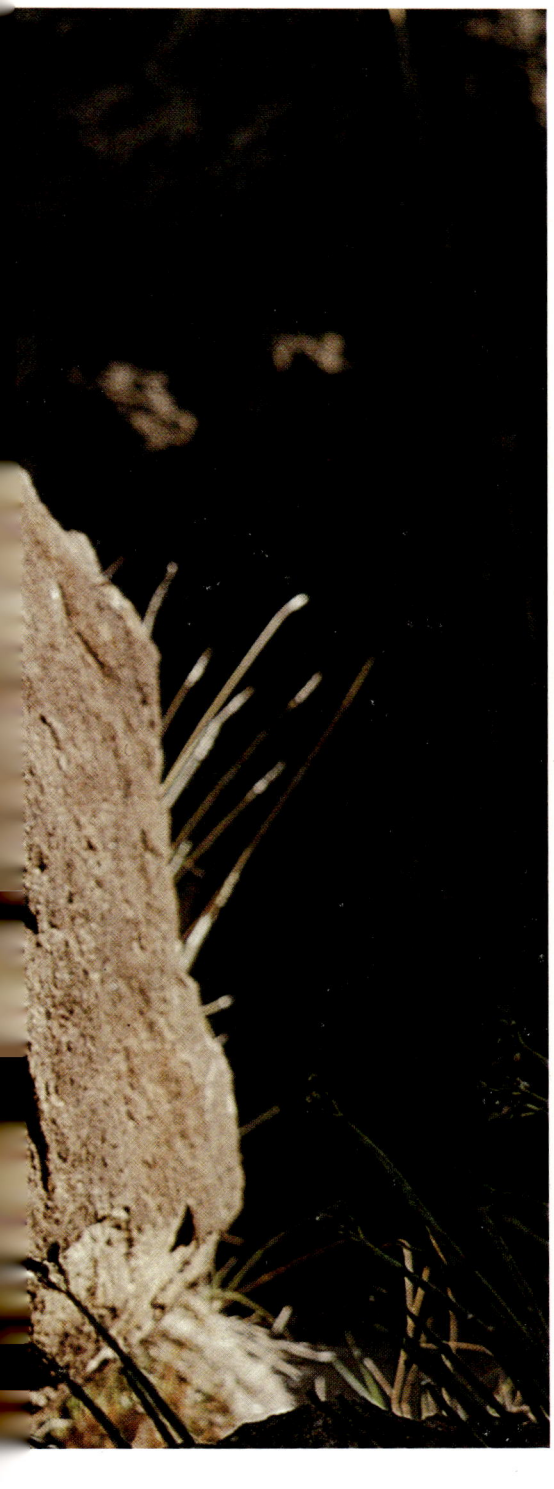

Doch das Bergzebra war noch nicht völlig ausgestorben. Auf benachbarten Farmen gab es noch einige Exemplare, und 1950 gelang es, fünf Hengste und sechs Stuten in den Park zu treiben. Im Jahre 1964 hatte sich dieser Kern zu einer Herde von 25 Tieren entwickelt. Dazu kamen weitere 30 von einer anderen Farm, was die Gesamtzahl auf 55 Exemplare brachte. Außerdem erweiterte man den Park auf seine heutige Größe. Seitdem haben sich die Bergzebras so stark vermehrt, daß die Grenze von 200 Tieren bereits überschritten wurde. In den vergangenen sieben Jahren brachte man deshalb 83 Bergzebras in drei andere Gebiete, wo man neue Populationen aufbauen will, und zwar in das Karoo Nature Reserve bei Graaff-Reinet, in den Tsolwana Game Park in der Ciskei und in den Karoo Nationalpark bei Beaufort West. Die nach Beaufort West gebrachten 30 Tiere scheinen dort gut zu gedeihen, denn sowohl der Mountain Zebra Nationalpark als auch der Karoo Nationalpark schließen Hochebenen ein, und deren Hänge sind mit Grasarten bedeckt, die für Bergzebras besonders geeignet sind.

Wie der weiter westlich gelegene Karoo Nationalpark zeichnet sich auch der Mountain Zebra Nationalpark durch Trockenheit aus sowie durch auffällige Schwankungen zwischen Tages- und Nachttemperaturen und dem unangenehmen Gegensatz zwischen dem Winter, wenn der Bankberg und die Täler des Parks von Schnee bedeckt sind, und dem Sommer mit Temperaturen von 42 Grad Celsius und einem steifen Bergwind, der die Ebenen ausdörrt. Dennoch wirkt der Mountain Zebra Nationalpark lieblicher.

Seine geschützte Lage innerhalb des Halbrunds der Bankberg-Nordhänge beschert dem Park eine jährliche Regenmenge von etwa 400 Millimeter. Der Wilgerboom River (Weidenfluß) durchzieht mit seinen dichtbewaldeten Ufern die gesamte Länge des Parks, der sowohl Berge und Hochflächen als auch tiefer gelegene Täler umschließt.

Ein Teil des Parks, das sogenannte Rooiplaat, ragt nach Norden vor und besteht unter anderem aus einer weiten, grasbewachsenen Hochfläche, auf der sich die meisten größeren Grasfresser aufhalten. Hier wurden Springböcke, Bleßböcke, Weißschwanz-Gnus und Südafrikanische Kuhantilopen wieder heimisch gemacht, und vor fünf Jahren zogen Kudus aus eigenem Antrieb in dieses Gebiet.

Der Bergriedbock hat sich an den felsigen Hängen nicht nur ausgezeichnet eingelebt, sondern sich so stark vermehrt, daß sein Bestand jetzt bereits durch Abschuß und Umsiedlung ausgedünnt werden muß. Nach dem Bergzebra steht diese Antilopenart an zweiter Stelle der Naturschutzbemühungen. Hier kann man übrigens auch auf die gewichtige Elenantilope treffen, die im steinigen Gelände ihres Weges zieht.

Das Bergzebra tritt in der Regel in kleinen Gruppen auf, die aus einem Hengst und zwei bis drei Stuten mit ihren Fohlen bestehen. Junghengste und Hengste ohne Stuten finden sich zu kleinen, losen Gruppen zusammen. Diese Zebraart ist nicht an ein Revier gebunden. Deshalb muß ein Hengst seine Stuten ständig beschützen, besonders gegen Junggesellen, die es darauf abgesehen haben, ihm seine Stuten streitig zu machen. So gibt es dramatische Szenen zwischen wütend kämpfenden Hengsten um den Besitz der geschlechtsreifen Stuten.

Als man den Park einrichtete, gab es dort bereits einige Antilopenarten wie Kronenducker, Steinböckchen, Klippspringer und Rehantilopen, doch waren sie nicht sehr zahlreich vertreten. Seit sie dort ohne ihre natürliche Feinde, die großen Raubtiere, leben, haben sie sich so stark vermehrt, daß ihre Anzahl zum Problem wird. Vor langer Zeit haben Farmer, die um ihr Vieh fürchteten, Löwen und Hyänen ausgemerzt, und gegenwärtig ist der Wüstenluchs das größte Raubtier des Parks. Er wiegt bis zu 20 Kilogramm und kann durchaus einen Bergriedbock reißen.

Im Laufe der Zeit wurde der Erfolg des Mountain Zebra Nationalparks in vieler Hinsicht zur Bedrohung seiner Existenz. Man wollte, sobald der Bestand des Bergzebras gesichert war, ein breites Spektrum jener Tierarten wiedereinführen, die früher dort gelebt hatten. Doch durch Zäune eingesperrt und ohne den ausgleichenden Einfluß der Raubtiere, stieg die Zahl der Antilopen alarmierend. So ist zum Beispiel die Rooiplaat-Hochfläche seit Jahren erschreckend überweidet.

Eine vernünftige Grundlage zur Nutzung des Lebensraumes wäre die folgende Regel: Innerhalb eines bestimmten Zeitraums dürfte nicht mehr weggefressen werden, als in der anschließenden Brachezeit nachwachsen kann. Um das zu ermöglichen, mußte die Parkverwaltung die Tiere umsiedeln, deren Anzahl die Kapazität des Parks überstieg. Wo das nicht möglich war, mußte man die Bestände durch Tötungen ausdünnen, allerdings nicht bei den Bergzebras.

Diese Maßnahmen betrafen auch Bleßbock, Weißschwanzgnu und Strauß. Wie die Bergzebras zur Sicherung ihrer Zukunft mehr Land benötigen, würden alle anderen Bewohner dieses Lebensraumes von einer Vergrößerung des Parks, für die bereits Pläne vorliegen, profitieren.

Zu den Besonderheiten des Parks gehört auch seine Vogelwelt. Die Trockenlandschaft mit ihren felsigen Höhen, den zahllosen Reptilien und kleinen Säugetieren, vielen Insekten und Fröschen bietet etwa 200 Vogelarten Lebensraum. Drei von ihnen werden im „Red Data Book" als bedrohte Arten genannt. Auf den offenen Hochflächen wie Grootmat und Rooiplaat lebt fast das ganze Jahr hindurch die Schwarzbraune Trauerweihe, die einst als äußerst selten galt. Man kann sie hoch über dem Park schweben sehen. Ihr auffallend weißer Körper und die prächtig gestreiften Flügel machen sie zu einem erfreulichen Anblick.

Ebenso selten ist der Kapuhu, von dem wir erstaunlich wenig wissen. Die dritte bemerkenswerte Vogelart in diesem Wildpark ist der Zwergadler, von dem es zwei Populationen gibt. Die eine brütet in Europa und Westasien und zieht im Nordwinter ins südliche Afrika. Die andere brütet während des Südsommers hier und verbringt die Wintermonate in Angola.

Während einer Drei-Tages-Wanderung entlang dem Mountain Zebra Hiking Trail kann der Besucher die für die Landschaft charakteristischen Sukkulenten und Gräser kennenlernen, durch Schluchten klettern, in denen wilde Ölbäume stehen, und sich an Gebirgsbächen und Teichen ausruhen, die mit ihrem üppigen Farnbewuchs an tropische Schlupfwinkel erinnern. Aber auch vom Auto aus erlebt der Besucher die beeindruckenden Gegensätze und die ungewöhnliche Schönheit dieses kleinen, aber bezaubernden Teils der Großen Karoo.

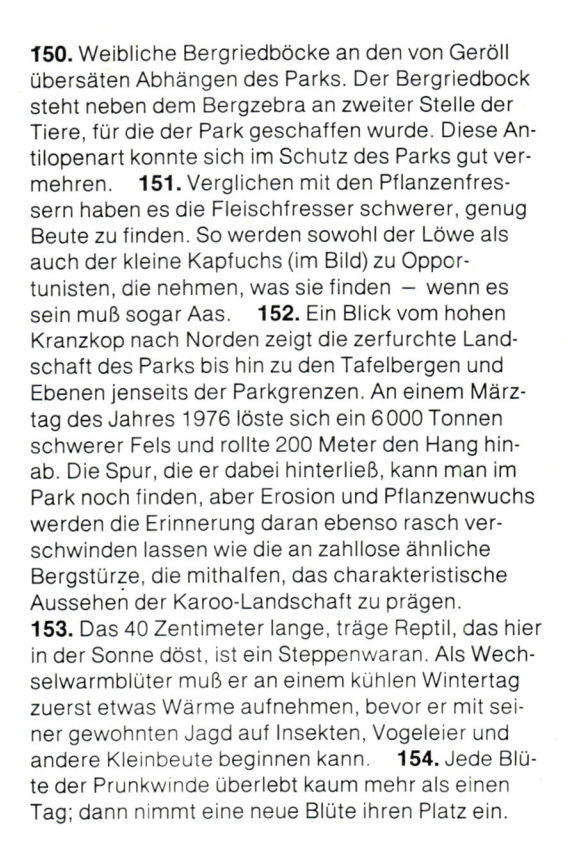

150. Weibliche Bergriedböcke an den von Geröll übersäten Abhängen des Parks. Der Bergriedbock steht neben dem Bergzebra an zweiter Stelle der Tiere, für die der Park geschaffen wurde. Diese Antilopenart konnte sich im Schutz des Parks gut vermehren. **151.** Verglichen mit den Pflanzenfressern haben es die Fleischfresser schwerer, genug Beute zu finden. So werden sowohl der Löwe als auch der kleine Kapfuchs (im Bild) zu Opportunisten, die nehmen, was sie finden – wenn es sein muß sogar Aas. **152.** Ein Blick vom hohen Kranzkop nach Norden zeigt die zerfurchte Landschaft des Parks bis hin zu den Tafelbergen und Ebenen jenseits der Parkgrenzen. An einem Märztag des Jahres 1976 löste sich ein 6000 Tonnen schwerer Fels und rollte 200 Meter den Hang hinab. Die Spur, die er dabei hinterließ, kann man im Park noch finden, aber Erosion und Pflanzenwuchs werden die Erinnerung daran ebenso rasch verschwinden lassen wie die an zahllose ähnliche Bergstürze, die mithalfen, das charakteristische Aussehen der Karoo-Landschaft zu prägen.
153. Das 40 Zentimeter lange, träge Reptil, das hier in der Sonne döst, ist ein Steppenwaran. Als Wechselwarmblüter muß er an einem kühlen Wintertag zuerst etwas Wärme aufnehmen, bevor er mit seiner gewohnten Jagd auf Insekten, Vogeleier und andere Kleinbeute beginnen kann. **154.** Jede Blüte der Prunkwinde überlebt kaum mehr als einen Tag; dann nimmt eine neue Blüte ihren Platz ein.

MOUNTAIN ZEBRA NATIONALPARK 131

153

154

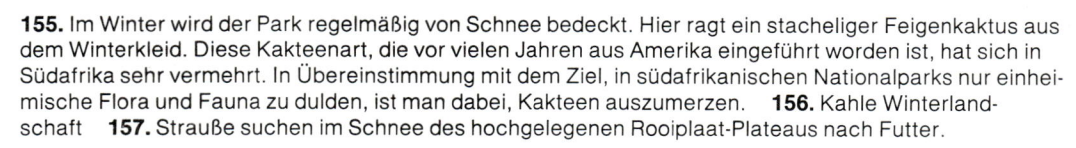

155. Im Winter wird der Park regelmäßig von Schnee bedeckt. Hier ragt ein stacheliger Feigenkaktus aus dem Winterkleid. Diese Kakteenart, die vor vielen Jahren aus Amerika eingeführt worden ist, hat sich in Südafrika sehr vermehrt. In Übereinstimmung mit dem Ziel, in südafrikanischen Nationalparks nur einheimische Flora und Fauna zu dulden, ist man dabei, Kakteen auszumerzen. **156.** Kahle Winterlandschaft **157.** Strauße suchen im Schnee des hochgelegenen Rooiplaat-Plateaus nach Futter.

158. Bergzebras auf der Suche nach Gras in der schneebedeckten Landschaft des Rooiplaat-Plateaus. 1950 brachte man fünf Hengste und sechs Stuten in den Park und ergänzte die Herde einige Jahre später durch etwa 30 weitere Tiere. Das Bergzebra gedieh hier so gut, daß es wohl kaum mehr wie sein Verwandter, das Quagga, aussterben wird.

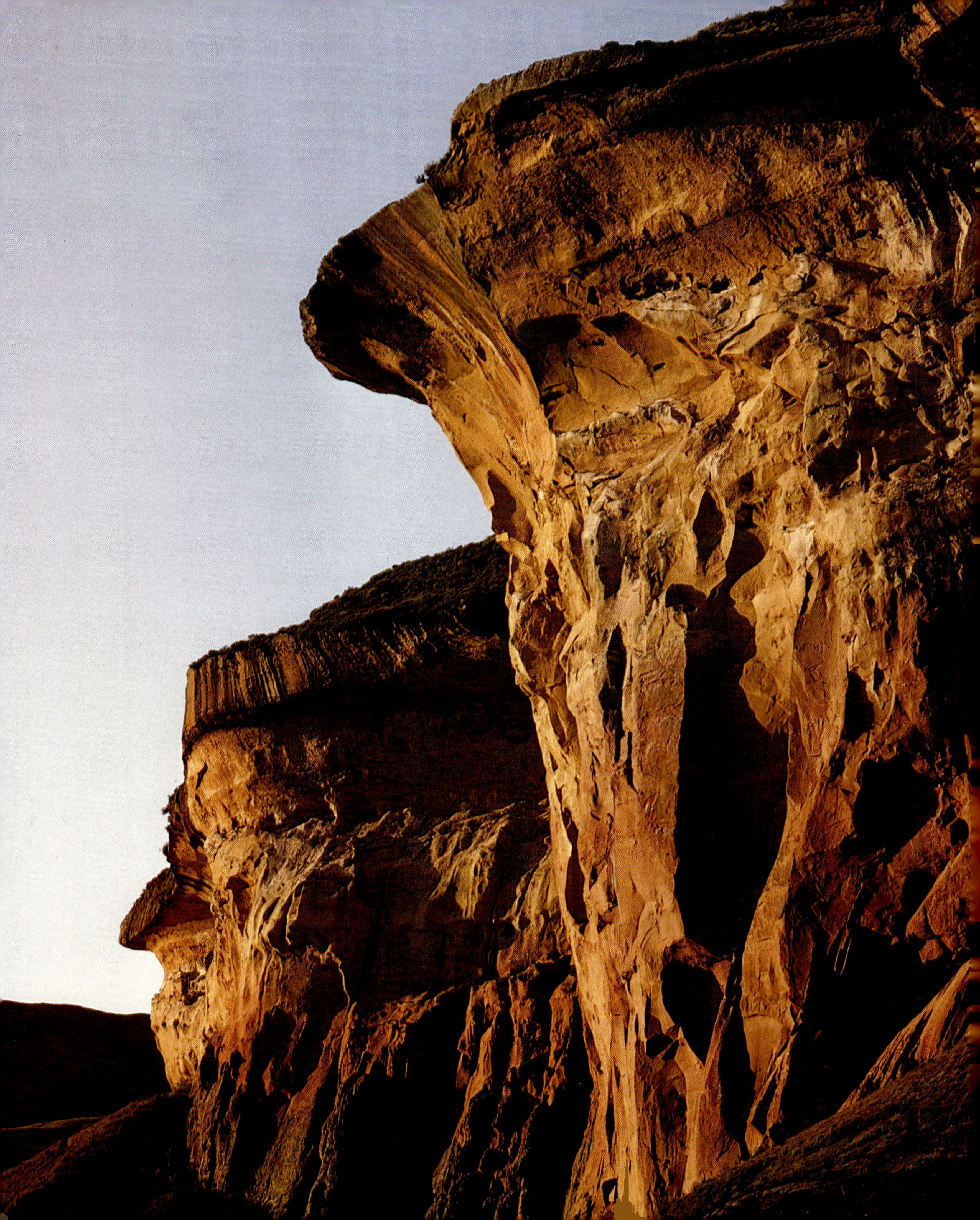

GOLDEN GATE HIGHLANDS NATIONALPARK

**DIE GROSSEN ANTILOPEN JAGEN VON DER EBENE HERAN...
WEIT IHRE NÜSTERN BLÄHEND, VERSCHLINGEN SIE DEN WIND.**
EUGENE MARAIS. TANZ DES REGENS. (ÜBERSETZT VON UYS KRIGE)

Freude an der Natur zu wecken, ist eines der Ziele beim Besuch aller Nationalparks, doch stehen Erholung und Entspannung in einer schönen Landschaft beim Golden Gate Highlands Nationalpark an erster Stelle. In vielerlei Hinsicht fällt dieser Nationalpark aus dem Rahmen, wenn man ihn mit dem Krüger Nationalpark oder dem Kalahari Gemsbok Park vergleicht. Während sonst die Landschaft gegenüber den Ökosystemen mit ihrem Tier- und Pflanzenleben zweitrangig bleibt, war sie hier die eigentliche Ursache zur Parkgründung.

In diesem Nationalpark braucht der Besucher sich weder den schweißgetränkten Staub von der Stirn zu wischen, nachdem er Zeuge der aufregenden Jagd eines Löwen wurde, noch schläft er in einem zu seiner eigenen Sicherheit eingezäunten Lager. Während man die anderen Parks aktiv erleben muß, kann man im Golden Gate Highlands Nationalpark durchaus passiv bleiben. Seine unverfälschte Landschaft lädt zum Nachdenken ein und weckt ein Gefühl von Ruhe und Frieden. Tausende von Besuchern kommen gerade deshalb aus den Ballungsgebieten von Pretoria, dem Witwatersrand und Vereeniging hierher.

Die relative Nähe zum industriellen Kerngebiet Südafrikas beeinflußte den Park-Board-Ausschuß nicht unwesentlich, als er 1962 auf Einladung des Administrators des Oranje-Freistaates nach einem für die Einrichtung eines Highveld-Nationalparks geeigneten Gelände suchte. Während man mögliche Gebiete besichtigte, kam der Ausschuß beinahe zufällig zu den Ausläufern der Malutiberge an der Grenze zu Lesotho. Dort fand man ein Stück Highveld, das zugleich eine beeindruckende Berglandschaft mit hohen, von Wind und Wasser geformten Sandsteinfelsen bot. Grasbedeckte Hochflächen fehlten ebensowenig wie plätschernde Bäche und Rinnsale. Angetan von dieser außergewöhnlichen Schönheit, gab der Ausschuß seine Empfehlungen ab, und im September 1963 wurde der Park mit dem ausdrücklichen Ziel proklamiert, die Landschaft zu erhalten.

Auf einer Fläche von etwas mehr als 6 200 Hektar bietet der Park einen recht großen und beispielhaften Ausschnitt der Sandsteinformationen, die der Landschaft das Gepräge geben. Zugleich umschließt er die Quelle und das obere Einzugsgebiet des Little-Caledon-Flusses. Die artenreiche, alpenähnliche Vegetation des Sourgrass-Veld mit ihren herrlichen Blütenpflanzen ist ebenso sehenswert wie die Lämmergeier hoch in den Lüften.

Die Luft hat hier die prickelnde Frische wie im Gebirge, und da der Park verhältnismäßig hoch und weit im Inland liegt, sind die Jahreszeiten deutlicher ausgeprägt als sonst auf dem Subkontinent. Im Winter kann der Besucher des Golden Gate Highlands Nationalparks Schnee erleben, der im Frühjahr dem ersten Grün der wiedererwachenden Pflan-

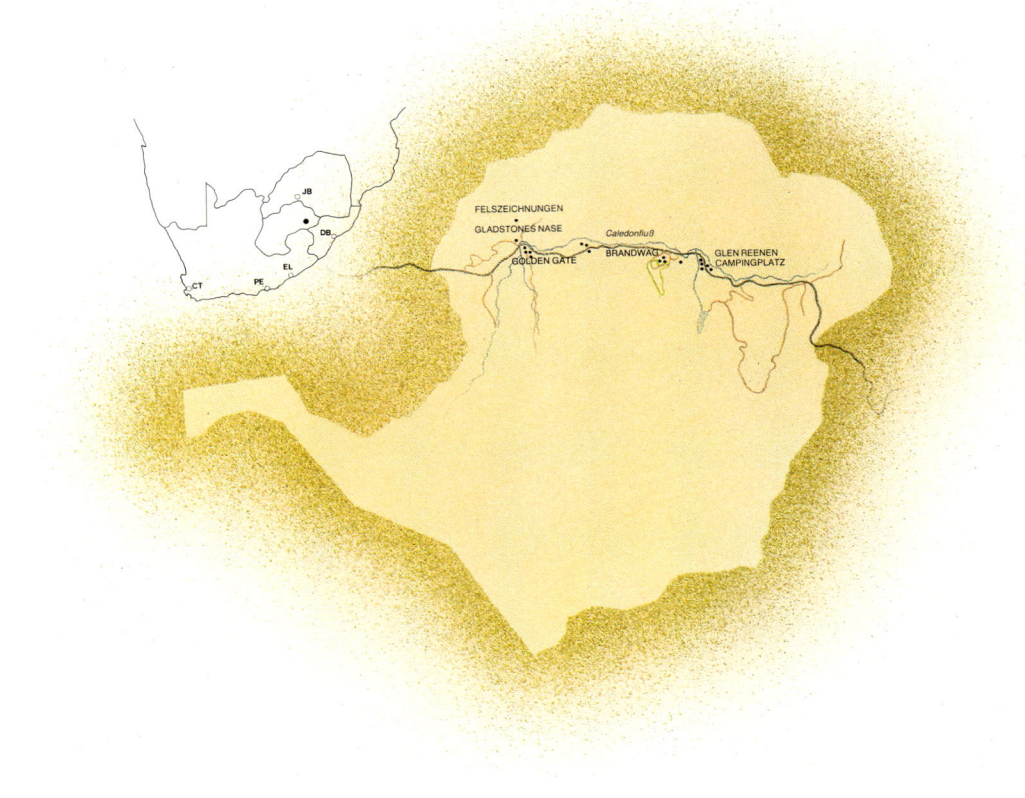

159. Hochaufragende Sandsteinfelsen, deren goldgelbe Farbe in lebhaftem Kontrast zum wolkenlosen blauen Himmel steht, gaben dem Park zu Recht den Namen „Goldenes Tor". Seit Zehntausenden von Jahren färben oxydierende Mineralien, die im Sandstein enthalten sind, die Oberfläche in Gold-, Kupfer- und Rottöne, während Wind und Wasser dem Gestein Formen gaben, die der Phantasie des Betrachters freien Lauf lassen. Der Felsen zur Linken erhielt den Namen „Gladstones Nase", die rechten heißen „Pilzfelsen".

zenwelt weicht. Die warmen Sommertage gehen dann fast unmerklich in den Herbst über, der mit der vollen Palette seiner Farben die Landschaft verzaubert, bis er wiederum vom Winter abgelöst wird.

Während die Farbpigmente der Pflanzen mit den Jahreszeiten wechseln, bleibt die leuchtende Farbe der Felswände ungebrochen. Geologen zählen das Gebiet zu dem sogenannten Karoo-System, das den größten Teil des zentralen Südafrikas umfaßt. An den erodierten Felsüberhängen und Höhlen, den emporgedrückten Hochebenen und den Malutibergen kann man drei geologische Schichten deutlich unterscheiden. Die oberste Schicht besteht aus Basalt, der diese Berge ebenso formte wie die Drakensberge und durch Erstarren riesiger Lavaströme entstand. Die Basaltdecke wurde später gehoben und verwitterte zu den Gebirgszügen, die wir heute parallel zur Ostküste Südafrikas finden. Innerhalb des Parks beginnt diese Schicht oberhalb 2300 Meter. Sie verwittert zu ungewöhnlich fruchtbarem Boden, der nach Meinung von Fachleuten zu den besten Böden des Landes gehört. Hier gedeihen Gräser in einem dichten Teppich, der sowohl die Hochflächen als auch die steilen Hänge von Erosion schützt. Darunter liegt eine Sandsteinschicht, die als Clarens Sandstone bekannt ist. Der Name bezieht sich auf einen kleinen Ort, der 56 Kilometer vom Park entfernt liegt und seinerseits nach dem Schweizer Städtchen benannt ist, in dem Paul Krüger, der „Vater" der südafrikanischen Nationalparks, im Exil lebte.

Sandstein verwittert eigentlich recht leicht, doch die darunterliegenden rotbraunen Lehmschichten sind noch weicher. Diese Kombination führte zur Bildung von so ungewöhnlichen Felsformationen wie Baboon Krantz, Mushroom Rock, dem seltsamen Gebilde Gladstone's Nose, den steinernen Wächtern, zahlreichen Höhlen und Felsüberhängen. Daß der Phantasie hier keine Grenzen gesetzt sind, lassen die Namen erkennen, die oft ebenso kurios wie die Felsformen sind.

Der aus den beiden erwähnten Schichten entstandene pulverige Boden enthält kaum Nährstoffe und bringt nur kargen Pflanzenwuchs hervor. Zu der Zeit, als auf dem heutigen Parkgebiet noch sieben Farmen in Privatbesitz bestanden, führte Überweidung zu verstärkter Erosion. Die Farmer stellten enttäuscht fest, daß der gute Ackerboden in den Tälern und an den flacheren Hängen nach und nach von dem unfruchtbaren Boden zugeschüttet wurde, den das Regenwasser weiter oben fortgespült hatte.

Schon vor den Farmern lebten Menschen dort, wie unzählige Steinwerkzeuge, Wohnhöhlen und vorzeitliche Abfallhaufen beweisen, und lange bevor Menschen diese Erde betreten hatten, gab es in dem Gebiet Dinosaurier. Die gefundenen Fossilien stammen von den gleichen Pflanzen und säugetierähnlichen Reptilien, die die Fossilien der Großen Karoo so bekannt gemacht haben.

Nach gängiger Auffassung lebten Buschmänner (San) als erste Menschen im südlichen Afrika, und obwohl die primitiven Felszeichnungen in vielen Höhlen nicht älter als 200 Jahre sind, ist unbestritten, daß Horden dieser kleinen gelbbraunhäutigen Jäger und Sammler seit Jahrtausenden unter den Felsüberhängen und in den Höhlen Unterschlupf fanden und hier auf Jagd gingen.

Vor etwa 1500 Jahren erreichten bantusprachige Stämme die Malutiberge. Sie waren größer als die Buschmänner, hatten dunklere Haut und waren mit Pfeilen und Speeren bewaffnet, die eiserne Spitzen trugen. Die Männer trieben Herden kleiner, sehniger Rinder auf der Suche nach Weide und Wasser durch die Täler, und die Frauen folgten ihnen mit geschulterten Eisenhacken.

Diese Stämme gehörten zu einer großen, langsam südwärts drängenden Völkerwanderung, die in der heutigen Transkei ihre südliche Grenze erreichte, von wo sie vor etwa 200 Jahren wieder zurückwogte und sich überlagerte. So gab es plötzlich kein freies Land mehr, auf dem man hätte siedeln und die Herden sich vermehren lassen können. Mit wachsender Bevölkerung wurden Wasser und Weiden zunehmend knapper. Mächtige Häuptlinge schufen gutbewaffnete Heere, um ihre Nachbarn zu berauben.

Auch die Ausläufer des Malutigebirges blieben von den Wirren nicht unberührt. Als die ersten Treckburen auf der Suche nach einer unabhängigen neuen Heimat in dieses Gebiet kamen, stellten sie fest, daß der Landbesitz zu einer ungeklärten Streitfrage geworden war und die Eingeborenen unstet und weit verstreut lebten.

Die Ankunft der Treckburen am Goldenen Tor ist keineswegs ungewöhnlich, denn das „Tor" bildet tatsächlich den Zugang vom heutigen Kapland und Oranje-Freistaat zum Transvaal und zur weiter östlich gelegenen Küste des Indischen Ozeans. Piet Retief, der Führer des Großen Trecks, soll hier Rast gehalten haben. Im Laufe einer sechstägigen Jagd im Herbst 1837 schafften seine Männer neun Ochsenwagen voller Fleisch als Proviant und Felle der unterschiedlichsten Wildarten heran.

Es muß wahrhaftig ein Paradies für Jäger gewesen sein, denn ein nur etwas später verfaßter Bericht erwähnt, daß ein gewisser Cornelius Roos mit seinen Söhnen in der Umgebung seiner Farm, die zwischen dem Goldenen Tor und dem Ort Bethlehem lag, über 300 Löwen erlegt hat.

Zur Zeit der Parkgründung gab es dort allerdings überhaupt keine großen Säugetiere mehr, und zwar weder Wild noch Raubtiere. Die einzigen erwähnenswerten Tiere waren einige Bergriedböcke, Rehantilopen, Paviane und Schabrackenschakale. Auf allen sieben Farmen, die heute den Park bilden, hatten die Besitzer die Raubtiere als Ungeziefer ausgerottet. Den Antilopen erging es kaum besser. Sie wurden ihres Fleisches wegen gejagt und weil sie Rindern und Ziegen die Weide streitig machten. Zweifellos trug zu ihrem Verschwinden wie überall in der Welt auch die Ausbreitung der Landwirtschaft bei, denn das Land wurde gerodet und bepflanzt, aufgeteilt und eingezäunt, und das Wild verlor seine Weidegründe.

Es ist noch nicht lange her, daß dieses Gebiet als verkehrstechnisch günstiger Zugang zum Hinterland erschlossen und zu Weideland umgewandelt worden ist.

Gleich nach Gründung des Park begannen Wissenschaftler mit der Untersuchung seiner natürlichen Gegebenheiten. Sie bestimmten die Bäume und Pflanzen, listeten die Bodenarten auf und erfaßten Fossilien, Steinwerkzeuge und Höhlenmalereien. Sie versuchten auch festzustellen, welche Tiere dort in jüngster Vergangenheit gelebt haben. Dabei halfen Funde von Knochenresten, Buschmannzeichnungen und Berichte der Treckburen. Aus diesen kargen Quellen entstand das Bild eines reichen Landes mit Burchell-Zebras, Weißschwanzgnus, Bergriedböcken, Steinböckchen, Bleßböcken, Südafrikanischen Kuhantilopen, Rehantilopen, Klippspringern, Bleichböckchen und Pavianen. An größeren Raubtieren gab es Löwen, Leoparden, Hyänen, Wildkatzen und auch Lämmergeier, die als einzige davon bis heute überlebten.

Alle Pflanzenfresser, die früher in dem Gebiet vorkamen, wurden wieder ausgesetzt, und etliche gedeihen gut, obwohl ein Teil der großen Antilopen hier wohl eher nur zeitweilige Gäste auf ihren Wanderzügen waren. In einem dafür abgetrennten und eingezäunten Teil des Parks können Besucher diese Tiere beobachten. Dazu gehört die größte Weißschwanzgnu-Herde des Landes. Der Lebensraum erwies sich auch als ideal für das Bleichböckchen, eine etwas außergewöhnliche, mittelgroße Antilope, die häufig mit dem viel kleineren Steinböckchen verwechselt wird.

160. Am westlichen Parkeingang ragen zwei Sandsteinfelsen wie Torpfosten in die Höhe und bilden das „Goldene Tor" für den Kleinen Caledon, einen Fluß, der hier aufgestaut wurde. Durch dieses „Tor" zogen einst beim „Großen Treck" zahllose Buren mit ihren Planwagen.

Leider konnten keine Raubtiere wiedereingeführt werden, denn der Park ist nicht nur zu klein, um ein funktionsfähiges Ökosystem am Leben zu erhalten, sondern ein solcher Plan stünde auch im Widerspruch zur Zielsetzung des Parks, der vor allem der Erholung dienen soll. Wie bereits oben erwähnt, bildet der Golden Gate Highlands Nationalpark damit eine Ausnahme unter den Nationalparks. Aber er trägt dennoch einen wichtigen Teil zu der Aufgabe bei, das öffentliche Bewußtsein vom Wert des Landschafts- und Naturschutzes zu überzeugen.

Parkbesucher können zwischen Unterkünften verschiedenster Art wählen, vom Luxusbungalow bis zum Wohnwagenstellplatz oder einer einfachen, doch nicht weniger komfortablen Rundhütte. Angler haben Gelegenheit, in den vielen Bächen und Flüßchen Forellen zu fangen. Es gibt einen Golfplatz, Tennisplätze, ein Schwimmbecken und einen Reitstall.

Aber die Landschaft ringsum verdient die meiste Aufmerksamkeit. Wandermöglichkeiten reichen von einer zweitägigen Tour auf dem Ribbok Trail bis zu kürzeren Streifzügen zum Boskloof, Sentinel, Wodehouse Peak, Holkrans, Echo Ravine oder entlang dem Lämmergeier-Pfad.

In der Nähe des Lagers Glen Reenen führt der Lämmergeier-Pfad zu einer Stelle, von der aus man einen Blick in einen Lämmergeier-Horst werfen kann. Die Existenz dieser Vögel – und ihr zukünftiges Wohlergehen – liegt Vogelliebhabern sehr am Herzen. Obwohl der Lämmergeier von Osteuropa über Asien bis nach China hin verbreitet ist und auch in Ostafrika und Äthiopien vorkommt, wo man seine Anzahl auf 16 000 schätzt, haben in den Bergen Südafrikas nur wenige Exemplare überlebt. Das war nicht immer so. Es gibt Berichte darüber, daß Lämmergeier auf dem Tafelberg der Kap-Halbinsel an der Südspitze Afrikas ihre Horste hatten. Aber während der vergangenen 300 Jahre, also seit sich Europäer im südlichen Afrika angesiedelt haben, verschlechterten sich die Überlebenschancen dieser Vogelart drastisch. Der Rückgang liegt an der spezialisierten Lebensweise des Lämmergeiers, der sich vor allem von Knochen und Knochenmark ernährt und sehr viel weniger von Klippschliefern.

Knochen gab es aber kaum noch, und wo früher Lämmergeier und Hyänen mit einem guten Vorrat an Skelettresten rechnen konnten, die andere Raubtiere und Aasfresser übrigließen, gleicht das Land heute einer leeren Speisekammer. Mit der Zahl der verfügbaren Kadaver nahm auch die Population der Lämmergeier ab.

Der Lämmergeier, der wegen des auffälligen, borstigen Federbüschels an Schnabel und Kinn auch Bartgeier heißt, hat unter Fachleuten manchen Streit ausgelöst, weil einige Ornithologen ihn zu den Geiern zählten. Er gehört jedoch zu den Adlern, obwohl er durchaus Ähnlichkeit mit einem Geier aufweist. Er ist der größte Adler Südafrikas. Bisher konnte niemand exakt nachweisen, welche Funktion der „Bart" des Lämmergeiers hat, doch der angesehene Ornithologe Leslie Brown nimmt an, daß er den Vogel daran hindert, seinen Schnabel auf der Suche nach Knochenmark zu tief in einen Knochen zu zwängen. Die Gefahr, darin steckenzubleiben, wäre sonst recht groß.

Knochenmark und Schliefer bestimmen das Wohlergehen des Lämmergeiers, doch bekannter wurde der Vogel durch seine auffällige Eigenart, Knochen zu fressen. So beobachtete man zum Beispiel einmal einen Lämmergeier, der den Hüftknochen eines ausgewachsenen Zebras hinunterschluckte. Für derartige gastronomische Exzesse eignet sich der ungewöhnlich kräftige Magen des Vogels ausgezeichnet, der solche Knochen vor dem Verdauen in kleine Stücke bricht. Darum braucht der Lämmergeier unverdauliche Teile nicht in einem Gewölle wieder auszuwürgen wie die Eule. In seinen Freßgewohnheiten erinnert er eher an die Hyäne, die auch Knochen frißt, was dem Vogel übrigens den Spitznamen „Hyäne der Lüfte" eintrug.

Als erste berichteten die Griechen über die ungewöhnliche Eigenart des Lämmergeiers, mit Knochen in beachtliche Höhen zu fliegen, um sie dann mit bewundernswerter Genauigkeit fallen zu lassen, damit sie auf einem weit unter dem Vogel liegenden Felsen zerschellen. Deshalb gaben die Griechen ihm den Namen „ossifractus" (Knochenbrecher). Die Vögel haben in ihrem Revier bevorzugte Stellen, auf die sie die Knochen fallen lassen und die dann von Knochenresten buchstäblich übersät sind.

Plinius, ein Dichter der Antike, singt ein Loblied auf den Lämmergeier, der dafür bekannt war, den Rückenschild von Schildkröten dadurch aufzubrechen, daß er die lebenden Tiere aus der Höhe fallen ließ. Plinius' Freund Aischylos glaubte einem Orakelspruch, er würde beim „Zusammenbrechen eines Hauses" sterben. Der Schriftsteller nahm den Spruch wörtlich und verbrachte seine Tage im Freien. Er starb, als ein Lämmergeier eine Schildkröte auf seinen kahlen Schädel fallen ließ.

Das Lämmergeierpaar in der Nähe des Lagers Van Reenen hat seinen Horst aus Ästen gebaut und mit Schafwolle und Flaum ausgepolstert. Das Paar hat noch ein zweites Nest in seinem Revier, das es zwar nicht benutzt, doch auch nicht anderen überläßt. Ein Lämmergeierpaar bleibt während des ganzen Lebens zusammen. In der Brutzeit legt das Weibchen ein bis zwei Eier, und nach etwa acht Wochen schlüpft das erste Küken, dem wenige Tage später das zweite folgt. Doch das zweite Küken verschwindet bald, offensichtlich vom eigenen Bruder umgebracht, was bei Raubvögeln häufig vorkommt. Doch aus welchen Gründen es geschieht, ist unklar. Die Vermutung liegt nahe, daß das zweite Ei nur zur Sicherheit gelegt wird, falls das erste Küken nicht schlüpft, und daß das Elternpaar nur ein Junges ernähren kann. Doch diese Annahme läßt sich schwer beweisen, denn auch bei reichlich vorhandener Nahrung bleibt nur ein Junges am Leben. Anscheinend nimmt sich das ältere und daher kräftigere Küken den größten Teil der Nahrung, die die Eltern unermüdlich heranschaffen, und das jüngere Küken wird immer schwächer und verhungert möglicherweise. Auf jeden Fall verdrängt das stärkere Tier den jüngeren Nestling, oder die Eltern tun es, indem sie ihn aus dem Horst werfen.

Wenn der Jungvogel älter wird, verliert er sein flaumiges Gefieder und bekommt das Federkleid der Erwachsenen. Dann kommt auch die Zeit der ersten Flugversuche, und bald verläßt der junge Lämmergeier Nest und

GOLDEN GATE HIGHLANDS NATIONALPARK

Revier seiner Eltern. Ein Männchen muß sich ein eigenes Revier suchen, damit es eine Lebensgefährtin anlocken und selbst Nachwuchs haben kann. Ein Weibchen dagegen geht auf Partnersuche.

Die Landschaft, die die Lämmergeier als Lebensraum gewählt haben, schließt den Golden Gate Highlands Nationalpark ein. Sie wirkt nicht nur durch die deutlich ausgeprägten Jahreszeiten so abwechslungsreich, sondern auch durch die leuchtenden Farben und vielfältigen Formen ihrer unzähligen Blumen.

Hier wachsen die zierlichen Fackellilien, Schmucklilien mit ihren stahlblauen Blütenrispen, Watsonia, die ansprechenden Blütenähren der Boker und eine Unmenge Butterblumen, Strohblumen, Löwenzahne und Aloen. Und überall gibt es Gräser, grün und saftig im Frühling, üppig und leuchtend im Sommer, verwelkt und mit goldenem Schimmer, wenn der Winter naht.

Der Golden Gate Highlands Nationalpark ist zweifellos von großer Schönheit, doch die Schönheit dient nicht nur der Erholung, sie kann uns etwas lehren. Dieser Nationalpark hat als einziger des Landes eine Schule, an der Kinder in Kursen etwas über Naturschutz lernen und die Wunder der Natur aus erster Hand erleben können. Wenn jedes Kind, das an einem solchen Kurs teilnimmt, und jeder Besucher, der durch den Park wandert, die Nähe der Natur empfindet und sich für ihren Erhalt ein wenig mitverantwortlich fühlt, dann hat dieser Nationalpark seinen Zweck erfüllt.

161, 162. Vor weniger als zwei Jahrhunderten bevölkerten Buschmänner (San) die Höhlen und Felsüberhänge, die überall im Park zu finden sind. Heute erinnern nur noch Felszeichnungen an diese Jäger und Sammler. Ob wohl eine besondere Magie den längst verstorbenen Künstler daran gehindert hat, diesen Elenantilopen (161) ein Gehörn zu malen? Weiße Siedler vertrieben die Buschmänner und dezimierten den Bestand an Elenantilopen (162), die man inzwischen allerdings wieder hier im Park ausgesetzt hat. **163.** Die eindrucksvolle Erhabenheit der Cathedral Cave mit einem 30 Meter hohen Wasserfall veranschaulicht die unbändige Kraft des Wassers. Über Jahrmillionen hin hat sich hier der Fluß tief in den Fels gesägt und eine der großen Sehenswürdigkeiten des Parks geschaffen.

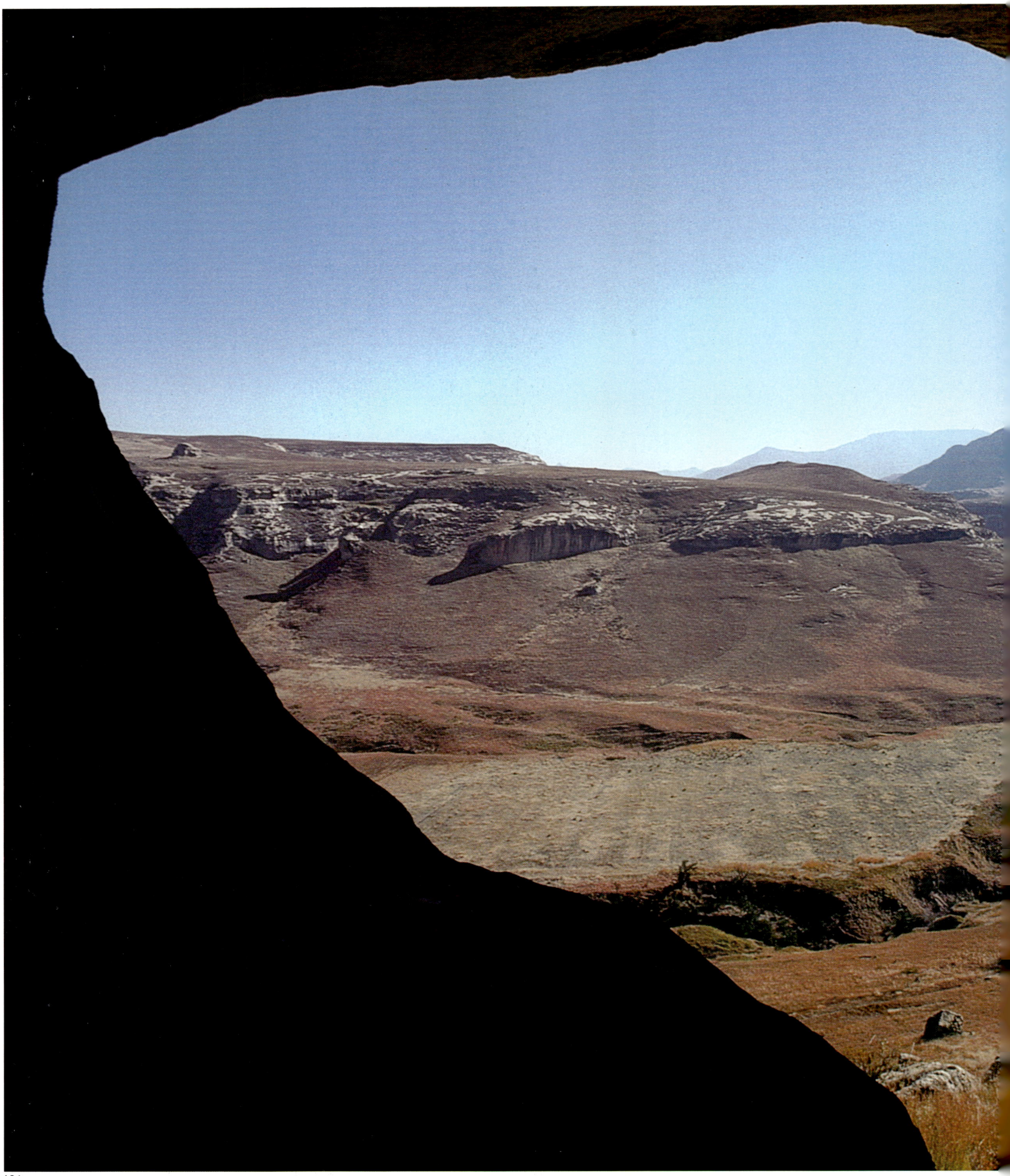

164

164. Ein Höhlenausgang am Holkranz Trail bildet den Rahmen zu einem Landschaftsbild mit den Ebenen und Bergen, die zu diesem Park gehören.
165. Dröhnendes Hufgetrappel ertönt, wenn Weißschwanzgnus über die grasbestandenen Hochflächen des Parks ziehen. Im Frühsommer verlieren die Gnus ihr dichtes Winterfell, das sie vor Schnee und kaltem Wind schützt. Nach vorn gerichtete Hörner und der auffallend weiße Schwanz unterscheiden diese Art von ihren Verwandten, den Weißbartgnus. **166.** Kapgeier, die sich an den Resten eines Bleßbockkadavers gesättigt haben, erheben sich schwerfällig in die Lüfte, um nach neuer Nahrung Ausschau zu halten. Sie nutzen die Thermik, um in große Höhen aufzusteigen, und beobachten nicht nur die Erdoberfläche, sondern auch sich gegenseitig sehr aufmerksam. Kaum stößt ein Geier hinab, folgen die anderen sofort. So wird ein Kadaver innerhalb weniger Minuten zu einem wahren Schlachtfeld.

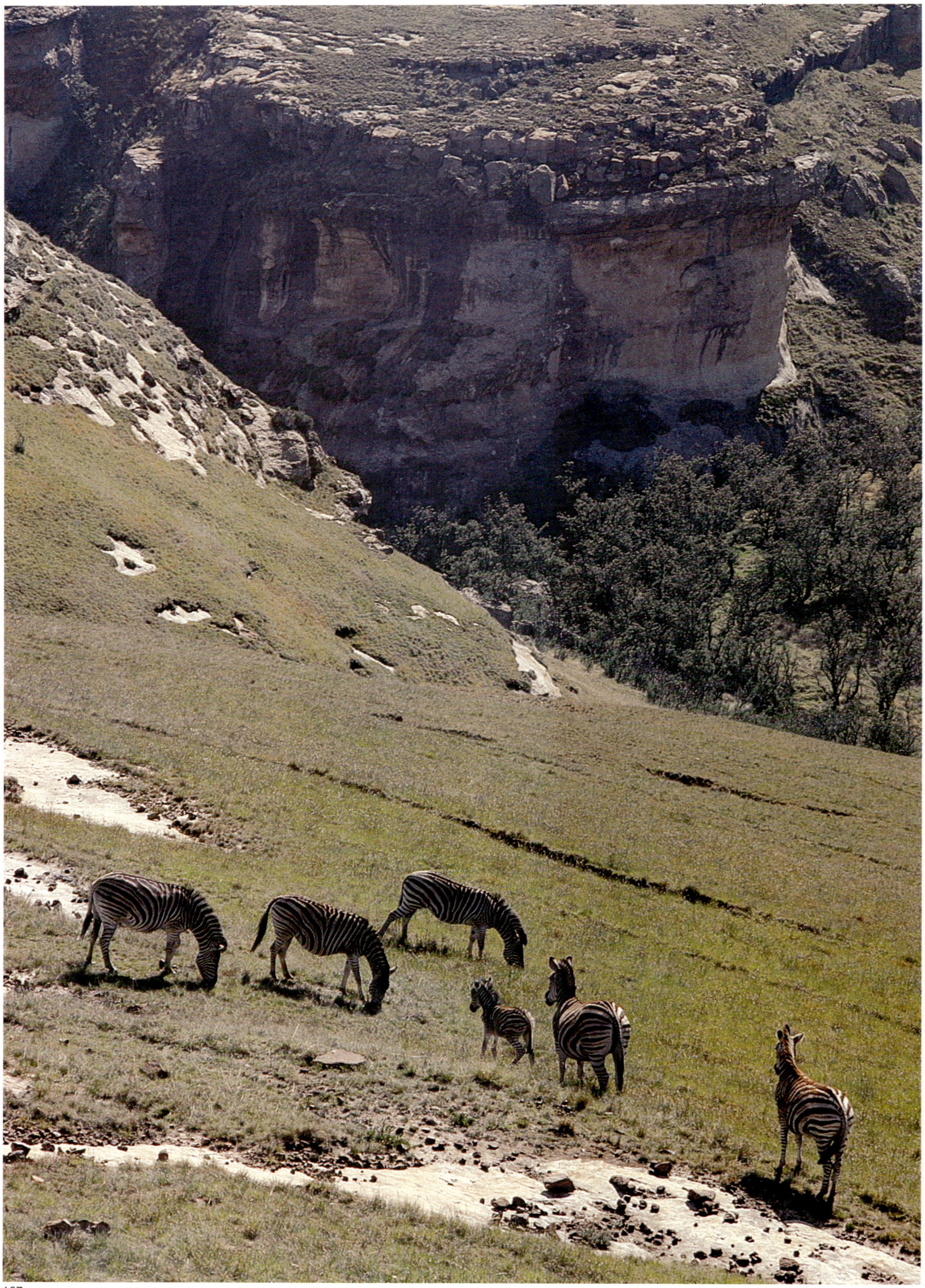

167

167. Manchmal bringt Feuer dem Grasland des Parks Segen. Hier laben sich vor dem Hintergrund von Sandsteinfelsen Burchell-Zebras an dem frischen Gras, das nach einem von Blitzschlag ausgelösten Feuer aus der Asche treibt. **168.** Seit Gründung des Parks wurden viele Arten, die früher in dem Gebiet lebten, wiedereingeführt, unter ihnen Bleßböcke, die hier im leichten Galopp dem Sonnenaufgang entgegenlaufen.

169. Überall im Park locken die vom Menschen angelegten Teiche die Wasservögel an, die ruhige Gewässer wie diesen Stausee lieben. Die kräftig gelben Blüten der Strohblumen im Vordergrund gehören zu dem für die Bergflora typischen Bild.
170. Der Kapigel, hier mit Jungen, ist etwas kleiner als sein europäischer Verwandter. Er lebt im gesamten Parkgebiet, läßt sich aber als nachtaktiver Insektenfresser nur selten sehen. Wenn jedoch durch Regenfälle massenhaft Tausendfüßer auftauchen, hält es den Igel auch bei Tage nicht mehr in seinem Versteck. **171.** Lappenchamäleons bei der Befruchtung. Das Weibchen gräbt danach ein Loch in den vom Spätsommerregen aufgeweichten Boden und legt bis zu 30 Eier ab, aus denen die Jungen erst ein Jahr später schlüpfen.

Die Geschichte des Nationalparks ist bemerkenswert frei von politischen Aspekten und so nachhaltendem Widerstand, wie er bei der Gründung des Sabie Game Reserve und später des Krüger Nationalparks entstand. Die Kalahari hat wenig, wonach den Menschen gelüstet. Der Sand, der durch eine Schicht Eisenoxyd kräftig rot gefärbt ist, weil es hier kaum Regen gibt, der die chemische Zusammensetzung ändern könnte, wurde vom Wind zu langen, fast parallel nordwestlich/ südöstlich ausgerichteten Dünenketten zusammengetragen. Sie wandern gleichförmig über einen Untergrund aus kalkigem Sand oder Sandstein, der hier und da an Trockenpfannen und Ufern von Trockenflüssen zum Vorschein kommt. Manchmal sammelt sich nach einem heftigen Schauer das Wasser in einer dieser Pfannen, doch es verdunstet rasch unter den sengenden Strahlen der Sommersonne, die das Thermometer regelmäßig über 40 Grad Celsius treibt und an der Erdoberfläche eine Temperatur von bis zu 70 Grad Celsius erzeugt.

Extreme Trockenheit kennzeichnet die Kalahari. Weder im Kalahari Gemsbok Nationalpark noch in dem angrenzenden Nationalpark Botswanas gibt es an irgendeiner Stelle Oberflächenwasser. Zwar weisen Landkarten zutreffend die beiden Trockenflüsse Nossob und Auob aus, doch täuscht die Darstellung, denn nur in ausgesprochen guten Regenjahren gibt es im Auob etwas Wasser. Der Nossob fließt durchschnittlich alle 100 Jahre einmal. In der Regel findet man in den Flußbetten gelegentlich einmal einen Tümpel, der für einige Monate ... oder Wochen ... oder Tage bestehen bleibt, doch in den meisten Jahren bleiben die Flüsse völlig trocken. Der Nossob bildet die Landesgrenze zwischen dem südafrikanischen Park und seinem Nachbarpark in Botswana. Das Tal des Auob vereinigt sich einige Kilometer vor dem Eingangstor zum Park bei Twee Rivieren mit dem Nossob. Die beiden Flüsse — oder genauer: die beiden Trockenflüsse — münden dann in den ebenso trockenen Molpo, einen „Nebenfluß" des Kuruman, der sich seinerseits vor langer Zeit in den Oranje ergoß und sein Wasser mit ihm in den Atlantik schickte. Sollte heute jemals Wasser aus diesen Nebenflüssen kommen, müßte es sich seinen Weg unter den Dünen hindurch bahnen, die ihm kurz vor dem Oranje den Weg versperren. Während des Pleistozäns garantierten die Regenzeiten, daß die Flüsse ihren Namen zu Recht trugen.

Trockentäler und Dünen bilden zwei unterschiedliche Lebensräume. In den Tälern wächst der Kameldorn-Baum, der jetzt die Bezeichnung *Acacia erioloba* trägt, früher jedoch unter dem klangvollen Namen *Acacia giraffa* bekannt war. Dieser Name entstand wahrscheinlich wegen der Vorliebe der Giraffen für sein Laub und seine Schoten, die sie mit ihren lederartigen Lippen pflücken, offensichtlich ohne sich an den gefährlichen gepaarten Dornen zu verletzen. Der Kameldorn-Baum symbolisiert den Überlebenswillen in der Kalahari. Er ist zäh, wächst nur langsam und besitzt Dornen als Waffen. Einheimische behaupten, wenn der Kameldorn einmal mehr Schoten trägt als gewöhnlich, so sei das ein Vorzeichen für eine kommende Dürre. Früher sammelten die Buschmänner den weißen Vogelkot unter den Nestern der Webervögel, um ihn als Katalysator zum Brauen ihres Biers zu benutzen. Das weiche rotbraune Kernholz des Kameldorns wurde zu Pulver zerstoßen und diente den Frauen zu kosmetischen Zwecken.

Heute gibt es hier keine Buschmänner mehr, die den Kameldorn-Baum nutzen, doch wird er deshalb keineswegs verschmäht. Besucher, die auf der Suche nach Geparden oder Löwen durch den Park fahren, halten gelegentlich in seinem lichten Schatten und werden dann auf die interessante Kleintierwelt im Bereich dieser Bäume aufmerksam. Häufig nisten Ameisen in dem verdickten unteren Teil der spitzen Dornen. Die Beobachtung, daß die Dornenbasis vergrößert und oft sogar hohl ist, hat in Mexiko zu Untersuchungen über eine mögliche Symbiose zwischen Akazien und den Ameisen geführt, die in den Hohlräumen leben. Das Ergebnis ist erstaunlich. Ameise und Baum haben sich im Laufe ihrer Entwicklung aufeinander eingestellt. Der Baum bietet den Ameisen Unterkunft und Verpflegung, während die Ameisen so unersättliche Insekten wie Mottenlarven fressen, die dem Baum schaden könnten. Der

173. Afrikas einzige Fuchsart ist der scheue, weitgehend nachtaktive Kapfuchs. Während des Tages schläft er in seinem Bau. Erst die Kühle der Nacht lockt ihn zur Jagd heraus. Hier späht ein Kapfuchs durch einen Driedoring -Busch, eine der typischen dornigen Pflanzen der Kalahari. **174.** Streifengnus ziehen durch das Nossobtal zu einer 10 Kilometer entfernten Wasserstelle. Der hochaufragende Kameldornbaum erreicht mit seinen langen Wurzeln noch das Grundwaser, aber der Fluß selbst fließt nur ganz selten.

GOLDEN GATE HIGHLANDS NATIONALPARK 143

167. Manchmal bringt Feuer dem Grasland des Parks Segen. Hier laben sich vor dem Hintergrund von Sandsteinfelsen Burchell-Zebras an dem frischen Gras, das nach einem von Blitzschlag ausgelösten Feuer aus der Asche treibt. **168.** Seit Gründung des Parks wurden viele Arten, die früher in dem Gebiet lebten, wiedereingeführt, unter ihnen Bleßböcke, die hier im leichten Galopp dem Sonnenaufgang entgegenlaufen.

169. Überall im Park locken die vom Menschen angelegten Teiche die Wasservögel an, die ruhige Gewässer wie diesen Stausee lieben. Die kräftig gelben Blüten der Strohblumen im Vordergrund gehören zu dem für die Bergflora typischen Bild. **170.** Der Kapigel, hier mit Jungen, ist etwas kleiner als sein europäischer Verwandter. Er lebt im gesamten Parkgebiet, läßt sich aber als nachtaktiver Insektenfresser nur selten sehen. Wenn jedoch durch Regenfälle massenhaft Tausendfüßer auftauchen, hält es den Igel auch bei Tage nicht mehr in seinem Versteck. **171.** Lappenchamäleons bei der Befruchtung. Das Weibchen gräbt danach ein Loch in den vom Spätsommerregen aufgeweichten Boden und legt bis zu 30 Eier ab, aus denen die Jungen erst ein Jahr später schlüpfen.

KALAHARI GEMSBOK NATIONALPARK

**HIER IST EIN DÜRSTENDES LAND
OHNE SICHERHEITEN UND MIT WENIG ERKLÄRUNGEN.**
CREINA BOND. OKAVANGO. MEER IM LAND, LAND IM WASSER

Überall auf der Welt drängt die Zivilisation die ungezähmte Natur immer weiter zurück, und wir müssen mitansehen, wie ein Naturschauspiel nach dem anderen verschwindet: die endlosen Bisonherden der Großen Ebenen Nordamerikas, die Wildpferde der Mongolischen Wüste, die zahllosen Walfischschwärme und sogar die vielen Tierherden, die bei ihren Zügen durch die Savannen Ostafrikas nur nach Tausenden zählten. Sie alle fielen dem Vordringen des Menschen zum Opfer. Zu ihrem eigenen Schutz eingezäunt, wurden sie zu Bewohnern von Inseln der Wildnis in einem Meer menschlicher Siedlungen. Und damit begann eine unerbittlich folgerichtige Kette von künstlichen Eingriffen, mit denen man an der einen Stelle kompensierte, an der anderen beschnitt, immer bemüht, ein vertretbares Gleichgewicht zu erreichen. In dem Augenblick, an dem die Grenzen eines Wildschutzgebietes feststehen, beginnt eine Entwicklung, die voller Eigendynamik steckt, weil die von Menschen starr gezogenen Grenzen eines solchen Reservates fast stets die unsichtbaren und flexiblen Grenzen bestehender Ökosysteme zerreißen.

Im Kalahari Gemsbok Nationalpark spürt man davon glücklicherweise nichts. Hier vollzieht sich noch immer das großartige Schauspiel wandernder, nach Hunderten und Tausenden zählender Herden, wenngleich nicht regelmäßig oder nach einem für den Menschen berechenbaren Plan. Diese erstaunliche Tatsache, die bis in die Gegenwart hinein besteht, verdanken wir wohl vor allem der ungeheuren Größe des Gebietes. Zwar hat der Kalahari Gemsbok Nationalpark nur die halbe Größe des Krüger Nationalparks, doch geht er ohne Abzäunung in den noch größeren Gemsbok Nationalpark Botswanas über. Durch eine lobenswerte Zusammenarbeit über nationale Grenzen hinweg gelang es den beiden Ländern, ein Naturschutzgebiet zu schaffen, das mit seinen 36 000 Quadratkilometer zu den größten der Welt gehört. Viele Atlanten weisen das Gebiet als Kalahari-Wüste aus, doch genaugenommen handelt es sich hier keineswegs um eine Wüste, sondern – um den ökologischen Fachbegriff zu gebrauchen – um eine semi-aride Savanne. Das Wort Savanne beschrieb ursprünglich die baumlosen Ebenen des tropischen Amerikas, doch im Zusammenhang mit der südafrikanischen Landschaft meint es ein Grasland, das ab und zu von Bäumen belebt wird, wie das gerade für das Dünengebiet der Kalahari so charakteristisch ist. Kalahari ist die europäische Verballhornung des Wortes *kgalagadi*, das in der Sprache der heutigen Bewohner Zentral-Botswanas „Wildnis" bedeutet. Im weiteren Sinn ist es der Name für die fast ununterbrochene Sanddecke, die vom Oranje nordwärts durch Namibia und Botswana über Angola und Sambia hinaus beinahe bis zum Äquator reicht. Diese größte Sanddecke der Erde erreicht stellenweise eine Mächtigkeit von 300 Meter und deckt einen Felsuntergrund ab, der mit eigenartigen seismographischen Störungen die Wissenschaftler auf der ganzen Welt vor Rätsel stellt.

172. Dumpfes Donnern ertönt, wenn eine Herde Oryx-Antilopen über die Sandflächen der Kalahari stampft.

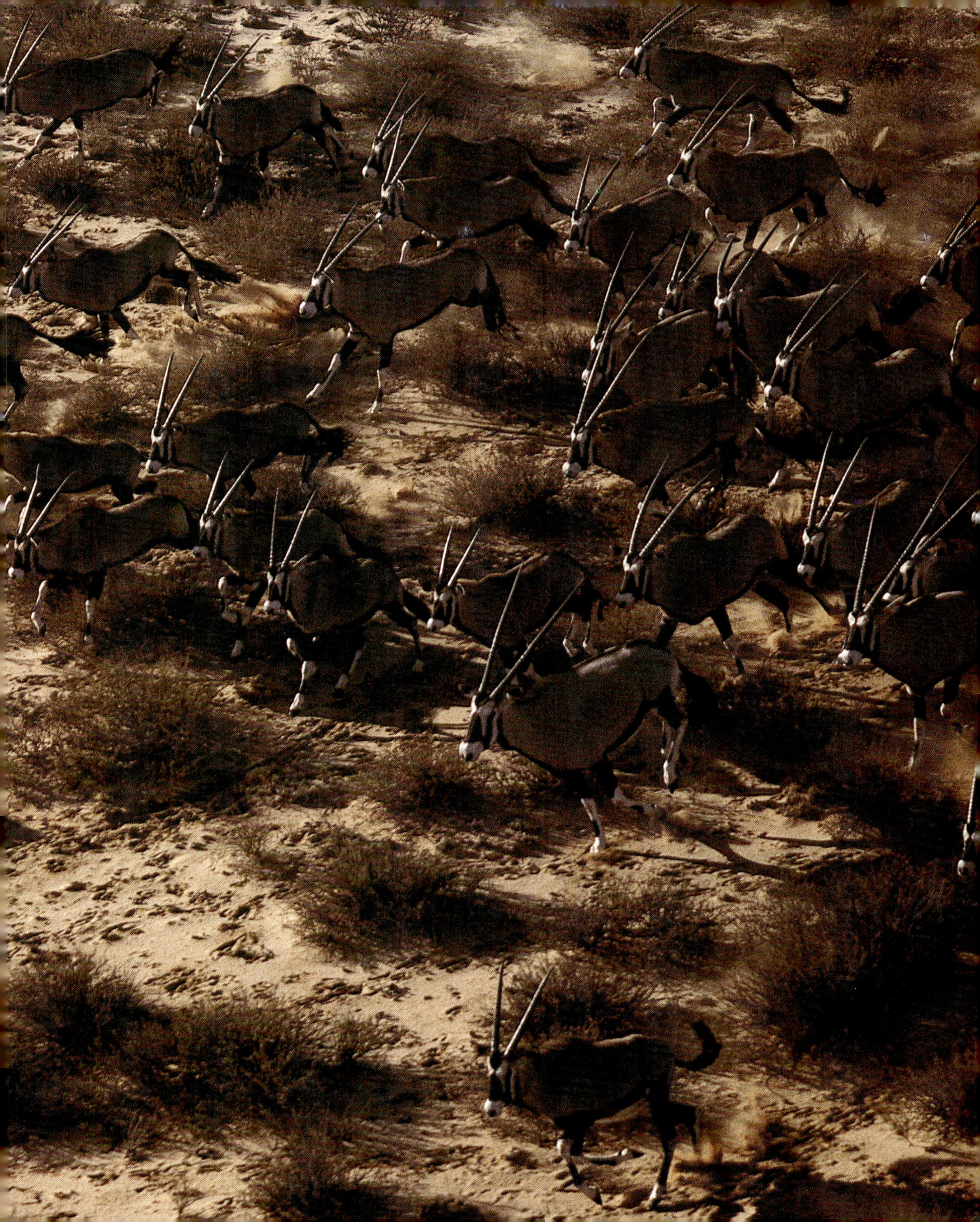

Die Geschichte des Nationalparks ist bemerkenswert frei von politischen Aspekten und so nachhaltendem Widerstand, wie er bei der Gründung des Sabie Game Reserve und später des Krüger Nationalparks entstand. Die Kalahari hat wenig, wonach den Menschen gelüstet. Der Sand, der durch eine Schicht Eisenoxyd kräftig rot gefärbt ist, weil es hier kaum Regen gibt, der die chemische Zusammensetzung ändern könnte, wurde vom Wind zu langen, fast parallel nordwestlich/südöstlich ausgerichteten Dünenketten zusammengetragen. Sie wandern gleichförmig über einen Untergrund aus kalkigem Sand oder Sandstein, der hier und da an Trockenpfannen und Ufern von Trockenflüssen zum Vorschein kommt. Manchmal sammelt sich nach einem heftigen Schauer das Wasser in einer dieser Pfannen, doch es verdunstet rasch unter den sengenden Strahlen der Sommersonne, die das Thermometer regelmäßig über 40 Grad Celsius treibt und an der Erdoberfläche eine Temperatur von bis zu 70 Grad Celsius erzeugt.

Extreme Trockenheit kennzeichnet die Kalahari. Weder im Kalahari Gemsbok Nationalpark noch in dem angrenzenden Nationalpark Botswanas gibt es an irgendeiner Stelle Oberflächenwasser. Zwar weisen Landkarten zutreffend die beiden Trockenflüsse Nossob und Auob aus, doch täuscht die Darstellung, denn nur in ausgesprochen guten Regenjahren gibt es im Auob etwas Wasser. Der Nossob fließt durchschnittlich alle 100 Jahre einmal. In der Regel findet man in den Flußbetten gelegentlich einmal einen Tümpel, der für einige Monate ... oder Wochen ... oder Tage bestehen bleibt, doch in den meisten Jahren bleiben die Flüsse völlig trocken.

Der Nossob bildet die Landesgrenze zwischen dem südafrikanischen Park und seinem Nachbarpark in Botswana. Das Tal des Auob vereinigt sich einige Kilometer vor dem Eingangstor zum Park bei Twee Rivieren mit dem Nossob. Die beiden Flüsse — oder genauer: die beiden Trockenflüsse — münden dann in den ebenso trockenen Molpo, einen „Nebenfluß" des Kuruman, der sich seinerseits vor langer Zeit in den Oranje ergoß und sein Wasser mit ihm in den Atlantik schickte. Sollte heute jemals Wasser aus diesen Nebenflüssen kommen, müßte es sich seinen Weg unter den Dünen hindurch bahnen, die ihm kurz vor dem Oranje den Weg versperren. Während des Pleistozäns garantierten die Regenzeiten, daß die Flüsse ihren Namen zu Recht trugen.

Trockentäler und Dünen bilden zwei unterschiedliche Lebensräume. In den Tälern wächst der Kameldorn-Baum, der jetzt die Bezeichnung *Acacia erioloba* trägt, früher jedoch unter dem klangvollen Namen *Acacia giraffa* bekannt war. Dieser Name entstand wahrscheinlich wegen der Vorliebe der Giraffen für sein Laub und seine Schoten, die sie mit ihren lederartigen Lippen pflücken, offensichtlich ohne sich an den gefährlichen gepaarten Dornen zu verletzen. Der Kameldorn-Baum symbolisiert den Überlebenswillen in der Kalahari. Er ist zäh, wächst nur langsam und besitzt Dornen als Waffen. Einheimische behaupten, wenn der Kameldorn einmal mehr Schoten trägt als gewöhnlich, so sei das ein Vorzeichen für eine kommende Dürre. Früher sammelten die Buschmänner den weißen Vogelkot unter den Nestern der Webervögel, um ihn als Katalysator zum Brauen ihres Biers zu benutzen. Das weiche rotbraune Kernholz des Kameldorns wurde zu Pulver zerstoßen und diente den Frauen zu kosmetischen Zwecken.

Heute gibt es hier keine Buschmänner mehr, die den Kameldorn-Baum nutzen, doch wird er deshalb keineswegs verschmäht. Besucher, die auf der Suche nach Geparden oder Löwen durch den Park fahren, halten gelegentlich in seinem lichten Schatten und werden dann auf die interessante Kleintierwelt im Bereich dieser Bäume aufmerksam. Häufig nisten Ameisen in dem verdickten unteren Teil der spitzen Dornen. Die Beobachtung, daß die Dornenbasis vergrößert und oft sogar hohl ist, hat in Mexiko zu Untersuchungen über eine mögliche Symbiose zwischen Akazien und den Ameisen geführt, die in den Hohlräumen leben. Das Ergebnis ist erstaunlich. Ameise und Baum haben sich im Laufe ihrer Entwicklung aufeinander eingestellt. Der Baum bietet den Ameisen Unterkunft und Verpflegung, während die Ameisen so unersättliche Insekten wie Mottenlarven fressen, die dem Baum schaden könnten. Der

173. Afrikas einzige Fuchsart ist der scheue, weitgehend nachtaktive Kapfuchs. Während des Tages schläft er in seinem Bau. Erst die Kühle der Nacht lockt ihn zur Jagd heraus. Hier späht ein Kapfuchs durch einen Driedoring-Busch, eine der typischen dornigen Pflanzen der Kalahari. **174.** Streifengnus ziehen durch das Nossobtal zu einer 10 Kilometer entfernten Wasserstelle. Der hochaufragende Kameldornbaum erreicht mit seinen langen Wurzeln noch das Grundwaser, aber der Fluß selbst fließt nur ganz selten.

Kameldorn-Baum und die mit ihm lebenden Ameisen bilden vielleicht die afrikanische Variante zu dem mexikanischen Beispiel. Forschungen in dieser Richtung laufen bereits.

Menschen und Tiere, die im Schatten des Kameldorn-Baumes Schutz suchen, fallen gelegentlich kleinen blutsaugenden Zecken zum Opfer, die einen weichen Körper haben und in großer Zahl im Sand vorkommen. Ihr Auftauchen wird durch den Atem des Opfers ausgelöst. Ausgeatmetes Kohlendioxyd sinkt zu Boden, wo die Zecken es bemerken und sofort „wissen", wo Nahrung auf sie wartet. Die Zecken setzen sich in Massen an ihrem Opfer fest. Ihre Mundpartien geben ein Betäubungsmittel ab. So spürt das Opfer die zahllosen Bisse nicht und versucht auch nicht, die ungebetenen Gäste abzustreifen. Nachdem sie sich mit Blut vollgesaugt haben, lassen sie sich aufgedunsen in den Sand zurückfallen, um sich fortzupflanzen. Ein solcher Überfall bleibt nicht ohne ernste Folgen, denn die Bißwunden beginnen zu eitern. Zecken können Tiere derart schwächen, daß die Opfer an Erschöpfung eingehen.

Ältere Bäume erkennt man an ihrer dicken dunkelbraunen Rinde, unter der zahlreiche Eidechsen leben. Sie ernähren sich von den vielen Insekten. Die Baumratte haust auf einer Astgabel, und es ist durchaus möglich, daß sich ihre säurehaltigen Exkremente zusammen mit dem Wasser eines gelegentlichen Schauers tief in das Holz fressen, es schwächen und dem Wind anheimfallen lassen, durch den Äste ebenso vom Stamm gebrochen werden wie durch die Last der Webervogelkolonien. Die Webervögel bauen ihre „Mietskasernen" aus Gras in dem Kameldorn-Baum. Jahr für Jahr fügen sie mehr Wohnungen an das Bauwerk, in dem Hunderte von Vögeln paarweise in gut isolierten Einzelnestern leben. Andere Vögel ziehen in leerstehende Teile des Riesennestes und vergrößern das muntere Durcheinander.

Am Unterlauf von Auob und Nossob gibt es häufiger auch graue Kameldorn-Bäume, in deren Schatten man manchmal ein Paar der kleinen Steinböckchen entdecken kann.

Die Flußufer bestehen aus Kalkstein und sind besonders am oberen Auob mit Driedoring bewachsen. Der leicht salzhaltige Boden wird hier wie auch am unteren Auob und Nossob von einer dichten Buschmanngrasdecke überzogen, die Grasfresser wie Springbock und Gnu sehr schätzen. Im Laufe der Jahre wurde das Gebiet am oberen Auob stellenweise kahlgefressen und Driedoring hat die Lücken gefüllt.

Eine andere häufige Buschart im Bereich der Trockenflüsse ist der Blackthorn, der in dichten Beständen auftritt. Er bietet wie der Kameldorn einen ausgezeichneten Kleinlebensraum für so unterschiedliche Lebewesen wie die Kapbeutelmeise und unzählige Nagerarten. Dazu gehört auch die Baumratte. Sie häuft Grasähren unter dem Busch auf, wahrscheinlich, um sich besser vor den vielen Greifvögeln der Kalahari verstecken zu können und eine Zuflucht vor der Nachtkälte zu haben. Blackthorn ist feuerbeständig, und obwohl das zusammengetragene Gras eine zusätzliche Feuergefahr bedeutet, wirkt sich in diesem Fall ein bemerkenswertes Zusammenspiel von Faktoren zugunsten von Pflanze und Tier aus. Die vielen Nager, die sich bei vordringendem Buschfeuer um den Stamm des Blackthorn scharen, bilden einen natürlichen Feuerschutz.

Im flacheren Gebiet zwischen Nossob und Auob wächst das rauhe, hohe, *twa* genannte Buschmann-Gras in auffälligen Büscheln. Dazwischen gedeiht — wesentlich weniger begehrt — ein einjähriges Sauergras, das Kalahari-Gras. Es sondert eine säurehaltige, klebrige Substanz ab, die bei Mensch und Tier schwer heilende Wunden hinterläßt, wenn man das Gras streift. Solange das Kalahari-Gras noch wächst, hält es mit diesem Abwehrmittel Pflanzenfresser von sich fern. Stirbt es aber ab, dann können einige Tierarten davon fressen, ohne Schaden zu nehmen. Eine noch wichtigere Nahrung sind die vielen Samen dieses Grases für etliche Nager (zum Beispiel Brants Whistling Rat und die kurzschwänzigen Rennmäuse), Insekten und Vögel.

Die einzigen Menschen, die diese Landschaft im äußersten Nordwesten Südafrikas wirklich kannten und sich ihr angepaßt hatten, waren die Buschmänner, jene intuitiven Naturschützer, deren Lebensweise über lange

Zeit so hoffnungslos mißverstanden und unterbewertet worden ist. Zu Beginn unseres Jahrhunderts verließen sie zum größten Teil das Gebiet des heutigen Nationalparks, um sich in Botswana niederzulassen, wo etwa 1000 von ihnen noch heute leben, allerdings in einer Art, die kaum noch an ihre frühere Lebensweise erinnert. Jene, die zurückblieben, vermischten sich entweder mit den Neuankömmlingen und verloren ihre kulturelle Eigenständigkeit, oder sie wurden als Störenfriede umgebracht. Auch eingeschleppte Krankheiten, gegen die sie keine Widerstandskraft besaßen, wüteten in verheerender Weise unter ihnen. Ursprünglich siedelten sich hier weiße Farmer an, die hofften, auf diesem scheinbar fruchtbaren Grasland erfolgreich Rinderzucht betreiben zu können. Doch das extreme Klima setzte ihren Träumen bald ein Ende. Sie gaben ihre Farmen auf, und das Gebiet wurde zu Siedlungsland für Farbige erklärt, was jedoch ein ebenso erfolgloses Unterfangen blieb. Als man dann im Juli 1931 den Nationalpark einrichtete, gab es nur geringen Widerstand dagegen. Kaum jemand interessierte sich jetzt noch für dieses unglaublich trockene, von rötlichem Sand bedeckte Stück Halbwüste, was dazu führte, daß das Gebiet bis heute als weitgehend unberührte Naturlandschaft überleben konnte.

Die größte Abschreckung, die die Kalahari für den Menschen bereithält, ist der Mangel an Wasser, das für unser Überleben so entscheidend wichtig ist, auch wenn Stadtmenschen damit gewöhnlich achtlos und verschwenderisch umgehen. In der Kalahari kann man nirgends zuverlässig mit Wasservorkommen rechnen, denn Niederschläge fallen absolut unberechenbar. Ausreichender Regen entscheidet über das Überleben von Tieren und Pflanzen. Dabei kommt der statistisch errechneten Durchschnittsmenge von 230 Millimeter jährlichem Niederschlag für das Gebiet des Parks nur wenig Bedeutung zu. Während der vergangenen 20 Jahre schwankten die Zahlen zwischen völlig unzureichenden 56 Millimeter und einem Maximum von 750 Millimeter. Sogar in einem „normalen" Jahr wie 1969 ergaben die Niederschlagswerte der drei Stationen im Nationalpark Zahlen, die bei der einen nahe am Durchschnitt lagen, bei der zweiten bei zwei Drittel davon und bei der dritten Station bei weniger als der Hälfte. Das ergibt eine fast hoffnungslose Situation für ein Lebewesen, das an sein kleines Revier gebunden darauf wartet, daß der Himmel seine Schleusen öffnet. Deshalb ziehen die größeren, pflanzenfressenden Säugetiere des Kalahari Gemsbok Nationalparks wie Nomaden umher. Sie folgen dem Wasser, ziehen dahin, wo es geregnet hat und bilden auf der Suche nach ein wenig frischem Gras oder abgefallenen Schoten Herden von Dutzenden, Hunderten oder manchmal Tausenden.

175. Von einem Gewitterregen hervorgelockt, blühen Burzeldornen auf den Dünen.

In einer derart rauhen Umwelt ist das Leben ständig in Gefahr. Während der Sommer seine Trumpfkarte, die Hitze, ausspielt, ist der Himmel im Winter sternklar und läßt alle Wärme vom Boden abstrahlen. Die Temperaturen fallen unter den Gefrierpunkt, und der Frost schwärzt das blasse, trockene Gras. Kurz vor Beginn der Regenzeit wirbelt der Wind über die Dünen, verstreut die Samen überall hin und treibt den Staub über die ausgedörrten Senken. Zu dieser Jahreszeit haben sich die meisten Antilopen des Parks zwischen den Dünen verteilt, wo sie nach den letzten welken Gräsern, übriggebliebenen Samen oder Früchten oder einigen harten, trockenen Blättern suchen.

Im Durchschnitt ziehen zehnmal im Jahr Regenstürme über die südliche Kalahari. Nach einem Regen verwandelt sich die Landschaft zusehends, denn die Pflanzen müssen geschwind auf die günstigen Bedingungen reagieren, wenn sie den Kreis von Befruchtung, Wachstum und Samenbildung schließen wollen. Innerhalb weniger Tage bedeckt Grün die Flußbetten. Gibt es mehr Regen, verstärkt sich nicht nur das Grün, sondern gelbe, lila und weiße Blüten sprießen rundum. Mit den ersten Regenfällen erscheinen zuerst Springböcke, dann Südafrikanische Kuhantilopen und Streifengnus und schließlich Oryx-Antilopen, die hier *Gemsbok* heißen und dem Park den Namen gaben. Dieses Schauspiel bietet dem Besucher, der zwischen Februar und Mai in den Park kommt, ein unvergeßliches Erlebnis.

Keine der sieben Antilopenarten, die den Park bevölkern, kann es sich erlauben, in bezug auf das Futter allzu wählerisch zu sein, denn nicht nur Hunger, sondern auch Durst müssen mit Hilfe der Nahrung gestillt werden.

Während der Regenzeit bieten frische Gräser und Kräuter ein sehr nahrhaftes Futter, doch in vertrocknetem Zustand sinkt ihr Futterwert erheblich. Während sie noch grün sind, enthalten die Gräser in den Flußbetten mehr lebenswichtige Spurenelemente als die in den Dünen. Dagegen sind in der Trockenzeit die Blätter von Sträuchern, Büschen und Bäumen und auch die Samenschoten wesentlich nährstoffreicher als Gras. Deshalb wäre es einsichtig, wenn die Antilopen der Kalahari während der Feuchtperiode Gras fräßen und in der Trockenzeit Laub. Doch so einfach liegen die Dinge in Wirklichkeit nicht. Belaubtes, zum Äsen geeignetes Geäst findet sich zumeist nicht dicht genug beieinander, so daß es den großen Antilopen das Sattwerden erschwert. Ist erst einmal ein Vorrat entdeckt, so kann das Tier mit seinem großen Maul oft die für diese Nahrung so typischen kleinen Blättchen überhaupt nicht fassen. Andererseits gibt es in einem trockenen und heißen Lebensraum wie der Kalahari aber auch mehrere eindeutige Vorteile für große Tiere. In der Regel stimmt es, daß von artverwandten Tieren die größeren Arten einen geringeren Stoffwechsel haben als die kleineren und deshalb pro Gewichtseinheit weniger Energie verbrauchen. Zwar mag ihr großes Maul zu plump sein, die leckersten Bissen zu erreichen, doch können sie bei Bedarf große Mengen des reichlich vorhandenen, wenngleich nährstoffarmen Dünengrases aufnehmen. Als ebenso vorteilhaft erweist sich die geringe Körperoberfläche im Verhältnis zum Volumen. Bei kleinen Tieren ist dieses Verhältnis relativ hoch, weshalb sie in den kalten

Winternächten der Kalahari auch verhältnismäßig viel Körperwärme verlieren, besonders wenn sie sich nicht in geschützte Baue zurückziehen können. Schließlich ist es großen Tieren wie zum Beispiel der Elenantilope durch ihre Körpergröße möglich, zur Nahrungssuche große Entfernungen zurückzulegen.

Von den sieben am stärksten vertretenen Antilopenarten des Kalahari Gemsbok Nationalparks gehören Elenantilope, Oryx-Antilope, Streifengnu und Südafrikanische Kuhantilope zu den Laubfressern, doch nur eine von ihnen, die riesige Elenantilope, ernährt sich fast auschließlich von Blättern. Manchmal findet man sie zu Tausenden in dem Park, manchmal kaum eine einzige. Ihre Wanderzüge richten sich allein nach dem Vorhandensein von Nahrung.

Samenschoten bieten eine sehr nährstoffreiche Nahrung, was sich für Tier und Pflanze als nützlich erweist. Schotentragende Pflanzen locken mit ihren Früchten Pflanzenfresser an und stellen damit die Verbreitung ihrer Samen sicher. So frißt etwa die Elenantilope die Schoten, zieht danach weiter und verteilt die Samen mit ihrem Kot später in ausreichender Entfernung von der Mutterpflanze. Der Tierkot bietet dem Samen wiederum gute Voraussetzungen zum Keimen.

176. Wo auch immer Kameldornbäume wachsen, sind ihre Äste mit Nestern der Webervögel beladen. Dutzende der Vögel bewohnen jeweils zu Paaren in abgetrennten Einzelzellen ein Teilstück dieses Baues. Offensichtlich von den Webervögeln geduldet, wohnen häufig auch Halsband-Zwergfalken dort. Sie halten Schlangen fern, die sonst ihren Anteil an Eiern und Jungvögeln fordern würden.

Wie die Elenantilope nutzt auch die Oryx-Antilope alles Freßbare, sei es Laub oder Gras, doch ist sie eigentlich vor allem ein Grasfresser. Diese hübsche Antilope mit ihrer markanten Gesichtszeichnung und dem säbelartigen Gehörn zieht nicht so weit umher wie die Elenantilope. Sie bleibt während der Trockenzeit in den Dünen und kommt nach den Regenfällen zum Äsen ins Tal. Von Zeit zu Zeit tut sie das aber noch zu einem anderen Zweck. Sie frißt dann im Flußbett salzhaltige Erde oder säuft Wasser, das wesentlich salziger ist als das Wasser der im Park angelegten Tiefbrunnen.

Sowohl das Gnu mit seinem zottigen Kopf und den tändelnden Hinterläufen als auch die Kuhantilope mit ihrem eigenartig geformten Gehörn sind Grasfresser. Darum kommen sie im Sommer in die grünenden Flußtäler und ziehen sich, wenn diese ausgetrocknet sind, wieder in die Dünen zurück. Es gibt inzwischen aber auch Gnus, die das ganze Jahr hindurch am Nossob oder Auob bleiben, selbst wenn die Täler trocken sind und nur noch sehr spärliche Weidemöglichkeiten bieten. Dieses von der Regel abweichende Verhalten entstand − wie sollte es in der Kalahari anders möglich sein − wegen des Wassers.

Als man den Nationalpark einrichtete, übernahm man einige Bohrlöcher, die die Farmer in den Tälern angelegt und mit Windpumpen und kleinen Becken versehen hatten. Das hochgepumpte Wasser, das eigentlich für Rinder gedacht war, diente nun dem Wild, das rund um die Wasserstellen besonders gut gedieh. Für Besucher wurden diese Brunnen zu lohnenden Zielen, denn die Kalahari kann für Leute recht enttäuschend sein, die aus anderen, dichter besetzten Parks sehr umfangreiche Wildherden zu treffen gewohnt sind. Darum legte man planmäßig noch weitere Wasserstellen an, einige davon auch in den Dünen fern der Flußbetten.

Aber mit der Zeit wurde deutlich, wie verzwickt die ökologischen Beziehungen in diesem Gebiet sind. Noch können Fachleute nicht genau voraussagen, welche Langzeitfolgen auftreten, wenn man durch die Anlage eines Tiefbrunnens eine stationäre Gnu-Population schafft. Man nimmt an, daß ihre ständige Anwesenheit dazu führt, daß die Grasflächen nahe der Wasserstelle überweidet und schließlich zerstört werden. Das schadet nicht nur den Gnus, sondern auch der Oryx-Antilope, deren Bestand wegen der verminderten Weidemöglichkeiten ebenso zurückgehen könnte.

Die Parkverwaltung beobachtet die Entwicklung jedoch genau und hat einige Wasserstellen trockengelegt, um die Auswirkungen auf die nähere Umgebung zu untersuchen. Das Ökosystem der Kalahari lief störungsfrei, bevor die Brunnen angelegt waren, also sind solche künstlichen Wasserstellen letztendlich unnötig.

Obwohl man immer einige Springböcke in den Flußtälern finden kann, sind ihre Herden dort während der Regenzeit am größten. Sie erscheinen als erste, um die kurzen frischen Triebe zu fressen, wozu sie besonders geeignete Mundwerkzeuge besitzen. Auch die Trockenzeit überstehen sie ausgezeichnet. Die legendären Wanderzüge der Springböcke gehören zur Geschichte Südafrikas. Die Erzählungen über „unzählige Millionen" von Springböcken, die in dichten Herden das Land durchzogen, werden von modernen Biologen mit Zurückhaltung aufgenommen, doch in Frage gestellt sind nur die Zahlenangaben, nicht die Tatsache an sich. Das Phänomen hat es tatsächlich gegeben. Sogar heutzutage läßt sich Ähnliches beobachten, wenngleich die Anzahl der wandernden Springböcke nicht jene des vorigen Jahrhunderts erreicht.

Im Jahre 1959 begannen die Springbock-Populationen von Kang, Kukong und Mabua Sehubi Pan in der Zentral-Kalahari zu wandern und miteinander zu verschmelzen. Von Mai bis Juli jenes Jahres zogen Tausende dieser Springböcke in südsüdwestliche Richtung. Die genannte Gegend ist natürlich nur sehr dünn besiedelt, so daß man den Springböcken nicht folgen oder sie mit wissenschaftlicher Gründlichkeit hätte beobachten können. Danach verschmolz die Herde von 80 000 bis 90 000 Springböcken mit denen im Aminius-Reservat, das etwa 130 Kilometer von Union's End entfernt im nördlichen Kapland liegt. Eine weitere Massierung von Springböcken wurde östlich von Twee Rivieren von einer Kamelpatrouille der in Tsabong stationierten Behörden des damaligen Protektorates Bechuanaland entdeckt. Die Gesamtzahl der Springböcke muß gewaltig gewesen sein.

Der genannte Springbock-Wanderzug berührte den Kalahari Gemsbok Nationalpark nicht, doch soll das Beispiel zeigen, daß derartige Massenbewegungen auch heute noch stattfinden und der Park durchaus in ihrer Reichweite liegt.

Zwei der im Park lebenden Antilopenarten, nämlich das winzige Steinböckchen und der nur wenig größere Ducker, sind reviertreu und bleiben deshalb paarweise in einem bestimmten Gebiet, das ihnen das ganze Jahr hindurch ausreichende Nahrung und Unterschlupf gewähren muß. Beide Arten sind nicht von offenen Wasserstellen abhängig und brauchen deshalb die Dünen nicht zu verlassen, um an die Bohrlöcher zu kommen. Jede Antilopenart der Kalahari hat gegenüber dem beachtlichen Aufgebot an Raubtieren ihre eigenen Schutzmaßnahmen entwickelt. Alle großen Raubtiere Afrikas sind hier vertreten: Löwen, Geparden, Leoparden, Braune Hyänen und deren größere Verwandte, die Gefleckten Hyänen. Aber es gibt auch kleinere Fleischfresser wie den Wüstenluchs, den großohrigen Löffelhund, den Schabrak-

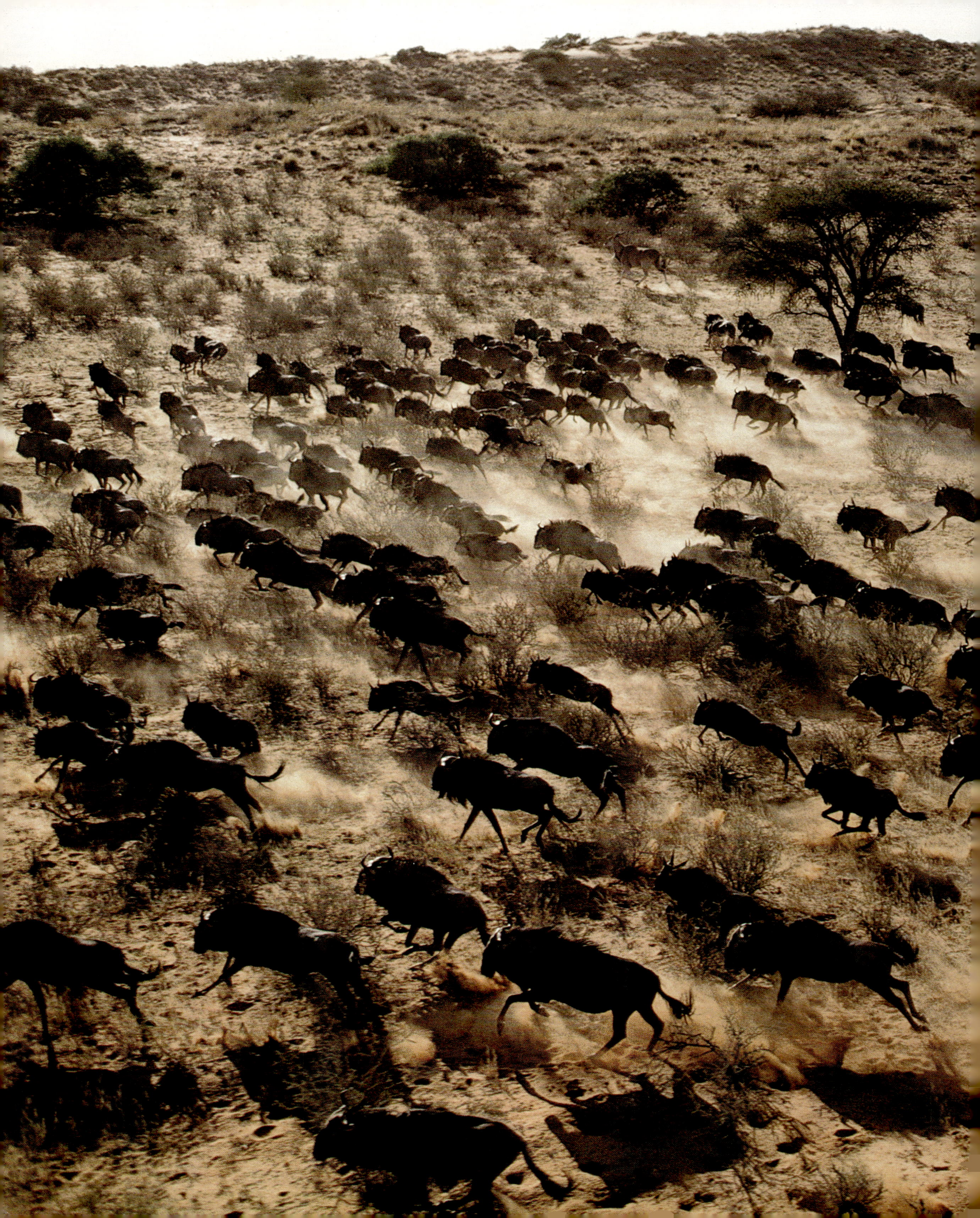

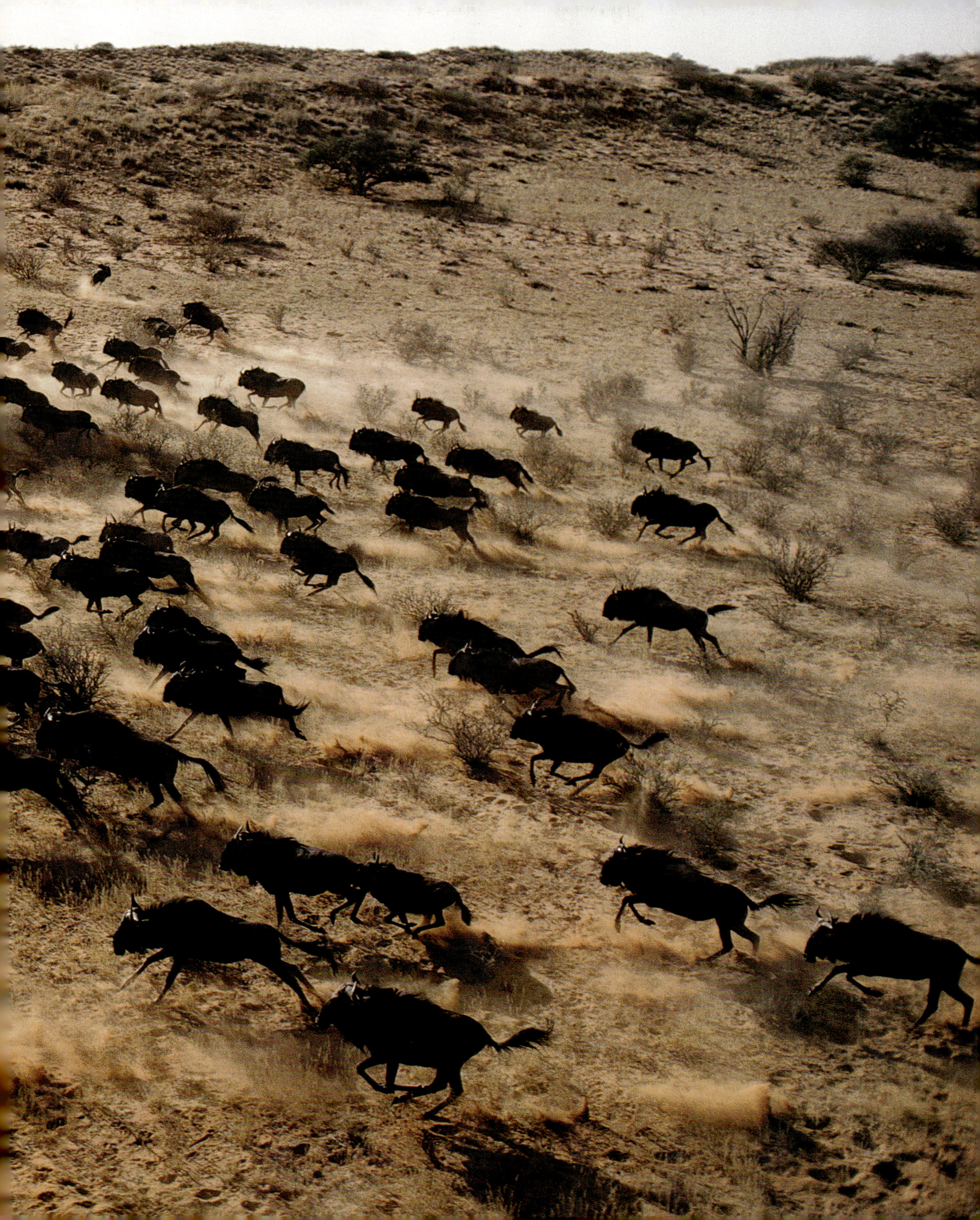

kenschakal oder den hübschen kleinen Kapfuchs. Hinzu kommen viele Greifvögel, die ständig nach anderen Vögeln, kleineren Säugetieren, Insekten und Aas Ausschau halten. Duckern und Steinböcken droht aus der Luft wie vom Land her Gefahr. Das Steinböckchen verläßt sich auf die genaue Ortskenntnis in seinem Revier, das Wissen um die Lage eines Unterschlupfes oder eines günstigen Schattenplatzes und auf sein geheimnisvolles Fluchtverhalten. Dem Ducker stehen ähnliche Verhaltensmuster zur Verfügung, aber er kann außerdem noch erstaunlich schnell laufen.

Die anderen Antilopen neigen dazu, ihre Sicherheit in der Herde zu suchen, die mehr Augen und Ohren hat, um einen Feind zu entdecken. Die Chance des Einzeltieres, zum unglücklichen Opfer eines Überfalls zu werden, bleibt durch die große Zahl verhältnismäßig gering. Außerdem besteht die Möglichkeit, daß sich ein Angreifer durch den Überfluß an potentieller Beute verwirren läßt und letztendlich leer ausgeht.

Elen- und Oryx-Antilope können sich selbst gegen Löwen wirksam wehren, denn ihre Gehörne sind grausame Waffen. Kuhantilope und Gnu vertrauen auf schnelle Flucht aus der Gefahrenzone.

Trotz der angelegten Verteidigungsmechanismen fallen die Antilopen der Kalahari schließlich doch einem Raubtier oder Aasfresser zum Opfer, sei es durch Jugend oder Alter, durch Krankheit oder eine andere Behinderung. Denn hier wie überall bestimmt die Beute die Zahl der Raubtiere. In der Kalahari mit ihren sehr wanderfreudigen Antilopenherden wird dieser Zusammenhang besonders deutlich. Die Großkatzen zum Beispiel sind recht ortsgebunden, solange sich Junge im Trupp befinden. Wenn die Herden abwandern, sehen Löwe, Gepard und sogar die Gefleckte Hyäne mageren Zeiten entgegen. Typischerweise gehört deshalb der häufigste große Fleischfresser im Kalahari Gemsbok Nationalpark zu denen, die am wenigsten aktiv jagen. Es ist die Braune Hyäne, ein einzelgängerisches, zurückhaltendes Tier, das nur von geduldigen Beobachtern entdeckt wird, und zwar meist am frühen Morgen oder am späten Nachmittag. Es lebt vorwiegend von Aas und reißt nur fünf Prozent seiner Nahrung, die es außerdem durch Früchte, Insekten und Vogeleier ergänzt.

Der Park bietet der Braunen Hyäne eine lebenswichtige Zufluchtsstätte. Dieses seltene Tier zählt laut International Union for the Conservation of Nature and Natural Resources zu den gefährdeten Tierarten und wurde deshalb in die sogenannte Rote Liste aufgenommen. Nur ganz wenige Rückzugsgebiete retteten die Braune Hyäne davor, schon in der Vergangenheit von Rinder- und Schafzüchtern ausgerottet zu werden. Selbst in den bestehenden Tierreservaten und Nationalparks reicht die Population unter Umständen nicht aus, um den Erhalt dieses ungeliebten, aber ökologisch hochinteressanten Tieres auch auf längere Sicht hin zu garantieren.

Die Kalahari eignet sich in besonderer Weise zur Beobachtung von Hyänen. Das offene Gelände ermöglicht es, ihnen nachts in den Tälern und durch die Dünen zu folgen. Der Forscher Gus Mills folgte Braunen wie Gefleckten Hyänen Tausende von Kilometer weit und beobachtete dabei viele bewundernswerte Vorgänge, die unsere Vorurteile über diese schlecht beleumdeten Geschöpfe ändern könnten. Hinter ihrem feigen Verhalten und dem kriecherischen Ausdruck lauert eine wache Intelligenz. Mills berichtet von einem Vorfall, als eine Braune Hyäne ein Straußengelege mit 27 Eiern gefunden hatte. Im Laufe der ersten zwei Nächte gelang es ihr, sieben Eier zu fressen, was immerhin 170 Hühnereiern entspricht. Obwohl sie übersättigt war, wollte sie den Rest nicht aufgeben. Stück für Stück brachte sie die restlichen Eier fort und versteckte sie sorgfältig unter Büschen und Grasbüscheln etwa einen Kilometer vom Nest entfernt. Die Verstecke waren zufällig gewählt, wollte sie ihre Beute doch nur vor dem Zugriff anderer Eierfresser retten. Selbst wenn nun ein oder zwei Eier gestohlen worden wären, wäre ihr der Rest sicher geblieben. Mill beobachtete die Hyäne auch, als sie später wiederkam, um vom Vorrat zu fressen. Zwar war sie nicht in der Lage, sich an jedes einzelne Versteck zu erinnern, kannte aber die Umgebung, in der sie etwas versteckt hatte und suchte planmäßig jede mögliche Stelle ab, bis sie die Eier wiedergefunden hatte.

Die Braune Hyäne sucht sich ihr Futter als Einzelgänger. Sie läßt sich dabei durch ihre feinen Hör- und Geruchssinne leiten. Das Revier einer kleinen Familiengruppe, die aus Tieren beiderlei Geschlechts besteht und ein gemeinsames Lager hat, kann bis zu 480 Quadratkilometer groß sein. Als Aasfresser lebt die Hyäne vorwiegend von Gelegenheitsnahrung, und ein ausgedehntes Jagdgebiet, insbesondere bei einem Wohngebiet mit so begrenzten und weitgestreuten Ressourcen wie die Kalahari, bietet nun einmal die beste Chance, ausreichend Nahrung zu finden. Andererseits kommen Braune Hyänen zusammen, wenn sie ihre Welpen aufziehen, die in bezug auf ihr Futter während der ersten 15 Monate zumindest teilweise von den erwachsenen Tieren abhängig sind. Jedes Tier des Rudels bringt dann Teile seiner Beute mit ins Lager. Der einzige, der sich weder am Füttern der Jungtiere noch an der Verteidigung des Reviers beteiligt, ist der Vater der Welpen. Mills nennt die erwachsenen männlichen

Tiere treffend „reisende Herren". Sie ziehen heimatlos durch die Reviere der Rudel, begatten jedes weibliche Tier, das sie in Hitze finden, und gehen dann wieder ihrer Wege.

Auch die Gefleckte Hyäne wird von den Menschen mißachtet. Man hält sie für die niedere Nachhut der „würdigen" großen Raubtiere. Nur wenige erkennen den Erfolg der Hyäne als Jäger an, und noch weniger Menschen wissen, daß ein Löwe lieber ohne das geringste Zögern Aas annimmt, als selbst eine Beute zu schlagen.

Eines Abends folgte Gus Mills einer alten Gefleckten Hyäne von ihrem Lager ab. Nach etwa vierstündigem Suchen und Schnüffeln stieß sie auf eine Löwin an einem weitgehend unberührten Kadaver einer Oryx-Antilope. Kurz darauf begann die Hyäne zu heulen – 19 markerschütternde Rufe hintereinander. Bald kam die Antwort, und nach wenigen Minuten trafen drei weitere Mitglieder des Hyänenrudels ein, um sich ihren Anteil an dem Kadaver zu sichern. Solange die Hyäne allein war, hatte die Löwin sie kaum beachtet, nun aber, mit vier Hyänen als Gegenüber, hielt sie es für ratsam, den Kadaver weiter unter den Baum zu ziehen. Daraufhin rückten die Hyänen näher und begannen mit voller Lautstärke ein schauderhaftes Bellen, Heulen und Keckern. Die Löwin begleitete dieses mißtönende Konzert mit Knurren, was die Hyänen jedoch nicht davon abhielt, sie noch stärker zu bedrängen. Nachdem sie einmal vergeblich versucht hatte, ihre Kraft zur Schau zu stellen, gab sie schließlich entnervt auf und floh im letzten Augenblick vor der gegnerischen Übermacht.

Die Gefleckte Hyäne der Kalahari hat nicht immer das Glück, anderen die Beute stehlen zu können. Meist muß sie selbst jagen, wobei sie sogar so große Tiere wie Oryx-Antilope oder Gnu-Bullen schlägt. Ihre häufigsten Opfer sind jedoch Oryx-Kälber, die es während des ganzen Jahres gibt und die dadurch eine ständige Nahrungsquelle bieten. Das Revier eines einzigen, aus nicht mehr als einem Dutzend erwachsener Tiere bestehenden Rudels der Gefleckten Hyäne kann die Größe von etwa 1500 Quadratkilometer erreichen – ein riesiges Gebiet, in dem eine bestimmte Oryx-Herde mit Kalb nur sehr schwer zu stellen sein dürfte, zumal diese Antilopen sich durch ständige Wanderschaft den Raubtieren geschickt entziehen. Zudem ist eine ausgewachsene Oryx-Antilope mit ihren langen, spitzen Hörnern selbst für die Gefleckte Hyäne ein gefährlicher Gegner.

Die meisten Parkbesucher halten intensiv Ausschau nach Löwen in der Kalahari und hoffen, ein Tier zu finden, das sich in Größe und Aussehen von dem der Löwen in anderen Gebieten unterscheidet. Eine Begegnung würde sie wahrscheinlich enttäuschen, denn äußerlich gibt es keinen Unterschied zwischen den Löwen der Kalahari und des Krüger Nationalparks. Die Löwen der Kalahari müssen sich allerdings besonders in der Trokkenzeit mit etwas minderwertigerer Beute begnügen. Für sie gibt dann selbst ein Stachelschwein eine lohnende Mahlzeit ab.

In der Kalahari beherrscht ein Löwenrudel ein Revier von 1000 Quadratkilometer. Den Kern eines Rudels bilden gewöhnlich vier bis sieben miteinander verwandte Löwinnen mit ihren Nachkommen. Im Alter von etwa zweieinhalb Jahren werden alle männlichen und sogar einige der weiblichen Tiere aus dem Rudel ausgestoßen und beginnen zu nomadisieren. Dabei bleiben die Männchen während ihrer Junggesellenzeit normalerweise zusammen. Mit vier Jahren beginnen sie, sich ein Rudel zu suchen und das männliche Leittier herauszufordern. Dabei kommt es oft zu blutigen Kämpfen, die nicht selten zum Tod des

177. *(vorige Seite)* Die in der Kalahari am stärksten vertretene Antilopenart ist das Streifengnu, das auf der Suche nach Weideplätzen ständig umherzieht. **178.** Obwohl sich das Graubraun seines Fells ausgezeichnet in die Umgebung einfügt, verrät sich das allgegenwärtige Erdhörnchen durch seine nimmermüde Neugier. Will es die Umgebung beobachten, erhebt es sich auf die Hinterbeine. Während der stärksten Tageshitze stellt das Erdhörnchen gelegentlich seinen buschigen Schwanz über dem Kopf hoch, damit er ihm als natürlicher Sonnenschirm dient. **179.** Wie bei den meisten Antilopen im Kalahari Gemsbok Nationalpark schwankt die Zahl der Südafrikanischen Kuhantilopen mit der Ergiebigkeit der Weideflächen.

einen von beiden führen. Doch damit nicht genug. Kaum hat der neue Besitzer den Harem übernommen, tötet er alle Welpen des Rudels. Diese scheinbar – und zumindest nach unseren Maßstäben – abscheuliche Gewohnheit hat offensichtlich ihre Wurzeln in der zwanghaften Anlage des männlichen Tieres, nur die eigenen Nachkommen aufzuziehen und keine Kraft für die Jungen fremder genetischer Herkunft zu vergeuden. Bald danach sind die Löwinnen in Hitze, und gut 100 Tage später werden die Welpen geboren.

Das Auobtal muß wohl eine der besten Stellen auf der ganzen Welt sein, um Geparden bei der Jagd zu beobachten. Das schmale Trockenbett läßt Springböcke hier beim Äsen dicht zusammenkommen. Sie zählen zur Hauptbeute der Geparden. Hat man eine Gepardenfamilie entdeckt, gehören nur noch etwas Glück und viel Geduld dazu, zumindest einen Jagdversuch verfolgen zu können. Einen großartigen Anblick bieten auch die Schwärme von Tüpfelflughühnern und Tauben, die am Spätnachmittag an den angelegten Wasserstellen eintreffen, hastig ihren Durst löschen und wieder fortfliegen. Da sie ganz regelmäßig zu ihren Wasserstellen kommen, scheinen sie ein gefundenes Fressen für die wartenden Raubtiere zu sein. Doch ihre Ankunft in quirlenden Massen macht es jedem hungrigen Räuber schwer, sich ein bestimmtes Opfer herauszusuchen, und es wird ihm in der kurzen Zeit kaum gelingen, mehr als zwei Vögel zu schlagen.

Es ist interessant sich vorzustellen, daß ohne die künstlichen Tränken weder Tauben noch Flughühner in der Lage wären, auf Dauer in dem Park zu leben, obwohl es dort Futter im Überfluß gibt. Sie brauchen nämlich täglich Wasser. Außerdem müssen sie ihren Jungen Wasser bringen. Die Art, in der das geschieht, zeigt deutlich die Anpassung an Gegebenheiten und die Lösung von Problemen in der Natur. Männliche Flughühner transportieren Wasser in ihren besonders zu diesem Zweck umgestalteten Brustfedern. Während der Brutzeit kann man sie beim „Baden" beobachten, wobei sie ihre Federn füllen. Dann bringen sie die kostbare Fracht zum Nest, das bis zu 80 Kilometer von der Wasserstelle entfernt liegen kann.

Doch die Kalahari hält noch andere Überraschungen bereit. Wer würde in einem solchen Trockengebiet erwarten, Frösche zu finden? Daß sie hier überleben können, ist auch nur durch bestimmte Anpassungen möglich, die sie während der Trockenzeit schützen. Sobald es regnet, schlüpfen sie aus Schlammkokons am Grund der Trockenpfannen und beginnen, sich in dem kurzlebigen Naß zu vermehren.

Während der kurzen Zeit, in der die Senken sich mit Wasser füllen und überall in den Flußtälern Teiche entstehen, nimmt die Kalahari ein völlig anderes Aussehen an. Von weither treffen Vögel ein, die über die klare, blaue Wasserfläche schweben und sie hier und da kurz berühren. Stelzvögel waten im seichten Wasser und suchen nach Fröschen und Insekten, die plötzlich wie durch ein Wunder erschienen sind. Von den Ufern her breiten sich allmählich Algen aus. Das anfängliche Schimmern des Wasserspiegels weicht einem satten Mattgrün. Auch jetzt noch treffen ständig Vögel ein. Antilopen kommen zum Trinken und scheinen darüber zu frohlocken, daß der Wassermangel für kurze Zeit vorüber ist. Natürlich lockt eine

180. Junge Strauße nehmen in dem puderfeinen Sand des Nossobflußbettes ein Staubbad. Der Staub hilft ihnen, ihren Körper von äußeren Parasiten zu befreien. **181.** Besucher begegnen der Braunen Hyäne nur selten, denn sie erscheint erst nach Sonnenuntergang. Diese Tierart bildet die Gesundheitspolizei der Kalahari und legt auf der Suche nach etwas Freßbarem, das von Aas bis zu Tsamma-Melonen reichen kann, allnächtlich weite Strecken zurück. Diese Hyäne fand ein Straußengelege mit 27 Eiern. Nachdem sie sieben davon gefressen hatte, trug sie den Rest Stück für Stück fort und versteckte ihre Beute für später unter Büschen. **182.** Die Gefleckte Hyäne wurde häufig nur für einen Aasfresser gehalten, doch inzwischen wissen wir, daß sie auch ein ausgezeichneter nächtlicher Jäger ist. Gefleckte Hyänen jagen im Rudel. Sie hetzen ihre Opfer zu Tode und beginnen ihr Mahl dann wie dieses Paar mit den Feuchtigkeit enthaltenden Innereien.

solche Festgesellschaft auch die Raubtiere an. Löwe, Hyäne, Wildhund und Gepard finden nun den Tisch reich gedeckt. Über allen steht die Sonne mit ihren sengenden, durstigen Strahlen. Nach und nach verdunstet das Wasser, und der Salzgehalt steigt, wozu auch der viele Tierkot beiträgt. Schließlich bleiben nur noch Schlick und Schlamm übrig. Die Vögel, die von der lebenspendenden Kraft des Wassers angelockt worden waren, ziehen sich zurück. Die Senke wird wie zuvor zu einer ausgedörrten Pfanne mit aufgerissener Oberfläche. Nun wandern auch die Tiere wieder ab in die unendlich weite Dünenlandschaft.

Manchmal wird gerade zu dieser Jahreszeit der Kalahari Gemsbok Nationalpark zum Schauplatz einer Massenansammlung von vielen tausend Antilopen. Im Winter 1979 wuchs die Gnu-Population des Parks von normalerweise etwa 1000 Tieren durch Zulauf aus Botswana auf 90000.
Ein, zwei, vielleicht auch drei Jahre lang mögen die entsprechenden Bedingungen für eine solche Massierung günstig sein, die danach unter Umständen lange Zeit nicht mehr zustande kommt. Gerade das sollten diejenigen bedenken, die den Plan unterstützen, einen Zaun am Grenzfluß Nossob zu ziehen. Wir beginnen erst allmählich zu verstehen, in wie

156 KALAHARI GEMSBOK NATIONALPARK

vielfältiger Weise eine solche vom Menschen errichtete Sperre Schaden anrichten könnte. Eines wissen wir allerdings bereits jetzt sicher: der Zaun bedeutete für alle Zeit das Ende der eindrucksvollen Wanderzüge von Springbock- und Gnu-Herden.

183. Im Spiel mit einem Büschel toten Grases, das die jahrelange Dürre nicht überstanden hat, hinterläßt der Septemberwind seine eigenwilligen Spuren im Sand.   **184.** Die beinlose Glattechse „schwimmt" auf der Suche nach Termiten durch den roten Kalaharisand.   **185.** Die Kalahari, die oft fälschlich als Wüste bezeichnet wird, ist eigentlich eine semi-aride Savanne, wie man hier an den von Gräsern, Buschwerk und kleinen Bäumen bedeckten Dünenketten erkennen kann. Ein Zeuge früherer, feuchterer Zeiten ist der Auob River, einer von vielen „fossilen Flüssen", der die Kalahari durchzieht und im Nationalpark als recht willkommener Fahrweg dient.   **186.** Der Honigdachs hat die Länge eines Menschenarms und ist mit Dachs, Stinktier und Otter verwandt. Treibt man ihn in die Enge, dann wird er zu einem wildkämpfenden Gegner. Im Park trifft man diese rastlosen Gesellen häufig, wenn sie ihre großen Reviere durchstreifen und nach Insekten oder kleinen Beutetieren wie dieser Sandeidechse graben, die dann rasch gefressen werden.   **187.** Mit aufgestellten Lauschern steht ein alarmiertes Steinböckchen im Herbstgras.

188, 189. Während ein Weißrückengeier darauf wartet, sich seinen Anteil zu holen, streiten zwei Schabrackenschakale in Drohgebärde darum, wer den Vorrang haben soll. Der Schakal auf der rechten Bildseite, der die Ohren angelegt und den Schwanz unterwürfig zwischen die Beine geklemmt hat, war als erster an den Überresten dieses vor einigen Stunden von Löwen gerissenen Gnus. Der größere und angriffslustigere Schakal zur Linken ist im Begriff, dem anderen die Beute erfolgreich abzutrotzen. **190.** Eine Löwin kehrt zu dem in der vergangenen Nacht gerissenen Gnu zurück und zerrt den Kadaver von Geiern und Schakalen fort in den Schatten, wo ihre Jungen darauf warten, an den Resten nagen zu dürfen.

190

191. In vollem Lauf benutzt der Gepard seinen Schwanz als Steuer und Bremse. Hier jagt er einen Springbock durch das breite Flußbett des Nossob. Er hat sich so geschickt angeschlichen, daß er bis zu dem Augenblick unbemerkt geblieben ist, in dem er zum eigentlichen Angriff ansetzt. Mit einem Schlag auf die Hinterläufe bringt er die Antilope zu Fall und tötet sie mit einem Biß in die Kehle.
192. Obwohl er vom Laufen noch außer Atem ist, zerrt der Gepard sein Opfer unmittelbar darauf in ein Gebüsch. **193.** Im Schatten erholt sich der Gepard von der Anstrengung, doch hält er gleichzeitig Ausschau nach Löwen oder Hyänen, die den Geparden oft ihre schwer verdiente Beute rauben. **194.** Von dem Überfall alarmiert, verzieht sich die restliche Springbockherde. Besucher, die geduldig am Rande eines Trockenflusses warten, haben durchaus die Chance, einen Geparden bei der Jagd zu beobachten. Vor kaum mehr als zwei Jahrzehnten sammelten sich schätzungsweise 90 000 Springböcke in der Nähe von Twee Rivieren im heutigen Kalahari Gemsbok Nationalpark. Seither gab es solche Massentreffen nicht wieder, aber es ist durchaus denkbar, daß in diesem, dem nächsten Jahr oder erst wieder in zwanzig Jahren viele tausend von ihnen von einem uns unverständlichen Instinkt getrieben zusammenkommen. Da dieser Park ohne Abgrenzung in den noch größeren Nachbarpark von Botswana übergeht, könnte es sogar wieder einmal zu einem der berühmten Wanderzüge der Springböcke kommen. **195.** Während sich der Gepard an der saftigen, proteinreichen Keule des Springbocks gütlich tut, treffen immer mehr große und kleine Aasfresser ein, die ihren Anteil fordern.

KALAHARI GEMSBOK NATIONALPARK 161

194

196. *(nächste Seiten)* Dieser Leopard hat seine Beute sicher im Baum verstaut, zu dem er mehrere Nächte lang zurückkehren wird, um von dem Springbock-Kadaver zu fressen, ohne daß andere ihm das Mahl streitig machen können.

195

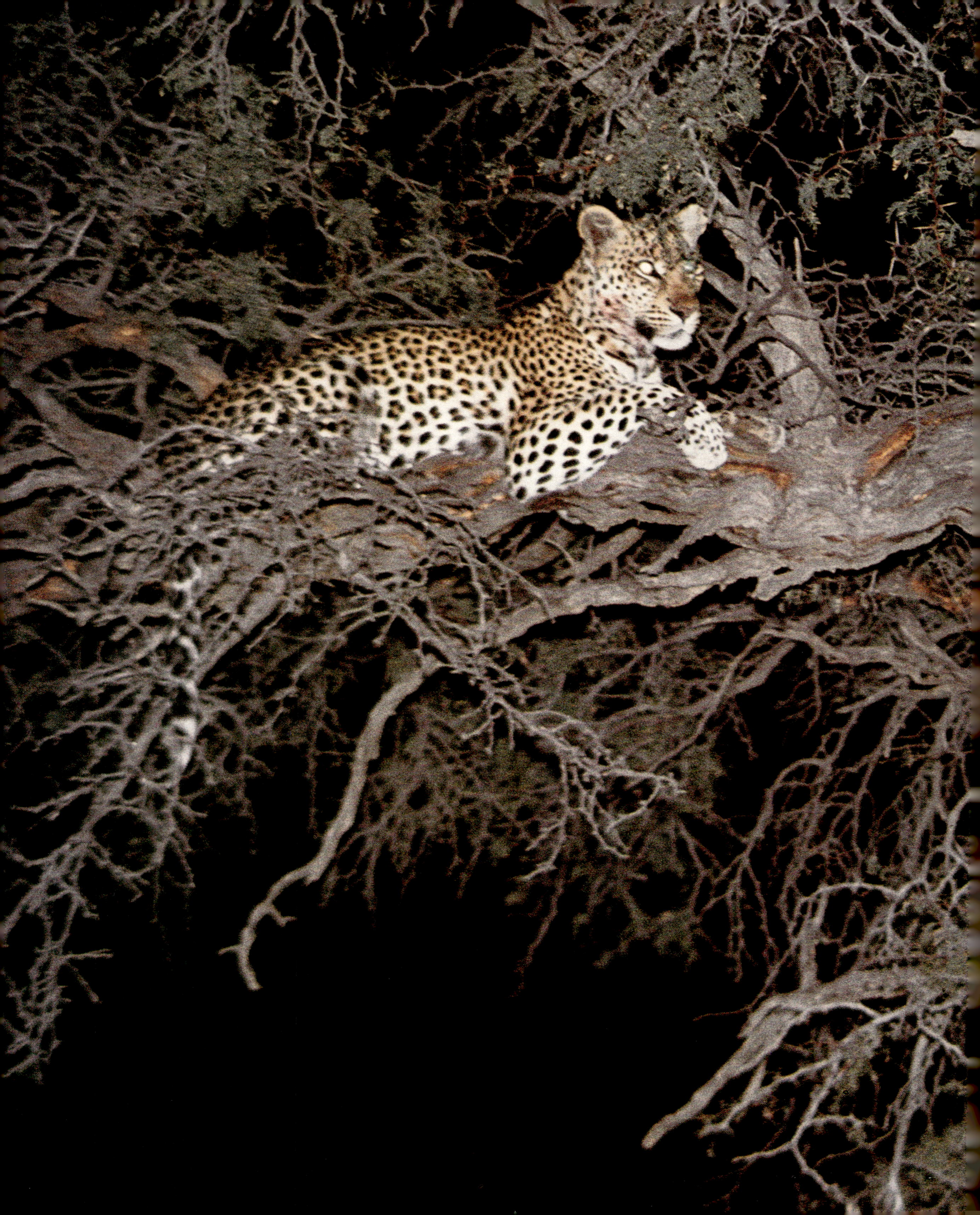

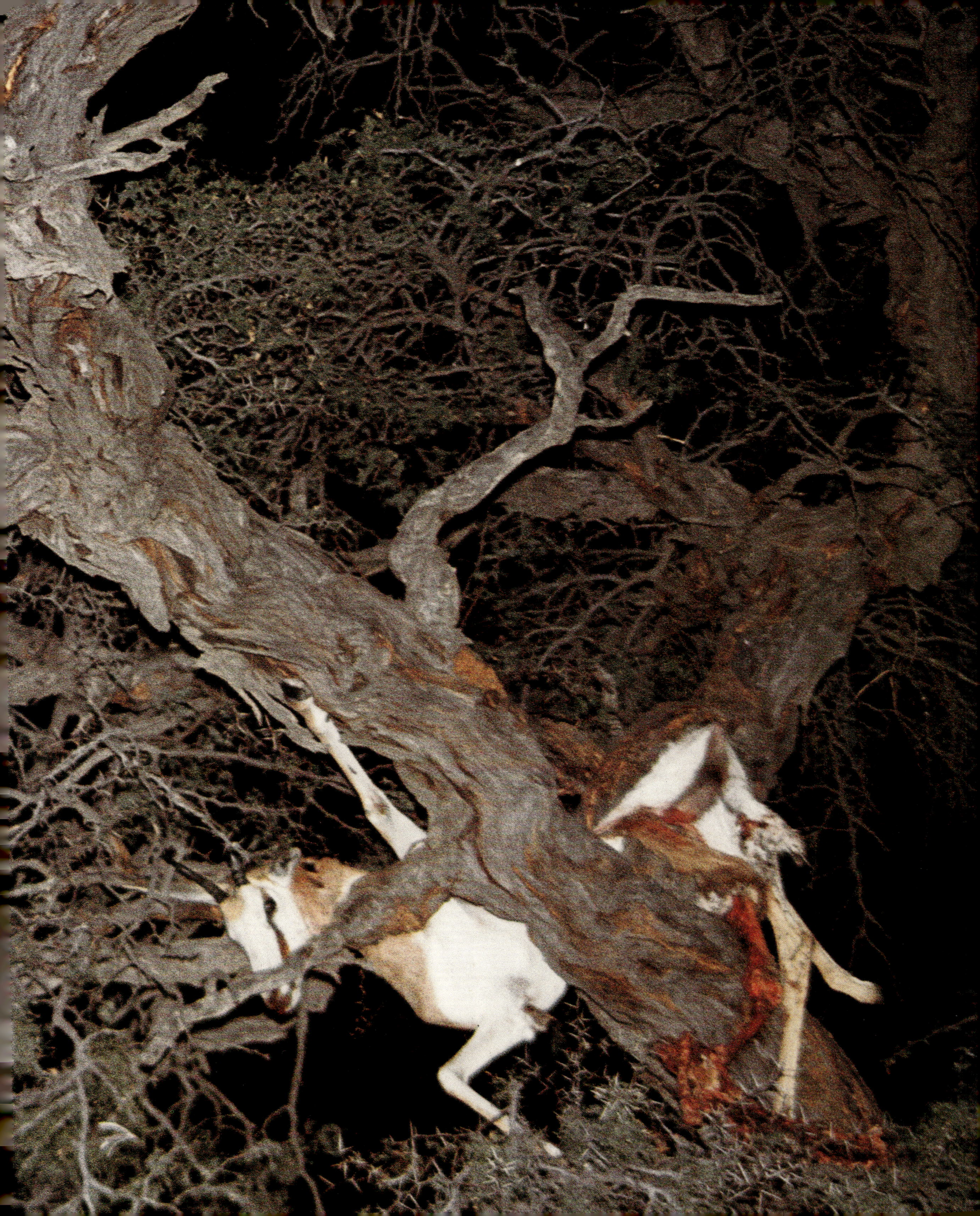

KALAHARI GEMSBOK NATIONALPARK

197. Eine Echte Agame kühlt sich auf dem dornigen Zweig einer Akazie im Wind. **198.** Der untergehende Mond bei gleichzeitigem Sonenaufgang und der typisch rötliche, von Eisenoxyd durchsetzte Sand der Kalahari vereinigen sich zu einem eindrucksvollen Farbspiel. **199.** Die Tsamma-Melone versorgt Buschmänner und Tiere der Kalahari mit kostbarer Flüssigkeit. In Regenjahren gibt es sie in großen Mengen, in Jahren der Dürre sind sie seltener. **200.** Gefleckte Flughühner bei der Wasseraufnahme. Die Männchen tauchen dabei tief ein, um ihre besonders dafür eingerichteten Brustfedern mit Wasser zu füllen. Sie tragen die Flüssigkeit dann kilometerweit zu den Jungvögeln. **201.** Eines der großartigen Sommergewitter tobt über der ausgetrockneten Kalahari.

KALAHARI GEMSBOK NATIONALPARK 165

199

200

202

202. Gnus kalben gewöhnlich während der Regenzeit im Dezember/Januar, doch beschränkt sich die Wurfzeit einer Herde auf wenige Tage. Die tragenden Weibchen kommen in besonderen Gruppen zusammen und kalben alle fast gleichzeitig. Noch ganz feucht liegt das Kälbchen im Gras. **203.** Schon nach wenigen Minuten erhebt es sich, wozu es von dem besorgten Muttertier nachhaltig gedrängt wird, denn überall lauern Gefahren. In dieser Zeit ist der Tisch für alle Raubtiere reich gedeckt, und Hyäne, Gepard, Wildhund und Löwe stehen bereit, um ihren Anteil zu holen. **204.** Der Mutterkuchen hängt noch am Muttertier, das ihr Kalb beschnüffelt. Dabei teilen Mutter und Kind einander die Eindrücke von Geruch und Stimme mit und knüpfen in wenigen Minuten eine Verbindung, die lebenswichtig ist. Bald werden beide Tiere wieder zur Herde zurückkehren. Dann müssen sie sich wiedererkennen, wenn das Kalb zum Trinken kommt oder bei der Mutter Schutz sucht. **205.** Obwohl dieses Kalb erst eine Viertelstunde alt und noch kaum getrocknet ist, hält es schon Schritt mit der Mutter, die es in die Sicherheit der großen Herde geleitet. **206.** Viele Augen wachen, viele Ohren lauschen, aber die Gefahr ist vorüber. Die Raubtiere haben sich die Mägen gefüllt und liegen faul im Schatten. So geht es in der Natur zu: Einige Kälber haben ihr Leben gelassen, aber viele andere konnten dadurch überleben.

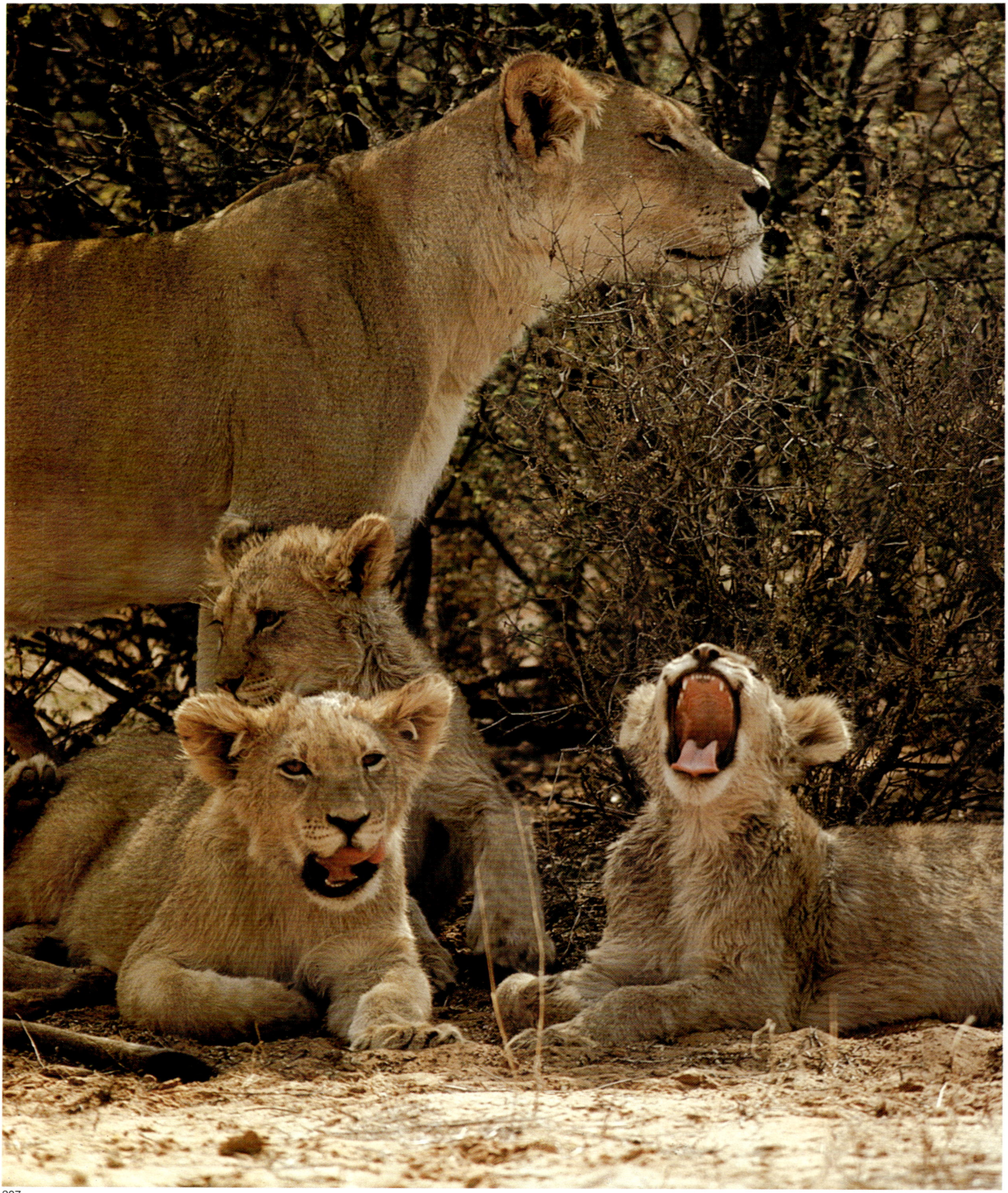

207

207. Eine Löwin rastet mit ihren Jungen im Schatten einer Akazie. Durch herumstreunende, großmähnige männliche Löwen könnte dem Rudel Gefahr drohen. Sollte es einem dieser Einzelgänger gelingen, den männlichen Anführer des Rudels zu verdrängen, würde er sofort alle Jungtiere, die von seinem Vorgänger stammen, töten. Wenige Tage darauf geraten die Weibchen in Hitze und werden befruchtet. So stellt der neue Herr des Rudels sicher, daß alle Nachfahren seinen genetischen Stempel tragen. **208.** Eine Löwin schleicht durch das sonnengebleichte Gras der **Kalahari**. **209.** Eine eigenartige Wohngemeinschaft besteht häufig zwischen **Stachelschweinen** und Braunen oder Gefleckten Hyänen, die ihrerseits die **Wohnung** oft von Erdferkeln übernehmen. Sie haben ursprünglich viele dieser **Baue** gegraben.

210. Böcke der Südafrikanischen Kuhantilope kämpfen mit verkeiltem Gehörn im Trockenbett des Auob. **211.** Elenantilopen leben wie die Mehrzahl der Kalahari-Antilopen nomadisierend. **212.** Die meisten Antilopen können in dieser rauhen und trockenen Umgebung überleben, ohne zu trinken. Sie beziehen die benötigte Feuchtigkeit aus ihrer Nahrung. Dennoch bleibt der Verlust von Wasser für Tiere wie die Oryx-Antilope ein ebensolches Problem wie die hohen Außentemperaturen. Bei der Erhaltung der Körperflüssigkeit sind sie so erfolgreich, daß das Urinieren meist auf nur wenige Tropfen beschränkt bleibt. Eine andere Anpassung besteht in dem feinen Netzwerk von Blutgefäßen in der Nase, wo das Blut vorgekühlt wird, bevor es das Gehirn erreicht, während die Körpertemperatur mit der Hitze des Tages ansteigt.

LANGEBAAN NATIONALPARK

JAHRELANG HAT DER MENSCH DAS MEER ALS AUSGUSS BENUTZT UND NAHM AN, DASS SEINE UNENDLICHE WEITE IHM UNEMPFINDLICHKEIT GARANTIEREN WÜRDE.
GEORGE BRANCH. DIE LEBENDIGEN KÜSTEN SÜDAFRIKAS.

DIESES GEBIET WIRD IN KÜRZE ZUM NATIONALPARK ERKLÄRT

Vor über 450 Jahren erhielt Saldanha zu Ehren von Antonio de Saldanha, der angeblich dort Frischwasser aufgenommen hatte, seinen Namen. Aber die Bezeichnung *Aquada da Saldanha* — „Wasserstelle des Saldanha" — hat offensichtlich keinerlei Bezug zur Wirklichkeit, denn das Land an dieser Meeresbucht ist ausgedörrt und zeichnet sich durch nahezu völliges Fehlen von frischem Grundwasser aus. Jan van Riebeeck beschrieb fast 150 Jahre später dasselbe Gebiet so: „Es gibt wohl auf der ganzen Erde kein derart karges und gottverlassenes Land." Dennoch nannte 1976 der Minister of Environmental Planning and Conservation (Minister für Umwelt- und Naturschutz) — übrigens kein Mann, dem man Tagträumereien nachsagen könnte — Saldanha und Langebaan Lagoon „das Juwel der Westküste". Eigenartigerweise lassen sich diese beiden scheinbar gegensätzlichen Äußerungen nicht nur miteinander in Einklang bringen, sondern symbolisieren geradezu die typischen Eigenarten dieser bemerkenswerten Landschaft: den friedlichen Hafen, den das ruhige Wasser von Saldanha Bay und Langebaan Lagoon bietet, und die lebensfeindliche Trockenheit des benachbarten Landes.

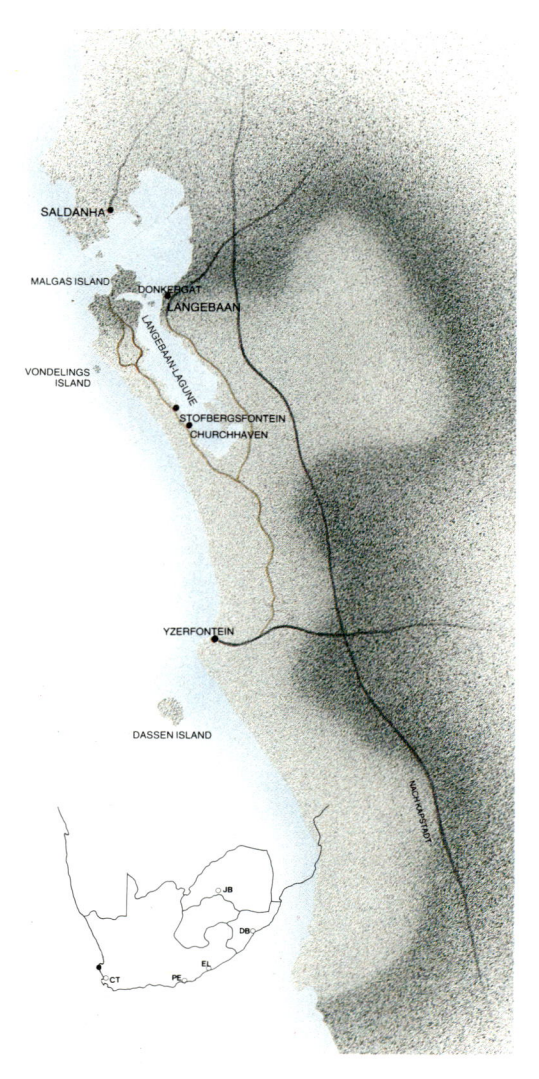

Dies ist ohne Zweifel ein einzigartiger Lebensraum. Professor Roy Siegfried, der Direktor des Percy FitzPatrick Institute of African Ornithology, behauptet: „Es gibt nirgendwo sonst im südlichen Afrika etwas auch nur annähernd Ähnliches." Angesichts seiner einmaligen Besonderheiten zählt man dieses Juwel zu den Schätzen der Nation und hat vorgeschlagen, das Gebiet zum Langebaan Nationalpark zu erklären.

Um das Außergewöhnliche der Landschaft zu verstehen, müssen wir ihren geologischen Werdegang verfolgen. Die Bucht von Saldanha und auch die Langebaan-Lagune als ihre Verlängerung entstanden im Lauf mehrerer Jahrmillionen durch erhebliche Schwankungen des Meeresspiegels. Wärmeperioden führten zum Abschmelzen der polaren Eiskappen, was große Wassermengen freisetzte, die den Meeresspiegel um bis zu 140 Meter gegenüber dem heutigen Stand erhöhten. Während der Eiszeiten wurde dagegen sehr viel Wasser in Gletschern und Polkappen gebunden, und das Meer zog sich zurück. Sein Wasserstand lag dann wesentlich niedriger als jetzt.

Die einander folgenden Vorstöße und Rückzüge des Meeres spielen eine entscheidende Rolle bei der Entstehung von Saldanha Bay und Langebaan Lagoon. Fiel der Wasserspiegel, dann entstand entlang der Küste eine mächtige Dünenkette. Der jüngste Vorstoß des Meeres vor etwa 9000 Jahren führte an der felsigen Landzunge, die heute die Einfahrt zur Saldanha-Bucht flankiert, zum Durchbruch durch diese Dünen. Weil die dort auslaufenden Granitschichten weiterer Erosion widerstanden, blieben die Dünen, die jetzt als Donkergat-Halbinsel die Lagune von der offenen See trennen, davor bewahrt, von dem in die Bresche einflutenden Wasser unterspült und fortgerissen zu werden. Dieser Entstehung verdankt die Lagune ihren besonderen Reiz. Während fast alle anderen Lagunen von Flüssen geschaffen wurden, die sich ihren Weg zum Meer bahnten, wurde Langebaan ausschließlich vom Steigen und Fallen der Meere in prähistorischen Zeiten geformt. Da es hier keinen Fluß gibt, ist die Lagune von Langebaan keine erweiterte Flußmündung, was ganz entscheidende Folgen für Tier- und Pflanzenwelt hat. Organismen, die in einer Flußmündung leben, müssen in der Lage sein, den mit den Gezeiten wechselnden Salzgehalt zu ertragen und sind den Launen von Hoch- und Niedrigwasser ausgesetzt. Das Wasser von Langebaan und Saldanha dagegen unterscheidet sich in seinem Salzgehalt kaum vom Meerwasser.

Die Lagune von Langebaan besitzt eine friedliche Ausstrahlung, der selbst die heftigen sommerlichen Südostwinde nichts anhaben können. Die gleiche Ruhe setzt sich in der Unterwelt fort, in der unzählige Organismen gedeihen. Über 550 Arten von Wirbellosen leben in Lagune und Bucht. Das sind fast doppelt so viele wie in anderen südafrikanischen Lagunen.

Aber Ruhe und Gleichmaß genügen nicht, um eine so artenreiche Fauna zu erhalten,

213. Neugierige Brillenpinguine auf Marcus Island am Eingang zur Saldanha-Bucht watscheln auf die Kamera zu. Hier brüten schätzungsweise 10000 dieser Vögel.

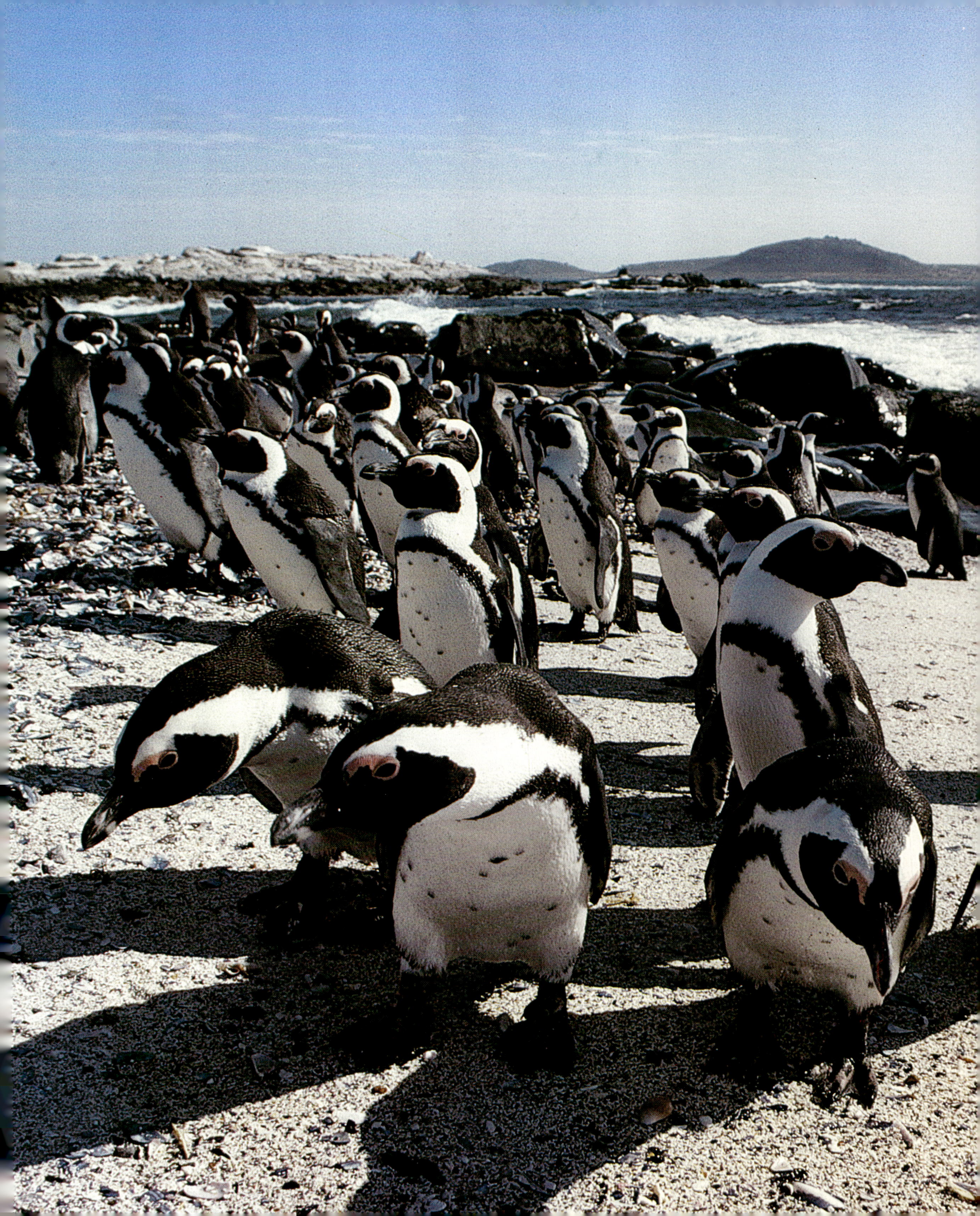

denn die Tiere brauchen Nahrung. Im Meer bildet mikroskopisch kleines, schwebendes Pflanzenplankton die Grundlage der Nahrungskette. Zwar zeigen Messungen, daß das nährstoffreiche, bewegte Wasser der Westküste und auch der Saldanha-Bucht reichlich Pflanzenplankton enthält, doch sinkt der Planktonanteil in der Lagune auffällig stark, wie das kristallklare, blaue Wasser deutlich beweist.

Es gibt mehrere Gründe für das geringe Vorkommen von Pflanzenplankton in der Lagune. Am Laguneneingang liegen dichtgepackte Muschelbänke, und es ist durchaus denkbar, daß sie einen großen Teil des Pflanzenplanktons aus dem Wasser filtern, das bei beginnender Flut in die Lagune strömt. Sie bilden einen lebenden Filter, und die Unmenge an den Stränden aufgehäufter Muschelschalen läßt ihre Anzahl und ihre Wirksamkeit ahnen. Aber noch entscheidender als die Muscheln sind Pflanzen der Salzmarsch, See- und Riedgräser, die am Rand der Lagune wachsen, dem Wasser Nährstoffe entziehen und dadurch den Salzgehalt vermindern. Wo wichtige Nährstoffe fehlen, geht Pflanzenplankton ein, und Wurzelpflanzen gewinnen das Übergewicht, um dann – wie ein Wissenschaftler es ausdrückte – „die gesamte Nahrungskette in Südafrikas artenreichster Lagune zu unterwandern". Aber die Salzmarsch ist selbst außerordentlich störanfällig. Noch nach zwei Jahren waren zum Beispiel die Fahrspuren, die ein Jeep beim Durchqueren der Salzmarsch hinterlassen hatte, als zusammengedrückter, beinahe lebloser Schlamm sichtbar.

Trotz starken Pflanzenwachstums in den Flachwassergebieten gibt es nur erstaunlich wenige Tiere, die sich direkt von diesen Pflanzen ernähren. Alljährlich im Frühjahr und Frühsommer blühen die Pflanzen, um dann zu welken und langsam zu verrotten. Doch gerade durch ihr Absterben erhalten sie das Tierleben, denn Bakterien zerlegen die verrotteten Pflanzenteile in leichter verdauliche Bestandteile, die dann – einschließlich der Bakterien – Würmern, Schnecken, Krabben, Muscheln und vielen anderen Wirbellosen, die die Sandbänke der Lagune bevölkern, als Nahrung dienen. Einige von ihnen, zum Beispiel der 30 Zentimeter lange Blutwurm und die Sand- und Schlammkrabben, sind allgemein bekannt, andere zwar weniger auffällig, aber ebenso wichtig. Eine winzige Schneckenart aus der Familie der *Assimineiden* lebt dicht unterhalb des Spülwassersaums, wo Stelzvögel wie die Sichelstrandläufer sie fressen.

Verwesende Pflanzenteile werden gewöhnlich als recht dünne Schicht auf dem Schlamm abgelagert. Darum stehen einigen Tieren Hilfsmittel zur Verfügung, ihre Nahrung anzureichern. Der Blutwurm liefert dafür ein gutes Beispiel. Er gräbt sich einen U-förmigen Gang, durch den er Wasser strudelt. Das Wasser reichert den Sand mit Sauerstoff an, und organische Teilchen bleiben zwischen den Sandkörnern hängen. Unter diesen günstigen Bedingungen entsteht ein überdurchschnittlich dichter Bakterienbelag, der seinerseits winzigen Protozoen als Nahrung dient. Derart angereichert frißt der Wurm die komplette Bakterienkultur und legt sich eine neue an.

Die bereits erwähnte kleine Schnecke *Assiminia* hat noch eigentümlichere Freßgewohnheiten. Ihre an Kohlenhydraten reichen Fäkalien werden rasch von Bakterien besiedelt. Sobald das geschehen ist, kann die Schnecke sie wiederum fressen, denn sie deckt ihren Nährstoffbedarf aus den Bakterien. Dadurch entsteht ein Kreislauf, der uns zwar nicht appetitlich vorkommt, für die Schnecke aber zweifellos nahrhaft ist.

Früher gab es viele Austern in der Lagune, doch starben sie aus, als sich vor 9000 Jahren die Höhe des Wasserspiegels änderte und Schlick das Lagunenbett füllte. Seit jüngster Zeit betreibt die Fisheries Development Corporation (Gesellschaft für Fischereientwicklung) in Churchhaven am westlichen Ufer der Lagune eine erfolgreiche Austernzucht, allerdings mit einer anderen als der früher dort einheimischen Art. Die Austern gedeihen auf besonders dafür angefertigten großen Platten, die an Gestellen in das Wasser gehängt werden. Der Plan, die Lagune zum Nationalpark zu erklären, läßt natürlich die Frage aufkommen, ob diese Art der gewerblichen Fischerei dann weiterbetrieben werden darf. Obwohl Langebaan keine großen Beutegreifer wie Löwen oder Krokodile mehr beheimatet, ernährt die Vielfalt der dort lebenden Wirbellosen eine große Zahl anderer Raubtiere. Es gibt nur wenige Fische in der Lagune, aber eigenartigerweise liegen auffällig viele Geigenrochen geschickt getarnt im Schlamm vergraben, von wo sie erschreckt hochschießen, wenn man sie stört. Vermutlich kann man das geringe Fischvorkommen mit der Sauberkeit des Wassers erklären, denn Fische, die in Flußmündungen leben, bevorzugen trübes Wasser, weil es ihnen erlaubt, sich besser vor Raubfischen zu verbergen.

Der Mangel an Fischen in der Lagune wird durch Vögel mehr als wettgemacht, denn sie treten hier zu Tausenden und Abertausenden auf. François le Vaillant, der als einer der ersten Naturkundler das Gebiet besuchte, berichtete über „die undurchdringliche Wolke von Vögeln jeder Art und Farbe".

Kormorane, Möwen, Strandläufer, Sanderlinge, Knutts, Steinwälzer, Regenpfeifer, Tölpel und Flamingos gehören zu den Vogelschwärmen, die an der Lagune zusammenkommen.

Im Sommer bevölkern etwa 55 000 Vögel, davon mehr als zwei Drittel Sichelstrandläufer, die Lagune von Langebaan. Jahr für Jahr verläßt eine große Anzahl arktischer Zugvögel zum Anbruch der Polarnacht ihre Brutgebiete in Sibirien und Grönland und fliegt nach Süden. Für viele von ihnen ist Langebaan das Ziel. Etwa ein Drittel aller Stelzvögel, die nach Südafrika kommen, fliegen die Lagune an. Deshalb ist Langebaan nicht nur von lokalem Interesse, sondern hat als lebenswichtige Station der Zugvögel internationale Bedeutung. In Sibirien und auf Grönland wurden riesige Landflächen als Brutgebiete für diese Vögel unter Schutz gestellt. Aber diese Vorsorge wäre vergeblich, wenn Südafrika nicht bereit wäre, die südlichen Lebensbereiche zu schützen, wo die Vögel ein halbes Jahr zubringen und sich für den anstrengenden Rückflug in die Arktis stärken.

Vögel haben offensichtlich einen großen Einfluß auf die Ökologie der Lagune. Sie verzehren jährlich etwa 150 Tonnen winziger Lebewesen, also schätzungsweise 500 Millionen Einzeltiere. Ungefähr ein Drittel davon kehrt in Form von Guano in die Lagune zurück. Die 44 Tonnen Vogelkot düngen die Salzmarsch, aus der die Vögel wiederum ihre Nahrung beziehen.

Die Vögel suchen Langebaan nicht nur als vielseitige Nahrungsquelle auf, sondern auch, weil ihnen die zahlreichen Inseln am Eingang der Lagune Schutz bieten. Dort können fast 250 000 Seevögel ungestört von Raubtieren nisten und brüten. Schaapen Island beherbergt zum Beispiel die größte bekannte Brutkolonie der seltenen Dominikanermöwe in Südafrika, Marcus Island besitzt die größte beständige Population des seltenen Schwarzen Austernfischers in Südafrika und schätzungsweise 10 000 Brillenpinguine

nisten dort in der am dichtesten bevölkerten Pinguinkolonie der Welt.
Die sehenswerteste der Vogelinseln ist Malgas, die Niststätte für Unmengen von Tölpeln und Kormoranen. Die von holländischen Seefahrern früherer Zeit unzutreffend und lästerhaft als *Malgas* („verrückte Gänse") beschriebenen Tölpel gehören in Wirklichkeit zu den hübschesten Seevögeln. Diese blauäugigen Vögel sehen aus, als trügen sie eine Haube aus lederfarbenem, weichem Gefieder. Die Wirkung ihrer langen weißen Hälse wird durch einen dunklen Streifen verstärkt, der an der Kehle entlangläuft.
Das Nisten in überfüllten Kolonien wie auf Malgas bringt viele Konflikte mit sich. Tölpel verteidigen ihre Nistplätze heftig gegen Eindringlinge, wobei sie mit den langen Schnäbeln zustoßen und dem Gegner manchmal blutige Wunden zufügen. Um solche Konflikte zu vermeiden, haben Tölpel recht komplexe Verhaltensrituale entwickelt, die es ihnen erlauben, miteinander Kontakt aufzunehmen und ihren eigenen Partner zu erkennen. Die Wichtigkeit solcher Verhaltensmuster wird deutlich, wenn sich die Vögel zur „Startbahn" durchdrängen, einem Teil der Insel, den sie von Nestern freigehalten haben. Dort können sie den nötigen Schwung holen, um sich in die Lüfte zu erheben. Durch die dicht an dicht gedrängten Nistplätze hindurchzuwatscheln, ehe sie die freie Stelle erreichen, kann für die Tölpel zu einem gefährlichen Spießrutenlaufen werden. Um ihre friedliche Absicht zu demonstrieren und Widersacher zu beruhigen, halten sie ihren Kopf senkrecht nach oben, so daß der Schnabel himmelwärts zeigt. Dabei ist interessant zu beobachten, wie der dunkle Streifen an der Halsvorderseite die Wirkung verstärkt. Kehrt ein Tölpel vom Fischen zurück, dann hört er aus dem vielstimmigen Geschrei sofort den Ruf seines Partners heraus. Am Nest angekommen, beginnt eine ausführliche Begrüßungszeremonie, die Teil des Wiedererkennungsrituals ist. Beide Partner verbeugen sich nach links und rechts und breiten die Flügel über den anderen.

Zusammen mit Kormoranen und Pinguinen erzeugen die Tölpel eine ergiebige Guanoschicht. Im Laufe mehrerer Jahrhunderte wuchs dieser scharf riechende Dungteppich auf bis zu 10 Meter Dicke an.

Bereits 1845 baute man Molen nach Malgas Island, um den Guano, das „weiße Gold", abzubauen. Diese Ausbeutung hatte zweifellos negative Folgen für die Vögel. Am meisten litten die Pinguine darunter, denn sie graben ihr Nest in den Guano, um ihre Jungen vor der Sonne und räuberischen Möwen zu schützen. Aber auch der natürliche Schutz, den die Insel geboten hatte, ging verloren. Die Menschen kamen nun nicht nur wegen des Guanos auf die Insel, sondern auch, um Tausende von Vogeleiern zu sammeln, die als eine Delikatesse galten.

Als nach anfänglich wilder Gier der meiste Guano abgebaut war, erholten sich die Vögel allmählich wieder. Ab 1894 ging man bei der Guanogewinnung etwas vernünftiger vor. Man achtete nun darauf, die Vögel möglichst wenig zu stören und stellte sicher, daß der Abbau des Dungs erst nach der Brutzeit erfolgte. Seither werden allein von Malgas Island jährlich 700 Tonnen Guano geholt. Die jährliche Guanoausbeute ließ zugleich auf lange Zeit Rückschlüsse darauf zu, wie sich die Vogelpopulation von Jahr zu Jahr verändert hat, denn der Ertrag ist naturgemäß von der Anzahl der Vögel abhängig. Zwar kam es zu Schwankungen im Bestand, doch blieben die Erträge von 1895 bis Mitte 1960 im großen und ganzen erstaunlich konstant. Doch dann gab es plötzlich einen starken Rückgang. So betrug die Guanoausbeute im Jahre 1977 nur noch 152 Tonnen. Darin spiegelt sich zweifellos die kommerzielle Überfischung, und zwar insbesondere in bezug auf Hochseefische wie Sardinen, die die Hauptnahrung der Vögel bilden. Tatsächlich haben Fischereifachleute den Guanoertrag als Hinweis dafür angesehen, wie fischreich die Gewässer vor der Küste sind.

Eine andere Gefahr droht seit kurzem Marcus Island. Im Jahre 1976 wurde ein Damm zwischen der Insel und dem Festland fertiggestellt, der als Wellenbrecher für den im Bau befindlichen Hafen von Saldanha Bay dient. Dadurch ist Marcus keine Insel mehr und kann den Vögeln nicht wie vorher Schutz vor Land-Raubtieren bieten. Zwar hatte man die drohende Gefahr bereits vier Jahre vor dem Bau des Dammes erkannt und darauf hingewiesen, doch es dauerte nach der Fertigstellung des Projektes noch weitere sechs Jahre, bis die zuständigen Behörden schließlich einen raubtiersicheren Zaun anbringen ließen. Bis dahin aber hatten Klein- und Sumpfichneumons, Ginsterkatzen, Stachelschweine, Löffelhunde, Kapfüchse, Surikaten, eine Hauskatze, eine Ratte und Hunderte von Feldmäusen ihren Weg über den 1,3 Kilometer langen Damm gefunden und unter den Vögeln gewütet.

Der geplante Langebaan Nationalpark wird nicht nur die Lagune umfassen, sondern auch ein Gebiet mit der für die Westküste typischen *Strandveld*-Vegetaion auf dem Festland und der Donkergat-Halbinsel sowie einen Landstrich mit Küstenbuschland unter Schutz stellen. Zwar scheint das ausgedörrte Land nur spröde und dornige Pflanzen hervorzubringen, doch verwandeln die jährlichen Regenfälle die Landschaft in atemberaubender Weise. Gegen Ende des Winters und im Vorfrühling bedecken Gänseblümchen, Vygies und viele andere Blumen die Dünen mit einem Blütenteppich. Nach diesem erregenden Schauspiel verstreuen sie rasch ihre Samen, bevor die erbarmungslose Sommerhitze ihnen wieder zusetzt.

Das Land ernährt auch viele kleine Säugetiere. Das zierliche großohrige Steinböckchen ist von den Antilopenarten am häufigsten zu sehen, aber es gibt auch eine kleinere Anzahl von Greisböckchen und Duckern. Wegen ihrer versteckten Lebensweise kann man Mungos, Genetten, Wüstenluchse und Schakale nur selten treffen, doch der entzückende Löffelhund erscheint häufiger auf der Donkergat-Halbinsel. Obwohl diese kleinen Raubtiere sich hauptsächlich von Insekten ernäh-

214. Auf Malgas Island wimmelt es besonders zur Brutzeit von Tölpeln. In der dichtbesetzten Vogelkolonie bleibt allerdings ein langer Geländestreifen frei. Das ist die Startbahn, auf der die Vögel Anlauf nehmen, bevor sie sich in die Lüfte schwingen. Wenn ein Tölpel den Kopf gen Himmel streckt, unterstreicht die schwarze Halslinie die Wirkung dieser Geste, die Friedfertigkeit signalisiert. Auf diese Weise kann er sich unangefochten durch die Vielzahl bedrohlicher Schnäbel drängen, um die Startbahn zu erreichen.
215. Auf der seewärtigen Seite der Langebaan-Halbinsel bieten Frühlingsblumen ein friedliches Bild, während sich die stürmische Brandung am Strand austobt. **216.** *(folgende Seiten)* Langebaan ist das „Juwel der Westküste". Die hier erhalten gebliebenen einzigartigen Ökosysteme beherbergen über 550 Arten Wirbelloser, die großartige „Strandveld"-Vegetation und – auf den Inseln – Unmengen von Vögeln. Viele Kleintiere wie Schnecken, Würmer, Krabben und Muscheln leben von verwesenden Pflanzen, die in den Salzsümpfen *(siehe Vordergund)* wachsen. Von diesen Tieren ernähren sich wiederum Zehntausende von Stelzvögeln, vor allem aber Zugvögel aus dem Norden, die hier die Sommermonate verbringen. Etwa 30 000 Sichelstrandläufer fliegen aus Grönland und Sibirien, wo ihre Brutgebiete unter Naturschutz stehen, zur Langebaan-Lagune, um wieder zu Kräften zu kommen.

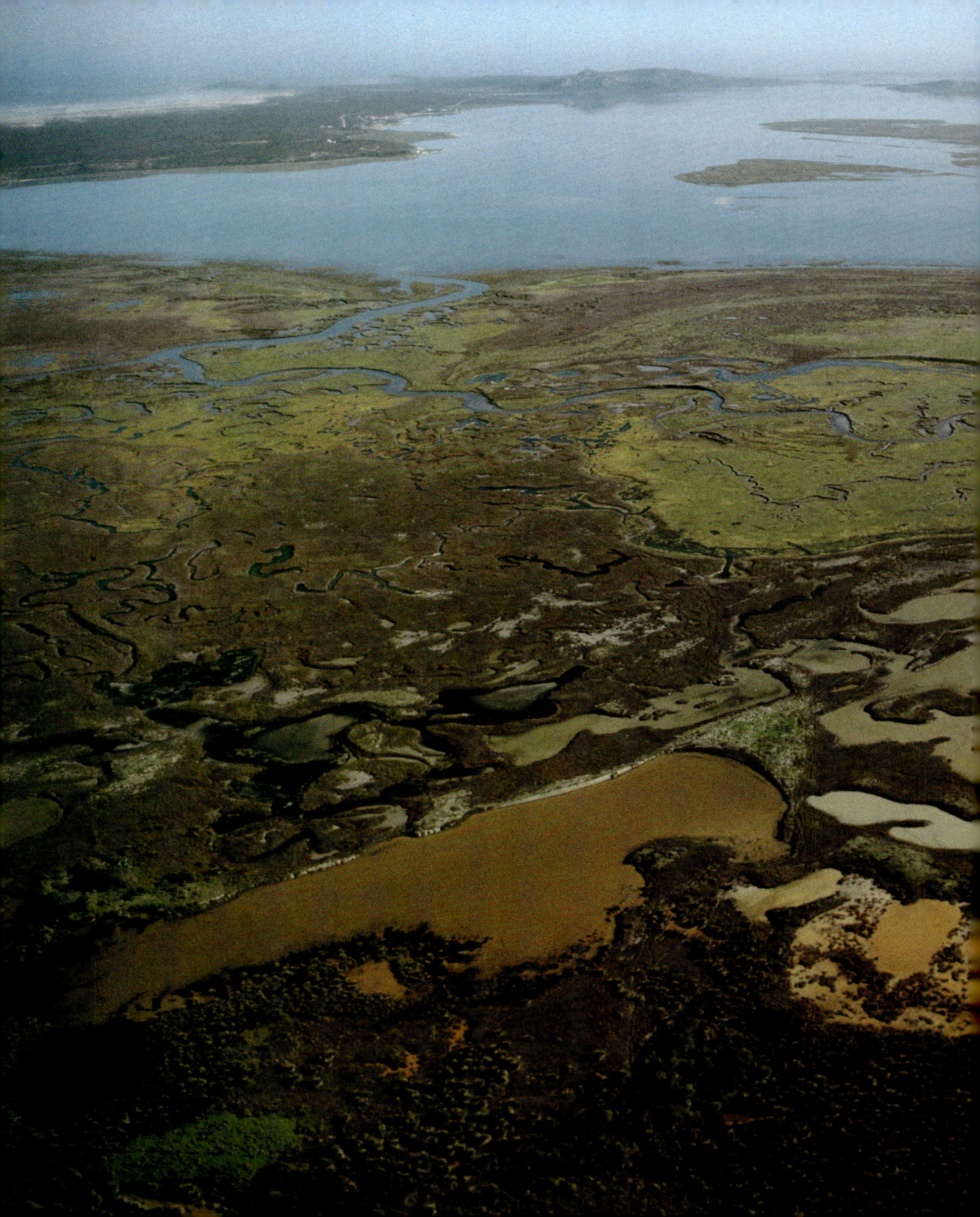

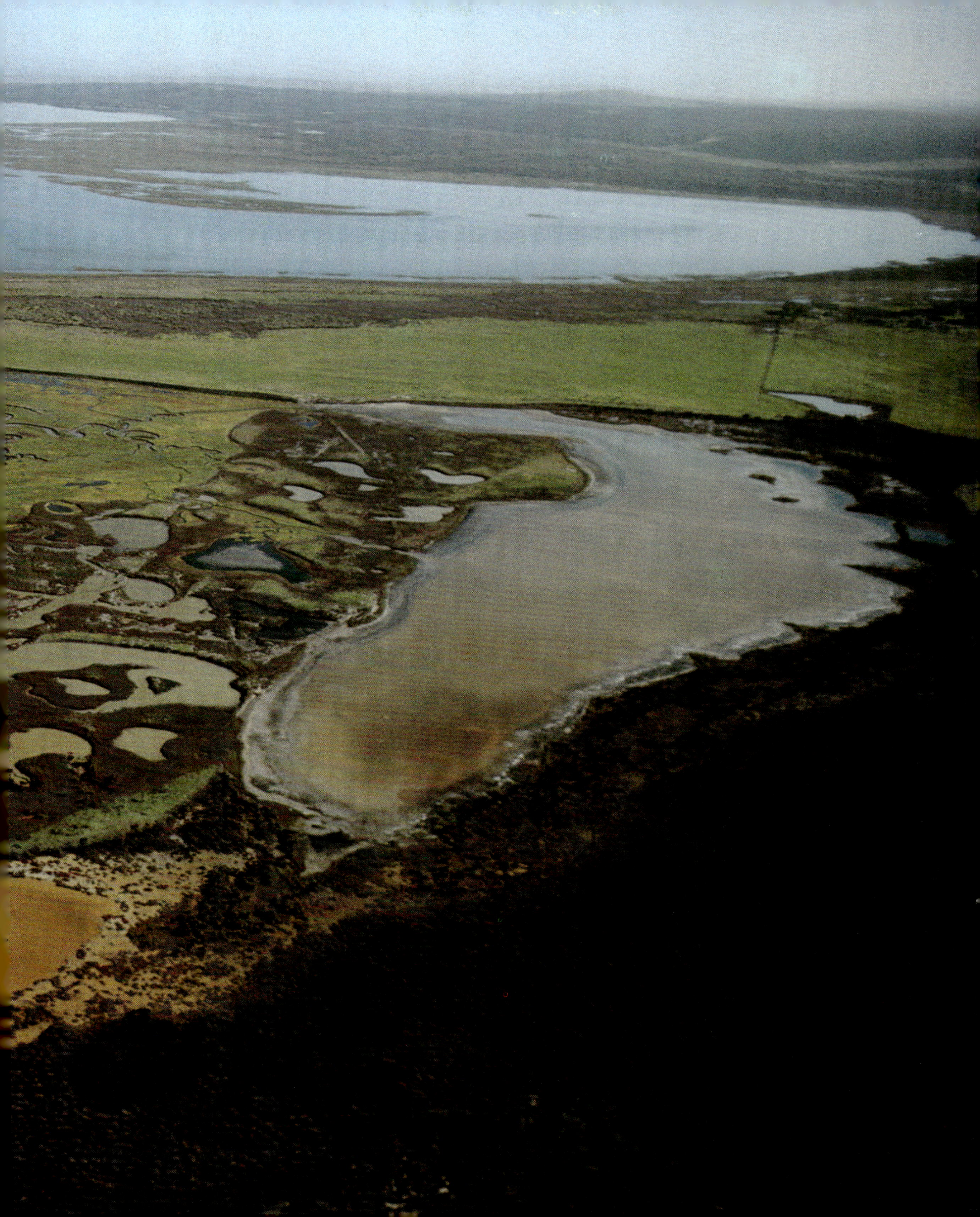

217. Dominikanermöwen am Rand der Lagune. Der Vogel auf der linken Seite hält eine Schnecke im Schnabel, die er eben aus dem Sand geholt hat. Wenn Ebbe eintritt, dann laufen die Sandbänke trocken und erlauben einen Blick auf ihr vielseitiges Tierleben. **218.** Sarcocornia ist die wichtigste Pflanze der Salzmarsch und die Grundlage des gesamten Ökosystems der Lagune. In jedem Frühjahr und Frühsommer sprießt sie kräftig, doch dann stirbt sie ab und verrottet langsam. Ihr totes Gewebe wird von Bakterien in Nährstoffe zersetzt, von denen zahllose Wirbellose leben.

ren und deshalb eher des Farmers Verbündete als seine Gegner sind, wurden sie zusammen mit vielen anderen Tierarten, die früher hier gelebt haben müssen, durch die Jagd und die Lebensraumveränderungen ausgerottet, die der Ackerbau mit sich bringt.
Reisende, die um 1650 nach Saldanha kamen, berichteten über Nashörner, Elefanten, Löwen, Elenantilopen und zahlreiche andere Antilopenarten. Lord Somerset benutzte später das Haus *Oostewal*, das noch heute am Rand der Langebaan-Lagune steht, als Jagdresidenz.
So sehenswert das Großwild im 17. Jahrhundert gewesen sein mag, so wird es doch von den riesigen Lebewesen in den Schatten gestellt, die dort in prähistorischer Zeit lebten. Etwa 15 Kilometer nordöstlich von Langebaan stieß man zufällig auf eine ausgesprochen ergiebige Fossilienfundstelle, die von Paläontologen des Südafrikanischen Museums ausgewertet wurde. Die Nachforschungen ergaben weitreichende Erkenntnisse über eine große Anzahl prähistorischer Tiere und über die klimatischen Gegebenheiten, die damals in diesem Gebiet herrschten. Es ist reizvoll, sich vorzustellen, daß die ausgedörrte Erde von Saldanha einst von üppigen Wäldern bedeckt und mit reichlichem Niederschlag bedacht war. So ungewöhnliche Tiere lebten dort wie die kurzhalsige, giraffenartige *Sivatheres*, Moschusochsen, Riesenschweine von der dreifachen Größe der heutigen Buschschweine, säbelzähnige Raubkatzen und Bären, die etwa 750 Kilogramm wogen, also viermal soviel wie ein ausgewachsener Löwe.
Die fossilen Funde von Langebaanweg decken eine Zeitspanne von 24 Millionen Jahren ab. Während dieser Zeit hatten Änderungen der Meeresspiegelhöhe und der Temperaturen nachhaltige Auswirkungen auf das Klima sowohl der südafrikanischen Westküste als auch überall sonst auf der Erde und auf die Entwicklung allen Lebens.
Die unerbittlichen Klimaänderungen hinterließen ihre Spuren. Das Einfrieren der Wassermassen an den Polkappen verkleinerte die Meere und kühlte sie ab. Das kühlere Wasser gab weniger Feuchtigkeit ab, so daß der Niederschlag nachließ und die einst üppigen Wälder der Westküste offenem Grasland wichen. Von zunehmender Dürre geplagt, nahm das Land schließlich sein heutiges Aussehen an.
Im Verlauf dieser Veränderungen starben die großen Säugetiere aus. Übrig blieben ihre fossilen Knochen, die durch Zufall entdeckt wurden. In vorgeschichtlicher Zeit hatte der Berg River einen anderen Verlauf als jetzt. Er mündete in eine flache Bucht, die weiter landeinwärts lag als die heutige Stadt Saldanha.
Wie alle Flüsse lud auch der vorgeschichtliche Berg River anorganische Stoffe an seiner Mündung ab. Das mit mineralischen Stoffen angereicherte Frischwasser ist aber nur einer unter mehreren Faktoren, die in einem verwickelten geochemischen Prozeß zur Bildung von ergiebigen Phosphatablagerungen in Form kleiner Kugeln führten.
Auch das Meer spielte dabei eine Rolle. Es lagerte Millionen winziger abgestorbener Meeresorganismen im flachen Wasser der Bucht ab, das reich an Mineralien war und von der Sonne erwärmt wurde. Die Ablagerungen konservierten die Knochen und bedeckten sie mit einer bis zu 20 Meter dicken Schicht. In den fünfziger Jahren dieses Jahrhunderts begann man mit einem begrenzten Abbau der Phosphatlager. Erst als die Firma Chemfos Limited den Abbau 1965 intensivierte, stieß man auf die unvergleichlichen Fossilienvorkommen, die dem Gebiet internationale Bedeutung verleihen. Dr. Q. B. Hendey vom Südafrikanischen Museum bezeichnete die Stelle als „einen der ergiebigsten Fossilienfundorte der Welt".
Das Gebiet von Saldanha und Langebaan birgt viele Gegensätze. Der auffallendste davon ist wohl der Kontrast, den die verträumte Lagune mit ihren wolkengleichen Vogelschwärmen gegenüber der massiven industriellen Entwicklung von Saldanha bildet. Besucher von Langebaan empfinden das besonders deutlich: Auf der einen Seite liegt in beschaulicher Schönheit die Lagune, an der

anderen ragen deutlich sichtbar die verwinkelten Stahlgerüste der Eisenerzverladestelle von Saldanha auf.

Wären die Lagune von Langebaan und die Bucht von Saldanha voneinander unabhängig, brauchte die industreille Entwicklung Saldanhas den Naturfreund nicht zu beunruhigen, doch die Lage ist anders. Die Lagune von Langebaan wirkt wie eine Lunge, die sich im Gezeitenrhythmus füllt und teilweise wieder leert und dabei Wasser aus der Saldanha-Bucht aufnimmt. Deshalb wirkt sich letztendlich jede Beeinträchtigung des Wassers von Saldanha auch auf die Ökologie der Lagune aus. Das läßt sich bereits heute nachweisen.

Das Eisenerz ist staubfein zermahlen und bildet trotz intensiver Vorsorgemaßnahmen beim Verladen dichte Staubwolken. Da es sich im Wasser nicht auflöst, sinkt es nahe der Hafenmauer ab und bildet am Meeresboden einen dichten Teppich, was nicht ohne Folgen bleiben wird, wenngleich die Auswirkungen bis jetzt örtlich begrenzt geblieben sind. Aber es gibt noch weitere Probleme im Zusammenhang mit der Verschmutzung von Wasser und Luft. Möwen schwimmen gern in den geschützten Teilen der Bucht nahe dem Kai und werden dort durch den Eisenstaub rot gefärbt, was ihnen zwar nicht schadet, sie aber zu grotesk aussehenden Seevögeln macht, die die Öffentlichkeit bereits erregten. Daraufhin ließen die Hafenbehörden die freien Wasserflächen mit Netzen bespannen, um die Tiere abzuhalten. Ein Schild davor trägt die schildbürgerhafte Aufschrift: „Möwen, haltet euch fern!"

Im Zusammenhang mit der Anlage des Hafens gab es allerdings durchaus schwerwiegendere Bedrohungen der Natur. Um die Mole zwischen Marcus Island und Saldanha zu bauen, mußte man riesige Sandmengen vom Grund der Bucht heraufbaggern und damit den Durchlaß zwischen Insel und Festland füllen. Das bedeutete für die meisten Lebewesen am Boden der Bucht den Tod. Noch schädlicher waren die Unmengen von Schlamm, die durch die Baggerarbeiten aufgewühlt und im Wasser verteilt wurden. Ein Teil des Schlammes fand seinen Weg in die Lagune von Langebaan, wo er sich in dem ruhigen Wasser absetzte, zahlreiche Felsen bedeckte und dadurch viele Tintenfische tötete. In der Bucht von Saldanha verschlechterte der aufgewühlte Schlamm die Lichtverhältnisse unter Wasser und verringerte die Sauerstoffzufuhr. Zu den Opfern gehört der einst so üppige Seetang *Gracilaria*, der völlig im Schlamm erstickte. *Gracilaria* enthält einen Blätterpilz, der bei Bakteriologen und Pharmazeuten ebenso begehrt ist wie zur Herstellung von Klebe- und Geliermitteln. Während die Tangernte im Jahre 1973 noch eine Million Rand einbrachte, sank sie nach dem Beginn der Hafenbauarbeiten im Jahre 1974 auf unter 10 Prozent dieser Summe. Damit brach ein ganzer Erwerbszweig zusammen.

Um riesigen Erzschiffen Zugang zum Hafen zu verschaffen, mußte ein tiefer Kanal in das Felsbett der Bucht gesprengt werden. Bei jeder dieser Sprengungen, die dicht aufeinander folgten, drückte die Explosionskraft von 200 Kilogramm Sprengstoff das Wasser bis zu 100 Meter Höhe in die Luft, und unzählige Fische trieben danach tot auf der Wasseroberfläche. Das lockte Pinguine und Kormorane an, die dann sogleich Opfer der folgenden Explosion wurden.

Obwohl die Regierung eine Ratgeberkommission für Fragen der Ökologie benannt hatte, wurden die Fachleute nicht um Rat gefragt, bevor man mit den Sprengungen begann. Tausende von Vögeln hatten bereits ihr Leben gelassen, als das Problem schließlich vor die Kommission kam. Das Blutvergießen wäre von Anfang an zu vermeiden gewesen. Das Abspielen von Tonbandaufnahmen des Mörderwalschreies und Schreckschüsse hätte die Vögel vor jeder Sprengung ohne großen Aufwand verscheucht. Außerdem hätte man die Sprengungen zu einer Tageszeit durchführen können, zu der die Vögel gewöhnlich bereits gesättigt sind. Zwar blieben die Vögel nun mit Hilfe so einfacher Tricks verschont, doch sollte man in Zukunft früher den Rat von Fachleuten suchen.

Die Langebaan-Lagune bildet ein einzigartiges Ökosystem, das biologisch vielfältig, aber auch recht anfällig und verletzbar ist. Mit der geplanten Erklärung zum Nationalpark wird ein entscheidender Schritt in die richtige Richtung unternommen, aber das allein sichert nicht zugleich den vollkommenen Schutz.

Wir sollten niemals vergessen, daß die Lagune von Langebaan ihr Wasser mit einer Bucht teilt, an der ein Industriegigant entsteht.

Andererseits sollte hier nicht der Eindruck erweckt werden, nur die industrielle Entwick-

LANGEBAAN NATIONALPARK

lung müsse unter Kontrolle bleiben, um das Überleben dieser bemerkenswerten Gegend zu sichern. Mit der Bevölkerungszunahme wird auch der Erholungswert der Langebaan-Lagune steigen und sich damit zum Problem ausweiten. Allein die Nutzung des Gebietes durch zu viele Menschen — selbst wenn sie mit besten Absichten dorthin kommen — kann ausreichen, das zerbrechliche Ökosystem aus dem Gleichgewicht zu bringen und dadurch der Zerstörung preiszugeben.

219, 220, 223. Den größten Teil des Jahres über ist das Land rund um die Lagune trocken und kahl, doch im Frühling entfaltet die Vegetation ihre ganze Schönheit. Obwohl es nur wenig Regen gibt, überrascht in feuchten Jahren eine Vielzahl von *Bokbaai Vygies*, Gänseblümchen, Gazanien und anderen Blumen den Besucher. **221.** Heilige Ibisse schwingen sich graziös in die Lüfte. Die geschwärzten Flügelränder geben ihnen ein besonders hübsches Aussehen.

222. Der Löffelhund wurde oft gejagt und in Fallen gefangen, weil man ihn fälschlicherweise für räuberisch hielt. In Wirklichkeit frißt er vor allem Insekten und Nager und ist dadurch viel eher ein Verbündeter des Farmers als dessen Feind. **224.** Die Donkergat-Halbinsel erstreckt sich jenseits der friedlichen Lagune, deren Wasser so kristallklar bleibt, weil es durch ungemein dichte Muschelbänke, die am Eingang der Lagune liegen, bei jedem Gezeitenwechsel gefiltert wird.

LANGEBAAN NATIONALPARK 181

225. Ebenso bedeutend wie die Lagune selbst sind die Inseln, die am Eingang zur Bucht von Saldanha liegen. Sie bieten etwa 750000 Seevögeln vor Raubtieren sichere Brutplätze. Hier nisten unter anderem Austernfischer mit ihren karmesinroten Schnäbeln und Augen, Brillenpinguine, Kormorane und Tölpel. **226.** Kreischend breitet ein Kormoran-Weibchen auf Malgas Island die Flügel als Schutz über das Nest. So macht sie ihrem Unmut über die Störung Luft. Diese großen schwarzen Seevögel bauen ihre Nester aus Tang auf vielen Inseln entlang der kühlen Westküste. Der Abfall, der sich rund um das Nest gesammelt hat, verrät die Vorliebe der Kormorane für Krustentiere einschließlich der Südafrikanischen Languste, die zwischen Seetang lebt. **227.** Malgas Island ist eine der größten Brutkolonien der Kap-Tölpel. Hier nisten Zehntausende dieser hübschen Vögel, die durch ihre ledergelben Köpfe und die leuchtend blauen Augen auffallen. Ihr Lärmen störte schon die ersten Europäer, die an diese Küste kamen. Der Entdeckung der reichlichen Guanovorkommen folgte 1845 der Bau von Molen, die den Abbau des „weißen Goldes" ermöglichten. Nach den ersten Jahren rücksichtsloser Ausbeutung der Guanovorräte hat man inzwischen zu besser kontrollierten Methoden gefunden. Die alljährliche Ausbeute an Guano gibt uns zugleich eine Übersicht über die Fluktuation in der Vogelpopulation. Über Jahrzehnte hinweg läßt sie Rückschlüsse auf den Rückgang der Seefischschwärme vor der Küste zu. Das ist ein weiteres trauriges Kapitel in der Geschichte der unbedachten Ausbeutung von einst reichlich vorhandenen Naturschätzen durch den Menschen.

228

229

228. Eine Dominikanermöwe erschreckt junge Kap-Kormorane so sehr, daß sie zuvor aufgenommene Nahrung wieder hervorwürgen und der Möwe zu einer leichtverdienten Mahlzeit verhelfen. Die Jungvögel werden von ihren Eltern versorgt, die täglich zum Fischfang ausfliegen. **229.** Brillenpinguine watscheln auf Malgas Island zum Wasser. Nachts schallt ihr lautstarkes Geschrei über die Insel. Es erinnert an Eselrufe und hat den Brillenpinguinen den englischen Namen „Jackass penguins" (Eselpinguine) eingetragen. **230.** An Land wirken Brillenpinguine ungelenk und plump, doch ihr eigentliches Element ist das Wasser. Mit ihrem schlanken, stromlinienförmigen Körper und den kurzen Flügeln bewegen sie sich selbst durch solche rauhe Brandung flink und sicher. **231.** Dieser Brillenpinguin sieht so gerupft aus, weil er gerade in der Mauser ist. Die grünen Flecken im Gefieder stammen von Algen, die beim Rutschen über Felsen an ihm hängengeblieben sind. **232.** *(folgende Seiten)* Zwergflamingos gehören zu den Gästen von Langebaan. Wie rosa Wolken fliegen sie über das Wasser der Lagune.

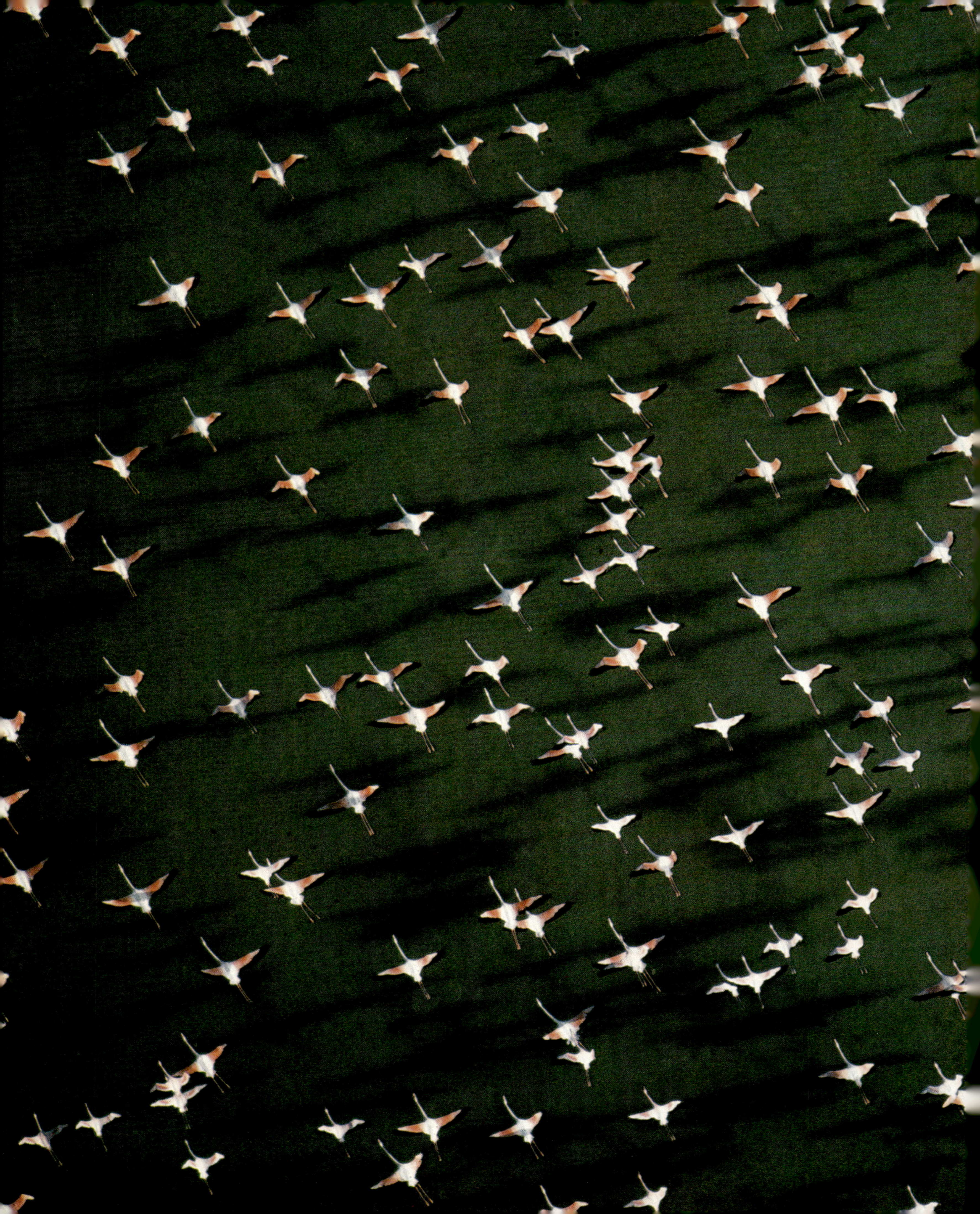

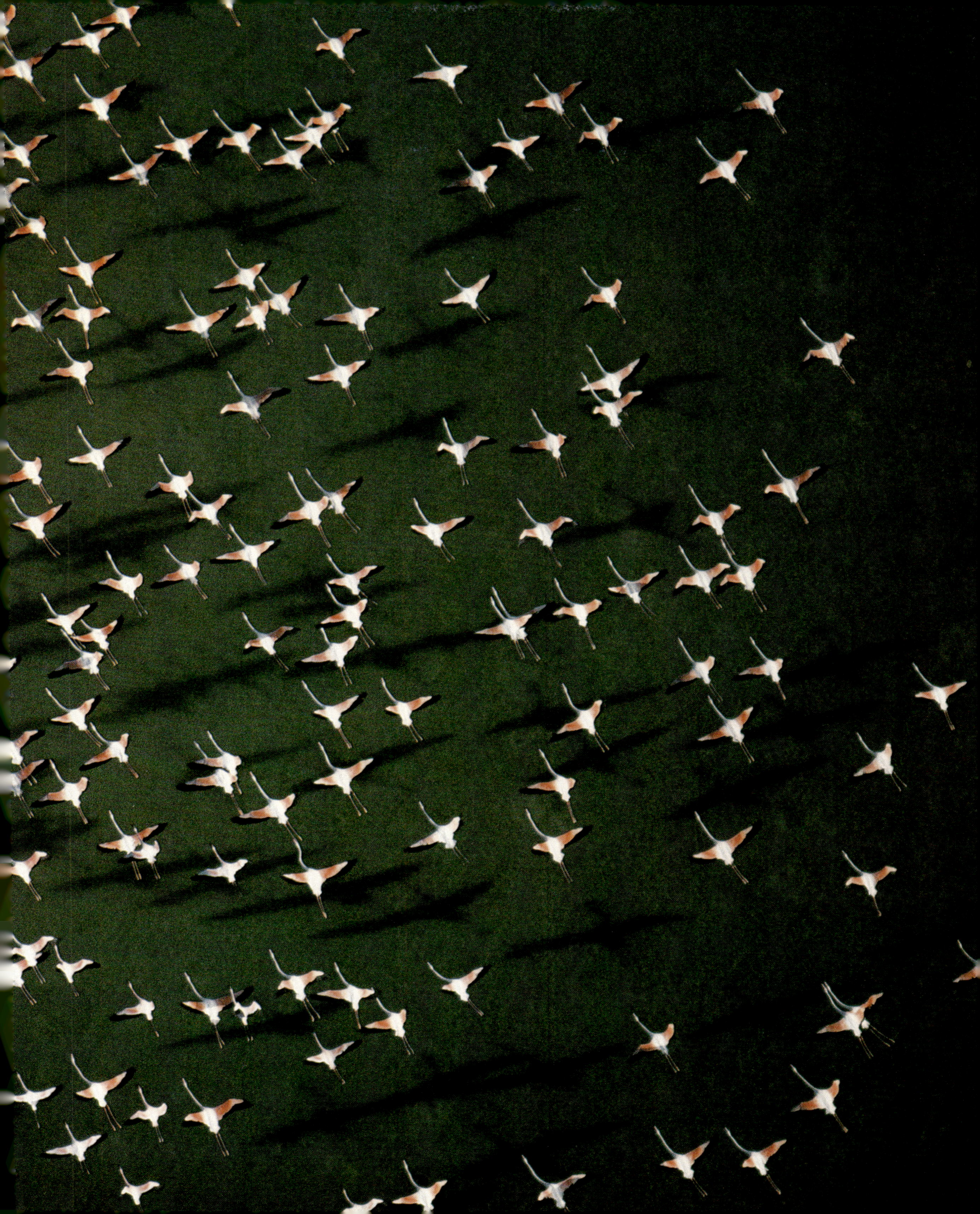

233

234

235

236

DANKSAGUNG DES FOTOAUTORS

Noch niemals zuvor war ich auf die Hilfsbereitschaft so vieler Menschen angewiesen wie bei der Arbeit zu diesem Buch.
Die Hilfe und Kooperation, die mir von der Nationalparkbehörde in allen Instanzen zuteil wurde, war wirklich erstaunlich. Insbesondere danke ich dem Chairman of the Board, Prof. F. Eloff, dem Chief Director A. M. Brynard, dem Head of Information and Research, Piet van Wyk, dem Head of Southern Parks, Dr. „Robbie" Robinson, und dem Chief Warden des Krüger-Nationalparks, Dr. „Tol" Pienaar. Bei vielen Gelegenheiten unterbrachen sie wichtige Geschäfte, um meine Fragen zu beantworten, Hilfe anzubieten und ihre Begeisterung für mein Vorhaben zu äußern.
Die Parkwächter, Ranger, wissenschaftlichen Mitarbeiter und Informations-Beamten halfen mir, wo immer sie konnten, und zeigten mir soviel wie möglich von dem jeweiligen Park. Viele von ihnen arbeiteten lange über ihre normale Dienstzeit hinaus, um mir behilflich zu sein, luden mich zu sich nach Hause ein oder teilten mit mir das Lagerfeuer. Ihre spontane Freundlichkeit und nette Zusammenarbeit schätzte ich sehr.
Zahlreiche andere schenkten mir ihre Zeit und ihr Wissen, boten mir ihre Gastfreundschaft an und halfen mir auf vielfältige Weise. Es bleibt einfach zu wenig Platz, um alle Namen zu erwähnen oder die Art ihrer Hilfeleistung zu nennen. Einigen von ihnen soll hier aber doch namentlich gedankt werden: Lindes Basson, George und Margo Branch, Bill und Tessa Branch, Peter und Jane Betts, Alan Davidson, Pat Evans, Karen Freimond, Russel und Bonnie Friedman, Richard Goss, John und Wendy Greig, Peter und Claire Johnson, Edouard le Roux, John und Amy Ledger, Paul Martin, Carl Meek, Tony McEwan, Harold und Tiny Mockford, Ken Newman, Patrick und Marina Niven, Rod und Colleen Patterson, Tony und Bea Petter-Bowyer, Mark Read, Moppet Reed, Christine Renwick, Michael Rosenberg, John Skinner, Philip und Althea Steyn, Rudi van Aarde, Adolf und Liz Waidelich und den Mitarbeitern des Percy FitzPatrick Institute.
Es gibt darüber hinaus viele andere, denen ich ganz besonderen Dank schulde: dem Produktions-Teams des Struik-Verlages für die Begeisterung, Energie und Geduld – insbesondere Rene, Pieter, Wim, Walther und Bunny; dann Lesley Hay und Lyn Wood, die mein Geschäft während der Zeit so gut versorgten, wenn ich unterwegs war; meinen Angehörigen, die mir mehr oder weniger freiwillig halfen, besonders Joan Lawrenson, Maudanne Bannister und meine Kinder Andrew und Sue, die so hilfsbereit und humorvoll waren, wann immer sie mich bei meiner Arbeit im Freien begleiten konnten.
Schließlich gilt mein Dank meiner Frau Barbara dafür, daß sie zu Hause bei David und Patrick blieb, für ihre Liebe und für die Bestätigung, die ich durch sie erhielt.

ANTHONY BANNISTER, JOHANNESBURG, 1983

DANKSAGUNG DER AUTORIN

Die Titelseite des Buches nennt nur einen Autor, aber viele Mitarbeiter waren an der Textgestaltung beteiligt. Ich hatte das Glück, daß mir nicht nur etliche hervorragende Fachleute zur Seite standen, sondern auch – was ich für noch wesentlicher halte – viele beachtenswerte Menschen. Allen voran möchte ich Prof. Roy Siegfried nennen, dem ich so vieles verdanke. Ich danke ihm für das von ihm eingebrachte Wissen, seine kritische und einsichtige Prüfung des Manuskripts und für seine Unterstützung. Auch Peter Schirmer bin ich zu Dank verpflichtet, denn er glättete stilistische Unebenheiten und gab dem Text die besondere Ausstrahlungskraft. Ich danke Tony Bannister, mit dem zusammen ich schon an mehreren Büchern gearbeitet habe. Es bedeutete mir jedesmal eine Freude, mit einem so talentierten Fotografen und zugleich einem Menschen von großer Integrität zu arbeiten. Ohne die Forschungsbeiträge der Berater wäre dieses Buch ohne Substanz und Autorität geblieben. Prof. George Branch versteht es, sein Fachgebiet mit bewundernswerter Klarheit darzustellen. Walther Vottelers Begabung als Buchgestalter wird auf jeder Seite sichtbar. Er gehört zu den wahren Meistern der kreativen Buchgestaltung.
Ich danke Dr. P. van der Walt und Herrn P. van Wyk von der Parkbehörde und Dr. Anthony Hall-Martin in Skukuza, die das Manuskript in Teilen oder vollständig prüften und wertvolle Hinweise gaben. Mein Dank geht an Dr. V. B. Whitehead vom South African Museum für seine detaillierten Informationen über Insekten der Kalahari und an Richard Brooke und Richard Knight vom Percy FitzPatrick Institute of African Ornithology, die die wissenschaftlichen und allgemeinen Namen überprüften.
Schließlich möchte ich meinem Mann für seine Unterstützung danken und meinen Kindern, die meine Arbeitsbesessenheit mit Lachen und Gleichmut ertrugen.

RENÉ GORDON, KAPSTADT, 1983

233. Ein Cushion-Star zwischen Seegrashalmen. **234.** Der bei der Häutung abgeworfene Rückenschild einer Schwimmkrabbe *Ovalipes* liegt angetrieben am Strand. Schwimmkrabben sind gefräßige Räuber, die Muscheln, Kopfschildschnecken und sogar kleine Fische fressen. **235.** Da sie in dem Naturschutzgebiet vor Nachstellungen durch den Menschen sicher sind, gibt es an der Küste von Saldanha und den vorgelagerten Inseln unzählige Langusten, die sich vorwiegend von Miesmuscheln ernähren. Im Jahre 1972 starben über 10 000 Langusten in dem durch Abwässer der Fischfabriken von Saldanha verunreinigten Wasser. Inzwischen entwickelte man wirkungsvollere Methoden, um die Verschmutzung so gering wie möglich zu halten. **236.** Die Gemeine Strandkrabbe *Cyclograpsus* lebt gewöhnlich unter Steinen im oberen Strandbereich, doch an der Langebaan-Lagune findet man sie zwischen den Pflanzen der Salzmarsch, wo sie den Ottern zum Opfer fällt.

Copyrigth mit der freundlichen Genehmigung von:

Oxford University Press, Oxford, für einen Auszug aus F. Fraser Darling „*Wildlife in an African Territory*" (1960);
William Collins Sons and Co. Ltd., London, für den Auszug aus J. Stevenson-Hamilton „*South African Eden*" (1937);
I. S. C. Parker für den Auszug aus seinem Vortrag „*Conservation, Realism and the Future*", gehalten auf dem Symposium on the Management of Large Animals in African Conservation Areas, CSIR Conference Centre, April 1982;
Perseus Adams für die Zeilen aus seinem Gedicht „*The Woman and the Aloe*"
G. Harrap Ltd., London, für den Auszug aus P. J. Pretorius „*Jungle Man*" (1947);
Messrs. Curtis Brown Ltd., London, für die Zeilen aus Roy Campbells Gedicht „*The Zebras*"
Uys Krige für den Auszug aus seiner Übersetzung von Eugene Marais' „*The Dance of the Rain*".

Informationen über Nationalparks in Südafrika

Wegen weiterer Informationen und Reservierungen wenden Sie sich bitte an:
The Chief Director National Parks Board, P. O. Box 787, Pretoria 0001
Telegramm-Adresse: NATPARK, Pretoria, Telex: 3-642 SA
Telefon: (012) 44-1191, 44-1100, 44-1102

Landbuch-Verlag GmbH, Hannover, 1985

Copyright © Text René Gordon
Copyright © Fotografien Anthony Bannister mit Ausnahme der folgenden Fotos, die mit Genehmigung von Peter Betts (27), Clem Haagner (54), Gus Mills (180, 181), National Parks Board (50–53) und Rex Symonds (162) verwendet wurden.

Originalausgabe The Nationalparks of Southafrica: C. Struik Publishers (Pty) Ltd., Kapstadt

Landkarten und Zeichnungen: Tony Ribton, Kapstadt
Gestaltung: Walther Votteler, Kapstadt
Übertragung ins Deutsche: V. Zukowski, Kapstadt
Satz: Mengensatz Wäsch KG, Hannover
Lithografien: Hirt & Carter (Pty) Ltd., Kapstadt
Druck und Einband: Tien Wah Press (Pty) Ltd., Singapur

Alle deutschen Rechte vorbehalten. Reproduktionen, Speicherung in Datenverarbeitungsanlagen, Wiedergabe auf elektronischen, fotomechanischen oder ähnlichen Wegen, Funk und Vortrag – auch auszugsweise – nur mit Genehmigung des Verlages.

ISBN 3 7842 0303 5

Aus unserem Afrika-Programm

Landbuch-Verlag Hannover

Beate Tito
Auf Farmen in Südwest
192 Seiten, 66 Farbfotos, Format 14 × 21,5 cm, laminiert, Preis 29,80 DM

Wie sieht es in Südwest-Afrika wirklich aus? Wie gestaltet sich der Alltag der weißen Farmer dort, wie leben sie mit den Schwarzen zusammen auf oft einsam gelegenen Farmen? Darüber hört man eigentlich nichts und kann sich deshalb auch kaum ein objektives Bild machen.

Die Autorin war 6 Jahre als Assistentin auf der großen Rinderfarm Okosongomingo in Südwest tätig. In ihrem Buch berichtet sie anschaulich vom Farmleben, von den zahlreichen Abenteuern, die es fast täglich zu bestehen gab, und vom Umgang mit der schwarzen Bevölkerung. Dabei kommt natürlich auch die Beschreibung des weiten Landes mit seiner phantastischen Natur und der vielfältigen Tierwelt nicht zu kurz. Ein Buch, das uns ganz neue Informationen gibt.

Anthony Bannister und Peter Johnson
Namibia · Afrikas herbes Paradies
240 Seiten, 264 Farbfotos,
Großformat 25 × 32 cm, gebunden,
Preis 78,– DM

Das Buch spiegelt den ganzen unfaßbaren Zauber dieses Landes wider. Die beiden Fotografen bereisten das gesamte Namibia zu verschiedenen Jahreszeiten und bevorzugten als Motive Landschaften, Tiere und Menschen, die vom Wandel unserer Zeit noch weitgehend unberührt sind und die es hier in verhältnismäßig großer Zahl gibt. Die herrlichen, oft einmaligen Bilder werden von ansprechenden Texten begleitet. Schönheit und Wissen zeigt sich in harmonischem Zusammenspiel. Viele Fachleute unterschiedlicher Richtungen erarbeiteten den Text gemeinsam. Man erfährt von der Geschichte der Völker Namibias, von den Hereros, den Himba, Nama, Ovambos, Buschmännern u. a., von ihrer Kultur, ihren Sitten und Gebräuchen, von ihren mündlichen Überlieferungen und den rätselhaften Felsmalereien in den Bergen Namibias; man liest über Etosha, „Ort des trockenen Wassers", der Benguela-Küste mit ihren Pelzrobben, Brillenpinguinen, den Guanofelsen und der Fischerei; es wird über das „Sperrgebiet", die Diamantenküste berichtet. Selbstverständlich ist ein Kapitel auch der Namib-Wüste mit ihrer einmaligen Tier- und Pflanzenwelt gewidmet.

Rolf Hennig
Wildland Südwest-Afrika
324 Seiten, 30 Farb- und 62 Schwarzweißfotos
Format 14 × 21,5 cm,
laminiert, 29,80 DM

In packenden Erlebnisberichten und eindrucksvollen Fotos berichtet Rolf Hennig von seinen Studienreisen in dieses Land. Er schildert eingehend das System der Farmjagd und beschreibt die Reichhaltigkeit und Vielseitigkeit der freilebenden Tierwelt.

Doch keineswegs nur von Wild und Jagd handelt das Buch. In ebenso lebendiger Weise berichtet der Autor über das Leben der deutschstämmigen Farmer in der Einsamkeit des afrikanischen Busches in ihrer Harmonie mit ihrer Umwelt und ihren schwarzen Mitarbeitern. So ist dieses Buch nicht nur spannend zu lesen, sondern zugleich ein dokumentarisches Werk über das Leben der deutsch-afrikanischen Farmer in unserer Zeit. Damit erlangt es einen hohen politischen und kulturellen Wert. Wichtig sind nebenbei auch die praktischen Tips für Jäger.

Peter Johnson / Anthony Bannister

Okavango ·
Meer im Land – Land im Wasser

192 Seiten, 202 Farbfotos,
Großformat 24,5 × 30,5 cm, gebunden,
Preis 72,– DM

Dieses Buch gibt einen Einblick in eines der verwirrendsten Geheimnisse Afrikas, in eine Welt von Wasser und Sand, die aller Vernunft widerspricht.

Was geschah mit den verlorenen, schweigenden Seeufern, die einst an die Tsodiloberge heranreichten? Wer war es, der die Höhlen dieser Berge bemalte? Erdbeben grollen noch immer tief unter den Wassern des Okavango, einer 10 000 Quadratkilometer großen Wildnis von Inseln, Flüssen und Sümpfen im abgelegenen Durstland des nördlichen Botswana.

In diesem Delta findet man die Welt der Nomaden, in der die Hufe tausender Büffel in die Leere dröhnen; eine Welt, die zu überfliegen einen durchziehenden Schmetterlingsschwarm Tage kostet; in der hunderttausend Flamingos wohnen – und über Nacht fortziehen; wo es selbst den Menschen weitertreibt, dem Duft von Gras und Wasser zu folgen.

Es ist eine Welt mit Einbäumen als Taxi und den Zwiebeln der Wasserlilien als abendlichen Eintopf. Ein Meer im Land und ein Land im Wasser – unwiderstehlich und zeitlos.

M. und M. Reardon

Etoscha ·
Kampf auf Leben und Tod

160 Seiten, 176 Farbfotos,
Großformat 22 × 29 cm, gebunden,
Preis 58,– DM

Die Etoshapfanne, bekannter Nationalpark im Nordwesten Namibias, besitzt noch weite Gebiete die wild und frei sind, eine Erinnerung an das alte Afrika, das nur von Naturgewalten beherrscht wurde; ein Afrika, in dem von jeher der Wechsel der Jahreszeiten eine große Rolle im Kampf zwischen Raub- und Beutetieren spielte.

Leben und Tod gehören zusammen. Wenn sich draußen in freier Wildbahn der Staub gelegt hat und warmes Blut fließt, wird zugleich ein unbarmherzig nagender Hunger gestillt. In dieser nüchternen Realität liegt auch eine gewisse Harmonie. Das ist nicht ironisch gemeint; das ewige Naturgesetz verlangt den Tod eines Tieres, damit das Gleichgewicht gewahrt bleibt.

Drei volle Jahre verbrachten die Autoren in Etosha, fotografierten und führten Aufzeichnungen über Leben und Tod der Tiere. Persönliche Beobachtungen und eine gute Kenntnis der Forschungsergebnisse ließen sie dieses Buch mit viel Herz, aber auch viel Sachlichkeit schreiben. Es spiegelt das wider, was Afrika einst war, und ist doch ein Buch der Jetztzeit.

Ein großartiges, außerordentlich bereicherndes Buch.

Anthony Bannister /
Peter Johnson / Alf Wannenburgh

Buschmänner ·
Eine Kultur stirbt in Afrika

192 Seiten, 172 Farbfotos,
Großformat 24,5 × 30,5 cm, gebunden,
Preis 68,– DM

In unseren Tagen werden auch die letzten Kalahari-Buschmänner unwiderruflich in den Strudel unserer Zivilisation gezogen. Deshalb war für die Autoren dieses Buches Eile geboten, wenn sie tief im Innern des Durstlandes Kalahari noch die wenigen verbliebenen Buschmann-Sippen finden wollten, bei denen sich die Lebensform ihrer Vorfahren seit nunmehr 20 000 Jahren erhalten hat.

Ihre Suche führte sie zu einem Volk, das niemals versucht hat, sich seine Umwelt untertan zu machen, sondern stets Teil dieser Umwelt geblieben ist. Der Rhythmus eines in traditionellen Bahnen verlaufenden Buschmannlebens entspricht dem Pulsschlag der Natur. Die Natur ist Teil der Buschmann-Folklore, spiegelt sich in den Ritualen und durchdringt die Weltanschauung dieser Menschen.

Das vorliegende Buch hält die faszinierenden Eindrücke dieser Fahrt fest, einer Reise zu den letzten Buschmännern, die noch als Jäger und Sammler leben. Es ist ein einmaliges Dokument einer aussterbenden Kultur.